2011 China Luxury Report

中国奢侈品报告

主编：赵忠秀 周婷 姚士锋
ZhongXiu ZHAO / Tina ZHOU / Steven YAO

北 京

图书在版编目（CIP）数据

中国奢侈品报告（2011）/赵忠秀，周婷，姚士锋主编.
北京：中国经济出版社，2012.3
ISBN 978-7-5136-1437-5

Ⅰ.①中… Ⅱ.①赵…②周… ③姚… Ⅲ.①消费资料—市场—研究报告—中国—2011
Ⅳ.①F724.7

中国版本图书馆 CIP 数据核字（2012）第 027138 号

责任编辑　燕丽丽
责任审读　霍宏涛
责任印制　石星岳
封面设计　任燕飞

出版发行　中国经济出版社
印 刷 者　北京市京津彩印有限公司
经 销 者　各地新华书店
开　　本　710mm×1000mm　1/16
印　　张　23.5
字　　数　260 千字
版　　次　2012 年 3 月第 1 版
印　　次　2012 年 3 月第 1 次
书　　号　ISBN 978-7-5136-1437-5/F·9230
定　　价　598.00 元

中国经济出版社 **网址** www.economyph.com **社址** 北京市西城区百万庄北街 3 号 **邮编** 100037
本版图书如存在印装质量问题，请与本社发行中心联系调换（联系电话：010-68319116）

研究团队

首席顾问

赵忠秀 教授（ZhongXiu ZHAO） 对外经济贸易大学副校长，博士生导师

首席研究员

周婷 副教授（Tina ZHOU） 对外经济贸易大学祥祺奢侈品研究中心执行主任，学术发言人

姚士锋（Steven YAO） 《财富品质》总出版人

研究员

王菲 博士（Fay WANG） 对外经济贸易大学祥祺奢侈品研究中心研究员

助理研究员

师春芳（Jally SHI） 对外经济贸易大学祥祺奢侈品研究中心助理研究员

王子麟（Canzy WANG） 对外经济贸易大学祥祺奢侈品研究中心助理研究员

数据整理

米胜超　梁中贤　邓若云　吕航　韩冰　刘珀瑜　狄特

序

奢侈品在中国的发展既是经济高速增长的结果，也是一种鲜明的社会文化现象。过去的三十年是奢侈品及品牌在中国市场空前蓬勃、迅速发展的三十年，从早期的皮尔·卡丹独领风骚，到后来的路易·威登声名赫赫，再到今天各大奢侈品牌的百花齐放，中国奢侈品市场品尝过高端消费萌芽成长时的勃勃生机，也享受过奢侈品牌狂热追逐下的兴奋喧闹。而今天，当多年累积需求相继得以释放之后，2011这新十年的开启标志着中国奢侈品消费从狂热到理性、中国奢侈品行业从坐地起价到白热化竞争的深刻转型。

在这样一个关键的转型期，作为中国奢侈品市场及行业研究的先行者，对外经济贸易大学祥祺奢侈品研究中心联合国际奢侈品协会与《财富品质》，共同组建强大的专家研究团队，在八个月的时间内，走访中国各大主要奢侈品行业聚集地，深度采访了2000余名中国高端奢侈品消费者、数百名在华奢侈品牌负责人及中国高端媒体和广告公司，倾力推出《中国奢侈品报告(2011)》。

在广泛汇集来自消费市场、品牌商及高端媒体人的大量观点与不同声音的基础上，应用严谨科学的研究方法和工具，《中国奢侈品报告(2011)》从多维视角对中国奢侈品行业的发展历程进行深刻剖析，对目前中国奢侈品行业所处历史阶段进行全面解读，并为未来中国奢侈品行业的发展之路提出建设性建议与意见。报告调查覆盖范围之广，访谈对象数量之众，分析方法之全面，在中国乃至全球奢侈品行业研究中实属罕见。

令人欣喜的是，《中国奢侈品报告（2011）》一经于“2011 奢侈品在中国”盛典上发布，立即得到来自中外各方专业人士的首肯。众多在华奢侈品牌运营商及高端媒体人纷纷表示此份报告对其在华的经营管理具有非常实际的指导作用，同时，不少来自国内外的专注于奢侈品行业研究的咨询公司也纷纷发来邮件征询获得报告完整版的方式与途径。

为拨开中国奢侈品行业的重重迷雾，满足中国奢侈品行业从业者的实际管理需求，引导中国奢侈品消费的理性健康发展，在中国经济出版社的鼎力协助下，《中国奢侈品报告（2011）》中英文版得以出版成书，作为总编之一，我深感荣幸。

在此我要感谢《中国奢侈品报告（2011）》整个研究团队，没有大家数月来的拼搏努力就没有今天此份报告所获的各种殊荣。同时我也要对所有为中国奢侈品行业作出过贡献的各方人士道声感谢，是你们的辛勤耕耘让奢侈品行业在中国这片丰厚的土壤上得以茁壮成长，万语千言汇成一句感谢！

对外经济贸易大学　教授、副校长
对外经济贸易大学祥祺奢侈品研究中心　首席顾问
赵忠秀

姚士锋 财富品质创始人
《财富品质》总出版人、总编辑

1 中国奢侈品报告——用事实说话

我们很高兴能给大家带来国内首份中国奢侈品报告，为了这本书，我们前后工作了一年时间，面访和电话访问了超过2000名企业家、奢侈品品牌负责人和媒体人，力图用最实在的数据向大家展现奢侈品在中国发展的真实情况。

通过调研，我们看到了一个欣欣向荣并继续在高速发展的中国奢侈品市场；通过调研，我们一定程度感受到了中国奢侈品品牌的希望和未来；通过调研，我们真切感受到了国际奢侈品品牌的成功之道……这一切让我们的付出变得值得，而本书的出版也是我们分享的过程，我们愿意并喜欢这样的分享。

“嫌贫爱富”是奢侈品行业的行为准则，但是，这个准则正受到挑战。当越来越多的富豪将奢侈品消费由品牌忠诚转向个性化定制的时候，数量庞大的一般的高资产人群正成为所有奢侈品品牌竞争的重点。而且，越来越多的品牌开始重视潜在客户和小客户的培养，为自己的将来作准备。

二三线城市正成为奢侈品硝烟弥漫的战场。一线城市做品牌、二三线城市做销量已经成为很多品牌认可的不争事实,但二三线城市的市场推广和销售资源的缺乏也正成为所有品牌面临的最大障碍,最主要表现在真正关注二三线城市高端消费群体的媒体少,真正有档次、有规格适合奢侈品品牌开店的商铺少这两方面。

关于电商和二手奢侈品是我们这次调研的一个重点。当电商报告出来后我们发现,其实消费者认为电商的最大价值是便利,而不是低价。按照这一点,目前主打低价牌的所有电商们都应该仔细思考一下了——看看自己是否重视品牌和服务,而不是单纯低价。关于电商的第二个结论是——假货会毁了整个电商市场,目前假货是消费者对电商的最大顾虑,而事实上,做假货的商家确实很多。

本次调查有一些结果让我们很振奋,我们振奋的原因是这些结果和我们常规的认识有很大差距。比如,我们发现越有钱的消费者越不重视品牌;一线城市其实比二三线城市更是二手奢侈品的优质市场;很多中国品牌在消费者心目中已经是奢侈品品牌等,不胜枚举。

当然,通过调研,我们也发现了很多不和谐的地方,这些可能是中国奢侈品市场将来发展的障碍。报告里已有详细的描述,在这里我只谈一点——假冒洋品牌是中国奢侈品市场面临的一个重要问题。当然,这源于中国消费者的盲目的崇洋媚外,对于这一点我是很不喜欢的,因为我觉得这对"洋品牌"是伤害,对中国品牌是侮辱,我希望行业有识之士共同抵制。同时,请允许我对坚持做中国自己的奢侈品品牌的企业家们表示敬意。

我们相信,《中国奢侈品报告(2011)》将是中国奢侈品市场从业人员和企业家的必读书。《财富品质》杂志很高兴和大家一起分享这一切。

周婷博士　对外经济贸易大学祥祺奢侈品研究中心执行主任、《财富品质》首席奢侈品研究员

2 有价值的信息，由有价值的人沉淀

提笔的时候，我们的《中国奢侈品报告(2011)》刚刚尘埃落定。作为一名学者，为中国、为所有在这个市场中奋斗的人呈现出这份解读，我走过了痛苦、反思、兴奋到冷静这样一个漫长的历程。

在这个历程中，令我倍感温暖的是，我并不孤独，《财富品质》给予了我们的研究团队最大的支撑与信心，用他们的资源与平台，连接了学术与市场，让我们深入地碰触到"神秘"的中国高资产人群；我们的报告还得到了中国媒体界精英的集体关怀，他们给予了一种难得的开放心态，一起搭建了"奢侈品在中国"这样一个有价值、有深度的平台；更可贵的是，中国奢侈品市场的操盘手们也为我们的研究贡献了他们的智慧与思想，共同分享他们步入中国二十年的荣辱成败。

中国是个有价值的市场，究竟能不能价值最大化，要看操作的人的价值。最初着手《中国奢侈品报告(2011)》的可行性研究时，我们的团队争论过，是继续探讨这块蛋糕的大小，还是深度品味它的品质与价值？答案是毋庸置疑的，蛋糕是大的，品质要好才对。品质的高低是所有的利益攸关者共同创作与操盘的结果。中国奢侈品市场已经自发地走过了二十年，2011 年之后的市场将走向何方？谁能坚持走下去？市场的兴奋点在哪里？政府需要抓手，品牌需要依据，消费者需要引导，最关键的是谁能提供市场发展所需要的有价值的信息。作为中国奢侈品市场的研究者，我们责无旁贷承担重任。

无数份问卷，无数通电话，无数次面访，这个市场中的重重迷雾被一层层拨开，我们的研究团队经常会惊喜地高呼，原来这就是原因！我们找到了中国经济发展与市场发展的脉络，在众多貌似离散的信息与现象中间实证出了市场规律与未来的发展走势：炫耀性消费的阶段我们在慢慢走过，品味与品质的升级是中国企业家集体的期盼，现金流的紧缺却使他们不得不去重新寻找资金的出口，因此而点燃了艺术品市场与奢侈品二手市场的火爆，奢侈品电商市场与免税市场也杀出了另外的市场通路。

国际奢侈品牌的中国发展之路似乎势如破竹，但内部竞争却日益加剧。中国地区发展的不平衡性与中国未来经济的不确定性让他们的管理层突然冷静，观望的情绪在弥漫。他们在中国掘金的同时，一股声音也悄然出现，在中国，你们能不能承担起与品牌声誉相匹配的社会责任，反哺给予你们力量的中国?！曾经助力他们开拓中国市场的中国媒体圈也放慢了脚步，新兴消费群体的出现带来新兴的媒体力量，无论是新媒体的应用，还是个人意见领袖的出现。未来的一年，乐观与谨慎并行、增长与转变同步，是中国奢侈品市场发展的关键词。

我们禁不住问，中国品牌的未来通路在哪里？消费者的悲观与媒体的期盼，让我们心情沉重。能否再现昨日丝绸之路的辉煌，能否唤醒中国流传千年的绝妙工艺，能否涌现乔布斯般的中国企业家精神，能否文化先行带来品牌的国际化？我们具备了土壤，需要的是阳光雨露。

当我们的研究报告把对中国奢侈品市场的解读推进到这一步时，所有的研究员反而集体沉默了，这是个需要可持续研究的市场，需要更深层次的探讨与分析。无论怎样，心态至关重要，一样需要“坚持，坚守与煎熬”。有人的理性，才有价值的沉淀。

1 China Luxury Report 2011—Let the Facts Speak

We are pleased to present *China Luxury Report (2011)*, the first luxury report in China. We have been working for one year on this report, making visits or phone calls on over 2000 renowned entrepreneurs, luxury brands directors and media. It is upon all these facts collected through our solid work that we feel opportune to share our views.

Through this survey, we see a prosperous luxury market in China which keeps its growth at a fast speed. By this survey, we truly find something we can capitalize from the merits of those successful international luxury brands. All these efforts are worthwhile as we find the issue of this report an enjoyable experience to share.

Favoring with the wealthy is one guiding rule in the luxury industry, which is, however, in face of challenge when rich people are going more for individualization over brand loyalty and a vast group of high-asset people are coming up as a whole end for luxury competition. Furthermore, there are growing number of brands who have started out to expand the potential market with small customers for their future.

With those second and third-tier cities coming into being as the battleground for luxury, it is universally recognized that these battlegrounds are the goals to score for greater sales while those first-tier cities are the base camp for building brand status. Nevertheless, marketing resources are scarce in the battleground due to the facts that few media are willing to place a favor there and there are few retailers qualified for the standards in running such sales. And this is what holds all luxury brands back for nowhere.

E-commerce and refurbished luxury products are among the priorities in this survey. We have learned from the e-commerce report that clients prefer this way of buying mostly for the convenience in it rather than low prices, which is worth consideration for all those e-commerce shops who sell with low prices—for them reputation and service are more to weigh up. Another finding on e-commerce is the problem of counterfeit: customers hesitate to buy for fear of counterfeits and, unfortunately, discredited sellers are numerous indeed.

Some findings from this survey are really exciting since they are quite contradictory to what we used to think. For instance, wealthier customes care less about brand; first-tier cities are better market for refurbished luxury products against those second and third tier cities; and not a few domestic brands are already luxury in customers' point of view. And such findings are many to tell.

Certainly, dissonance also looms large somewhere in the market, which could be quite disturbing for the future. Among all that much to account in this report, I only point out one thing here—the problem of fake products after international brands prevails in the luxury market in China. This could be attributable to a blind faith in imported goods among domestic consumers, on which I should express deep discontent. Fake products bring damage to real foreign brands and make an insult to domestic brands as well. I would appreciate all those who despise such practice. And I also feel obliged to show my respect to those Chinese entrepreneurs building their own brands.

As I believe, this report, with many other facts laid out within, should be an indispensable reference for those who work in this industry, both employees and employers.

Steven YAO

2 Valuable Information Depends on Valuable Stakeholders

China Luxury Report (*2011*) has just accomplished when I begin to write this acknowledgement. As a scholar, I have gone through the mixture of anxiety, reflection, excitement and calmness for the fulfillment of this in-depth report which aims to extend a sophisticated understanding for Chinese luxury market. During this process, *Fortune Character* has granted great support and confidence to our research team with their rich market resources, which enables us to approach the renowned Chinese high-asset groups in a deep manner, and all that makes me feel warm and not being standalone. Furthermore, the media has also rendered significant help to our report, opening their hearts and building a valuable and profound platform with industry-wide efforts. What's more, these management of international luxury brands in Chinese luxury market have contributed their wisdom and ideas to our research, sharing their loss and gain during the 20-year operation in China.

China is a market of significant value, and whether it can be maximized or not depends on the value of the operators. At the very beginning, in the feasibility study of our report, we have an argument on the issue, namely, to discuss the scale of the cake or to deeply taste its quality and value. There is no doubt that the cake is big and the quality should be also superior.

Chinese luxury market has spontaneously developed 20 years. What is its direction after 2011? Who will stick to go? Where is the potential? Government needs breakthrough, brands need basis and consumers need guidance. The crux of the matter will be who would provide useful information for the further development of the market. As the researchers of Chinese luxury market, we should take the indispensable responsibility.

Massive information of this market has been uncovered through a great number of questionnaires, telephone calls and interviews, and we acclaim for all the underlying facts that we have discovered. We have dig out the developing path of Chinese economy and market, and demonstrated the rules and principals of market and developing trends for the future from the seemingly unrelated information. Chinese consumers have gradually passed through the phase of conspicuous consumption and upgrade of taste and quality has been the wish for entire group of Chinese entrepreneurs. However, tightening cash flow forces them to find new access to capital, whereby leading to the prosperity of art market and second-hand luxury market, meanwhile luxury e-commerce market and duty-free market also gain the popularity.

The international luxury brands have achieved great success but the internal competition is also increasingly intensified. Moreover, imbalance of China's development among different areas and uncertainty of China's development in future have made top managers calm and wait. When the top brands make money in China, many people doubt that if these brands can take the responsibility accordingly and further make contributions to China in return. The Chinese media also slow down the pace and emerging consumers have poured new momentum into the industry such as the application of new media and individual media. In the following years, the key words for China luxury market will be the coexistences of optimism and caution along with growth and transformation. Where is the road leading to future for the Chinese brands? We feel sort of anxiety for the pessimism of consumers and expectations from media. Is it possible to relive the glory of the Silk Road, recall the Chinese ingenious craftsmanship inherited from long history, and nurture great Chinese entrepreneurship like Steve Jobs as well as internationalize the brand resulted from spreading culture? We have certain foundation and urgent need for cultivation.

When we have a general grasp of our report, all the team, on the other hand, seem quite reticent. This is a sustainable market, and it needs profound discussion and analysis in the following years. We have a long way to go. No matter what the reality is, mentality plays a key role. We choose to persevere in the way. Accumulation of value stems from rationality of human beings.

Tina ZHOU

CONTENT | 目录

第二篇 | 二手 • 免税 • 电子商务 中国奢侈品销售的市场新通路

第三篇 | 网络 • 互动 • 个人媒体 媒体助力奢侈品牌在华推广

第四篇 | 沟通 • 转型 • 客户维护 奢侈品牌的自我提升与品牌表现力

第五篇 | 绿色•责任•可持续发展 国际奢侈品牌的“绿色革命”与中国绿色足迹

第六篇 | 机遇•传承•创新 中国奢侈品牌的国际化道路任重道远

附录

CONTENT | 目录

英文版

TAPPING INTO LUXURY MARKET IN CHINA

CHAPTER *1* | GROWTH TRANSFORMATION DIVERSIFICATION

LUXURY CONSUMPTION IN CHINA: THE CONCEPT IN GROWTH

CHAPTER 2 RRFURBISHED DUTY-FREE E-COMMERCE

THE NEW APPROACH IN CHINESE LUXURY MARKET

CHAPTER 3 WEB INTERACTION PERSONAL MEDIA

LUXURY MARKET IN CHINA WITH THE HELP OF MEDIA

CHAPTER 4 COMMUNICATION TRANSITION CLIENT MAINTENANCE

HOW DOES LUXURY BRAND ELEVATE AND EXPRESS ITSELF

CHAPTER 5 GREEN RESPONSIBILITY SUSTAINABLE DEVELOPMENT

A GREEN REVOLUTION IN THE WORLD LUXURY INDUSTRY AND ITS FOOTMARK IN CHINA

CHAPTER 6 OPPORTUNITY HERITAGE INNOVATION

CHINESE LUXURY BRAND: A LONG WAY TO GO FORWARD

2011 年中国奢侈品报告概述

这是在中国——这个世界上最大的奢侈品消费市场的首次深度触底。

这是第一次与中国高资产人群关于奢侈品消费观的深层次对话。

这是第一个集结了国际奢侈品牌行业领袖、一线高端媒体人与中国权威学术机构智慧的专业行业报告。

《中国奢侈品报告（2011）》以中国奢侈品市场为研究对象，通过对奢侈品的需求方——中国高端消费者、奢侈品牌的运营方——奢侈品牌与经销商，以及奢侈品牌的市场推广合作者——中国高端媒体、广告公司以及公关公司的深入调查，历时八个月，首次在中国以最广的范围、最大的调研量、最专业的视角深度分析了中国高资产人群的奢侈品消费观，揭示中国二三线城市奢侈品市场的共性与差异，全方位总结国际奢侈品牌走进中国20年的成功与失败，理性审视奢侈品牌在中国的社会担当与绿色足迹，积极探索中国奢侈品市场的新增长点，集体思考媒体助力奢侈品牌市场传播模式的创新，为中国奢侈品牌寻找品牌发展的国际化通路。

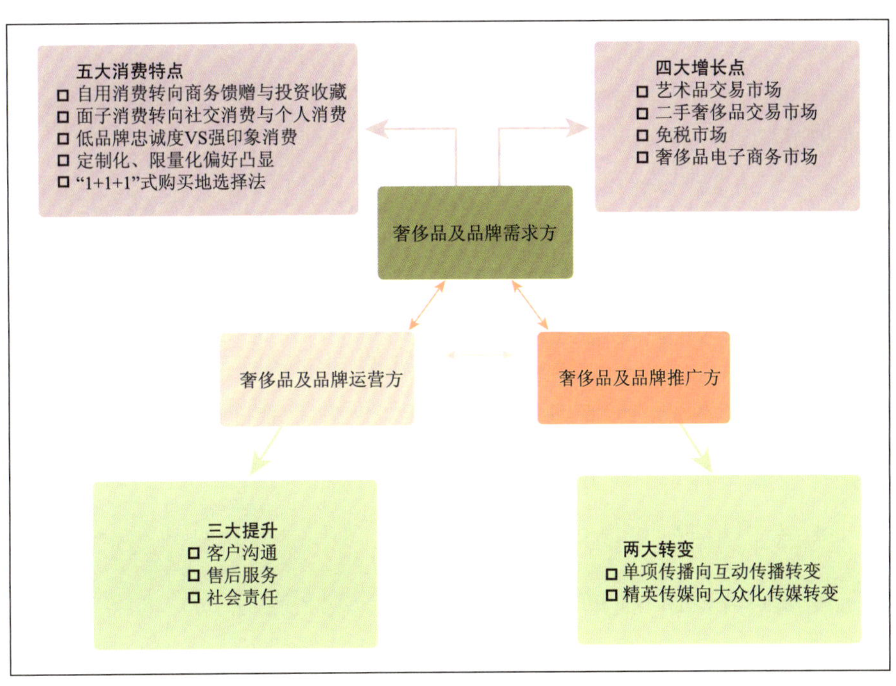

图 1　2011 年中国奢侈品报告研究结构

我们的研究方法

《中国奢侈品报告(2011)》以北京、上海、广州、深圳四大一线城市为调研核心,辐射成都、沈阳、温州、济南等主要二三线城市,覆盖中国华东、华南、华中、华北、西南、西北、东北及港澳地区的各大主要奢侈品行业聚集地。

为确保调研结果的可信度和有效性,《中国奢侈品报告(2011)》精选专业研究团队,借助国际奢侈品协会、对外经济贸易大学祥祺奢侈品研究中心及《财富品质》在中国奢侈品行业的巨大影响力,组成专家团队,以一对一深度访谈与广泛问卷调查相结合的调研方式,对2005位中国高端奢侈品消费者、137位在华奢侈品牌负责人以及121家中国高端媒体和广告公司负责人进行深入访谈(见图2)。总共发放调查问卷3000份,回收有效问卷2263份,有效问卷回收率达到75.4%;一对一深度访谈278人次,占总调研数量的12.3%。

在研究过程中,分析人员采用定性式探索性分析与定量式验证性分析相结合的分析方法,基于市场营销学、消费者行为学、品牌管理学、传播学、心理学、社会文化学等各学科的专业知识,挖掘典型案例背后的深层动机，比较分析来自不同调研对象的声音，通过同组聚类、异类辨析的科学分析法，以学术眼光审视调研结果。

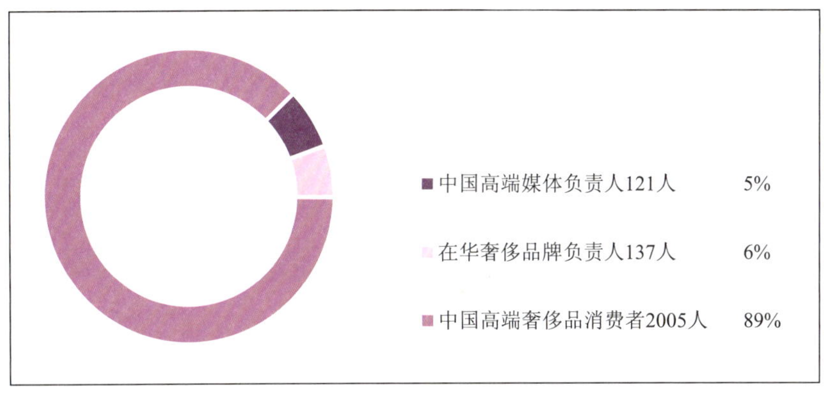

图 2　2011 中国奢侈品报告调研人群细分

我们的初衷

中国消费者已经成为全球最大的奢侈品消费群体，本土消费增长迅猛，境外消费也在全球奢侈品消费市场中占有重要比重。改革开放三十年来，伴随着中国经济的快速发展，一大批新富阶层涌现，尤其是近十年来中国高端市场的跳跃式发展形态势不可挡，令人惊叹。在欧美奢侈品市场在金融危机阴霾笼罩下增长放缓的当下，中国奢侈品市场的崛起成为欧美奢侈品企业未来发展的新大陆。

国际奢侈品进入中国二十年，成败得失，值得中国企业家和中国品牌借鉴和学习。先进的产品制造水平、独到的产品设计理念、创新的市场营销模式、丰富的全球布局经验以及成熟的企业管理方式，使得欧美奢侈品企业历经百年仍然屹立不倒，这都是值得中国企业学习的。同时，深入分析中国市场上发挥欠佳的奢侈品企业，更能让中国企业认清市场、汲取教训，在未来企业国际化发展中避免战略战术上的失误。

中国作为全球最大的奢侈品消费市场之一，却没有自己具有国际影响力的奢侈品牌，中国奢侈品牌面临机遇和挑战。从盛唐时期河西走廊上的丝绸茶叶到晚清时代皇家官窑里的青花瓷器，中国从来都不缺乏昂贵、高价、珍奢之物，但独特的历史文化背景以及经济发展阶段使得文化强而品牌弱的特点一直困扰中国企业，本土奢侈品牌的缺失也成为中国高端市场最大的特点之一。

尽管各国专业机构有大量关于奢侈品与中国奢侈品市场的研究报告，给出了中国奢侈品市场容量以及市场地位的排序，但是一份关注微观市场实际操作的专业报告确实为市场所需。尤其值得注意的是，多年来在奢侈品行业，囿于狭窄的受众面与封闭的交流圈，企业家、品牌、媒体、公关公司以及消费者在奢侈品市场上尽管各自扮演重要角色，但通常被分而治之，在不同的调研报告中被分别论及。作为共同构建中国奢侈品行业的生力军，一份集合各方观点、从整个行业角度出发审视奢侈品行业在华发展的报告值得期待。

我们的发现

《中国奢侈品报告（2011）》以奢侈品行业的中国发展为研究主线，基于来自奢侈品消费者、经营者、传播者的最新一手数据，总结出中国奢侈品市场发展到今天所呈现的转型趋势与创新点：五大消费特点，四大增长点，三大提升，两大转变，一个问题。

五大消费特点

深入接触中国高资产类消费人群(资产超过 1000 万人民币的奢侈品消费者)与超高资产类消费人群(资产超过 5000 万人民币的奢侈品消费者)是 2011 中国奢侈品报告的突出特点(见图 3)。与普通资产类消费人群(资产低于 1000 万人民币的奢侈品消费者)相比,中国的高资产及超高资产类消费人群在奢侈品消费中体现五大特点。

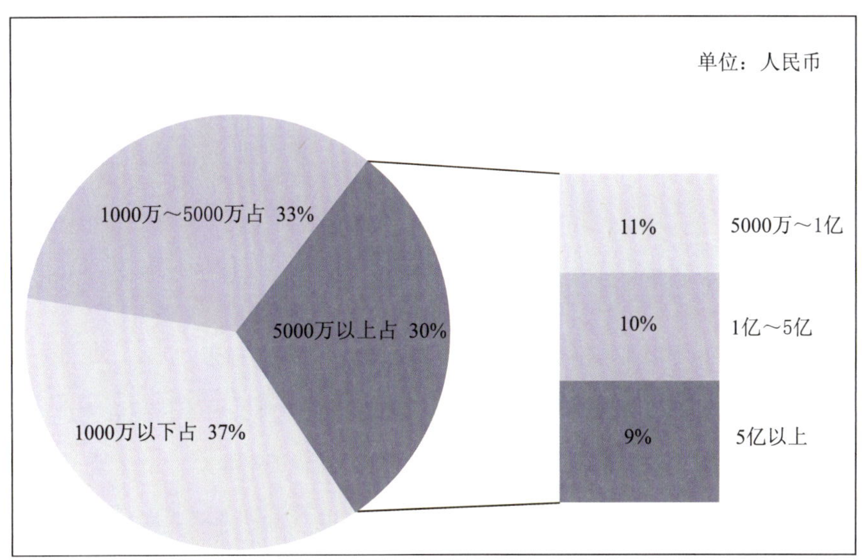

图 3　2011 中国奢侈品报告消费者资产分布状况

注:1. 本报告将资产超过 5000 万的富裕人群划分为三个层次:资产 5000 万 ~1 亿人民币的富豪,资产 1 亿 ~5 亿的大富豪以及资产 5 亿人民币以上的超级富豪。

2. 本报告所指的资产为现金及现金的等价物,包括随时可以变现的公司资产、住宅、股票、珠宝、汽车、手表、艺术品、收藏品等。

■ 消费用途由自用消费转向商务馈赠和投资收藏

自用消费、商务馈赠与投资收藏构成中国奢侈品消费的三大主力用途。从消费的绝对数量和金额来看,超高资产类消费者无疑在各类消费中拔得头筹,但对消费的相对数量和金额而言,他们更钟爱投资收藏类奢侈品。商务馈赠类奢侈品消费方面，处于事业上升期的高资产类消费者对其最为重视。相比之下，超高资产消费者大多功成名就，在奢侈品消费中收藏与投资比例随个人资产保有量的增长呈跳跃式增长态势，以资产超过5亿的超级富豪为最，投资收藏类消费占其奢侈品总消费支出的35%（见图4）。

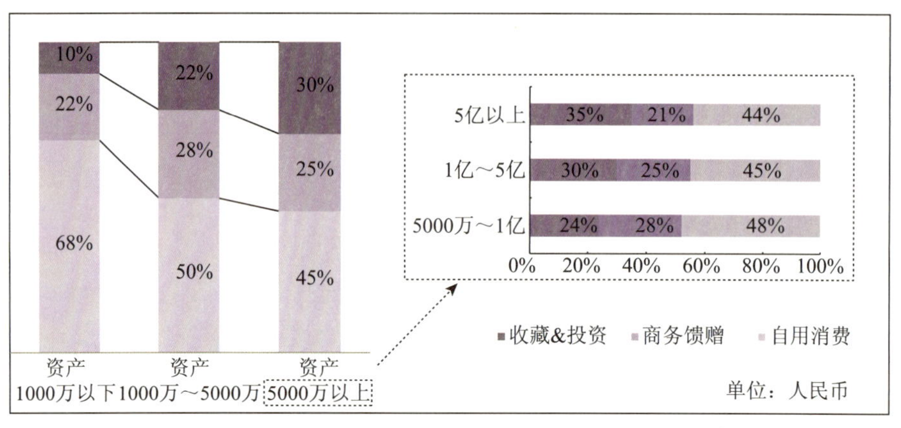

图4　不同资产状况的消费者消费目的多样化

注：半数的中国奢侈品市场来源于自用消费，商务馈赠类的奢侈品消费稳定在20%～30%，收藏与投资类奢侈品消费随消费者资产增加迅速增长。

■ 消费理念由面子消费转向社交消费和个人消费

数据显示，越是高资产类人群，奢侈品的品牌概念越淡漠，更强调奢侈品的私人性和服务性。普通资产类消费者注重奢侈品的财富展示作用，强调所消费的产品必须拥有超高的品牌知名度（24%），即面子消费；高资产类消费者除重视奢侈品的品牌知名度（23%）之外，也非常青睐奢侈品牌的身份标志作用，希望购买的奢侈品符合自身所处社交群体的集体偏好，即社交消费（21%）；而超高资产类消费者则更注重奢侈品的个性化（24%）与享乐性（20%），并且特别强调奢侈品的优秀品质以及五星级服务（19%），对奢侈品牌的知名度（14%）及身份标志作用（16%）并不十分重视。值得一提的是，目前的设计师品牌成为超高资产人群的关注点(20%)(见图 5)。

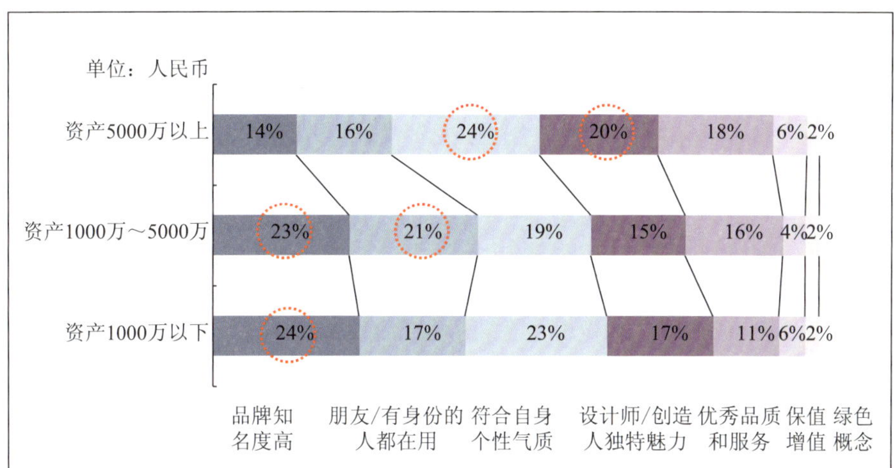

图 5　不同资产状况的奢侈品消费者自用消费下的不同动机

低的品牌忠诚度与强的印象消费观共生

调研数据显示,中国奢侈品消费者的品牌忠诚度相对成熟欧美奢侈品市场偏低,重复购买率仅在 10% ~20% 之间,但是更换品牌的频率却高达 80% ~85% 。资产低于 5000 万人民币的普通资产类奢侈品消费者的品牌忠诚度仅为 15% ,超高资产类奢侈品消费者具有略高的品牌忠诚度,但即使是资产 5 亿以上的超级富豪们,他们对奢侈品牌的忠诚度也仅为 20% (见图 6)。

调查显示,中国高端消费者最易重复购买的奢侈品牌 TOP5 分别为路易威登(Louis Vuitton)、香奈儿(Chanel)、古驰(Gucci)、爱马仕(Hermès)和劳力士(Rolex)。

通过与富豪深度访谈也发现,超高资产类消费者对奢侈品牌的文化内涵并不了解,在购买动机中更多强调奢侈品的私人性和服务性,品牌忠诚度较欧美同类消费者偏低,而另一方面他们在实际奢侈品牌选择中却易于受到广告宣传影响,倾向于购买人所共知的知名品牌,本报告将这种中国特色现象称为“印象消费悖论”。

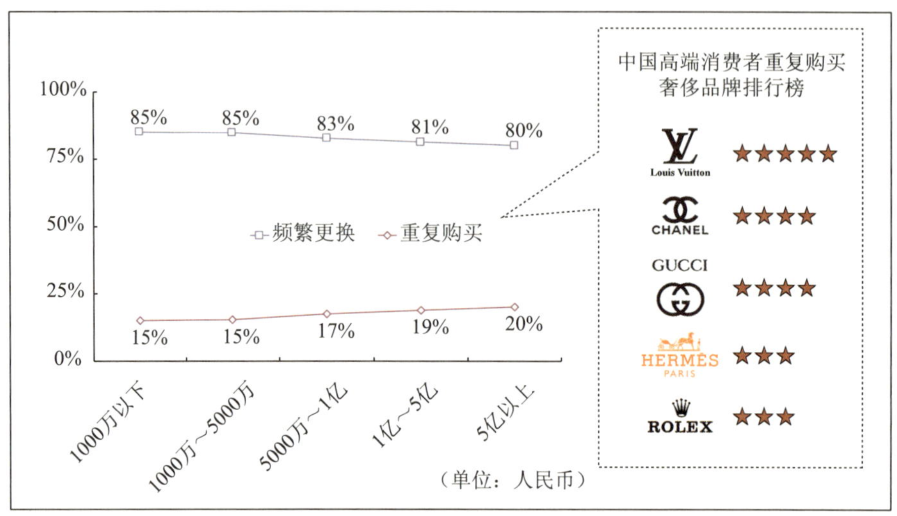

图6　不同资产类的消费者奢侈品牌忠诚度差异

注：中国高端消费者的奢侈品牌忠诚度偏低，但却有很强的印象消费水平。

■ 定制化、限量化的消费偏好凸显

中国奢侈品消费者在进行产品决策时主要受到“产品设计、定制与限量、折扣或优惠及销售人员”四大因素的影响。对高资产消费者而言，资产保有量水平越高，奢侈品的限量化或定制化对其购买决策的推动力越强。调查显示，有近三成的超高资产类消费者表示限量品和定制品对其产品最终选择有决定性影响（限量品16%，定制品14%）。以定制品为例，只有5%的普通资产类消费者认为定制奢侈品对其购买决策有影响，随着资产保有量的提升，11%的高资产类消费者钟情于定制类奢侈品，在超高资产类人群中14%的消费者愿意为其付高价（见图7）。目前，在中国顶级奢侈品市场，定制化成为行业新趋势的内部需求驱动力。

■ 中国内地＋中国港澳＋欧美国家的“1＋1＋1”式消费法则

调研结果显示，中国高资产消费人群在奢侈品购买地点选择上，通常实施“1＋1＋1”式消费法则，即中国内地购买占1/3，中国港澳地

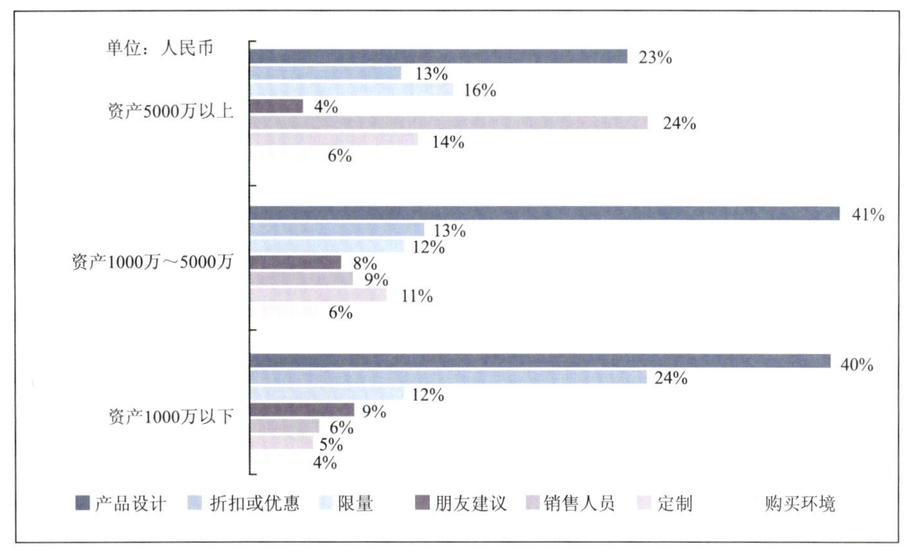

图7　不同资产类的消费者产品选择决策差异

区购买占1/3,国外其他地区购买占1/3。其中欧洲是国外奢侈品购物的首选地（19%），美国位居第二（7%），日本名列第三（1%）（见图8）。

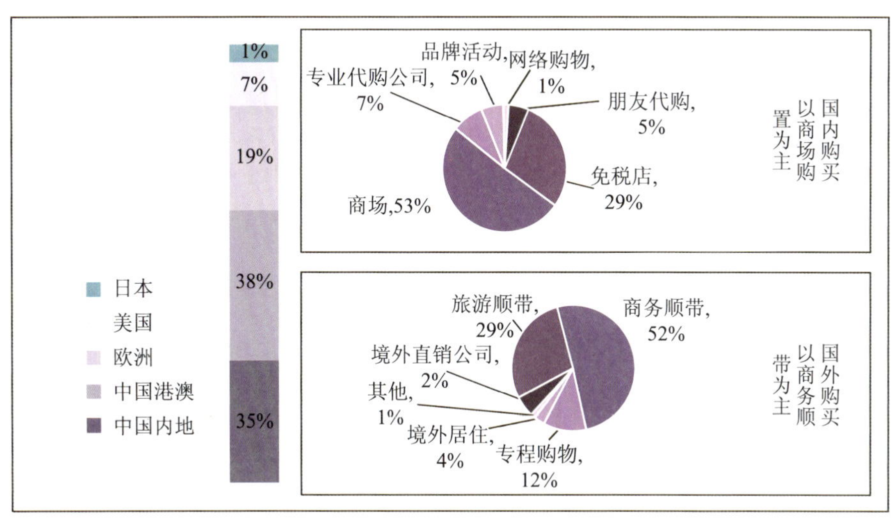

图8　超高资产类奢侈品消费者“1+1+1”式的消费法则

在国内购买奢侈品时，普通资产类奢侈品消费者对奢侈品价格敏感，即使人在国内也喜欢通过朋友海外代购奢侈品，而高资产类奢侈品消费者则重视购物体验，偏向于在高档百货公司以及购物中心购买奢侈品（53%）。在国外购买中，超高资产类奢侈品消费者更多地在国外商务活动而非旅游顺带中购置奢侈品，他们中的大部分认为奢侈品国外购物的理想场所之选为欧洲。

四大增长点

作为中国奢侈品销售的市场新通路，艺术品交易市场、免税市场、二手奢侈品交易市场及奢侈品电子商务市场已成为中国奢侈品市场未来发展的四大增长点。

■ 喷薄而出的中国艺术品交易市场

中国超高资产类消费人群对投资收藏类奢侈品消费的重视带动艺术品交易市场在中国的蓬勃发展。调查显示，在进行收藏投资时，资产低于1000万人民币的奢侈品消费者最多谈到的是针对名表的收藏投资（37%），认为该类奢侈品通常限产定量，有较高的升值空间，而且本身物理形态易于储存，具有很强的传承价值。资产在1000万~5000万人民币的消费者除对名表青睐有加之外（34%），也展示出对名车收藏与投资的热爱（21%），有不少消费者提到限量或定制的顶级车型的极高收藏价值。而资产超过5000万人民币的消费者明显地对艺术品收藏投资更为重视（36%），他们非常偏爱通过艺术品投资、限量品珍藏等方式消费顶级奢侈品（见图9）。并且在这类人群看来，高端豪车只是代步工具，只要钱足够多即可获得，而顶级艺术品才是有钱买不到的终极奢侈品，最能体现个人品位和审美情趣，且有极大的增值空间。

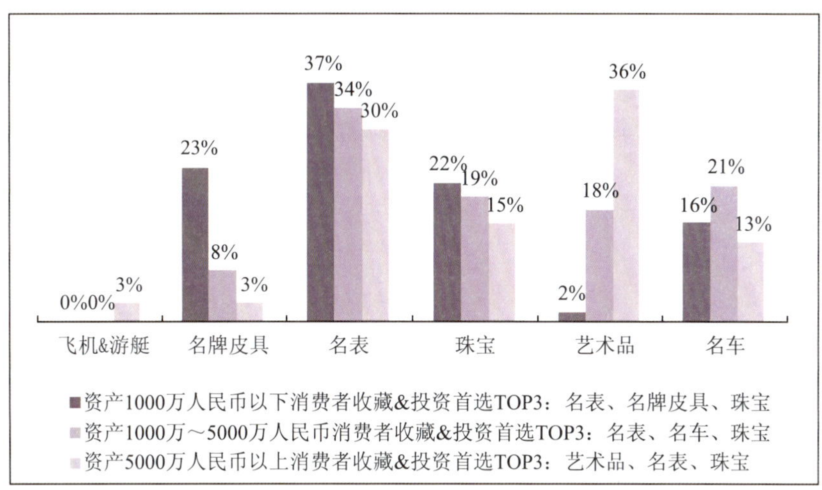

图 9　不同资产类的消费者对收藏和投资艺术品的奢侈品类偏好

■ 呼之欲出的中国二手奢侈品交易市场

随着中国奢侈品市场的成熟，消费者消费观念开始转变，开放的"奢侈观"下"新二手"式生活新主张带来以寄售、买断为销售方式的二手交易市场的悄然兴起。对寄卖者而言，避免闲置、避免浪费、快速回流资金；对消费者而言，价格便宜、品种丰富、淘趣无穷。这种新兴交易方式在中国具有巨大的市场潜力。

当下的中国二手奢侈品交易市场中，30～40 岁的消费者是二手奢侈品交易购买和出售的主体，主要交易对象为箱包、饰品和服装；40～50岁的消费者更愿意出售闲置的奢侈品，但购买二手奢侈品的意愿大大降低，主要以交易艺术品（二手但为限量版）、收藏品为主，以保值、增值为目的。调查显示，资产 5000 万以下、本科学历的女性消费者是中国二手奢侈品交易的活跃人群。

特别值得注意的是，二手奢侈品市场在中国各地区之间的发展不平衡，东部地区的二手奢侈品市场较中西部更加繁荣，一线城市对二手奢侈品的消费意愿高于二三线城市。数据显示，出售二手奢侈品意愿最强的是居民收入水平较高、地区开放程度较高的上海、北京等经济发达的一线城市,购买二手奢侈品意愿最强的也是经济发展迅速的华北、华东地区(见图10)。

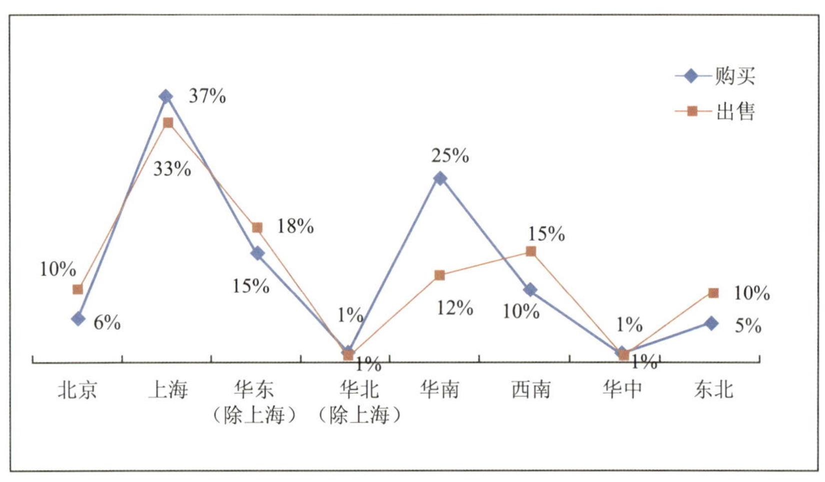

图10　不同城市的消费者二手奢侈品的交易意愿

注:二手奢侈品市场的繁荣程度与地区经济发展水平成正比关系。

华北地区:北京市、天津市、河北省、山西省、内蒙古自治区;东北地区:辽宁省、吉林省、黑龙江省;华东地区:上海市、江苏省、浙江省、安徽省、福建省、江西省、山东省;华中地区:河南省、湖北省、湖南省;华南地区:广东省、海南省、广西壮族自治区;西南地区:重庆市、四川省、贵州省、云南省、西藏自治区;西北地区:陕西省、甘肃省、青海省、宁夏回族自治区、新疆维吾尔族自治区。

而目前在中国,很多经营者只看到了二三线城市二手奢侈品市场的空白,便认为这是巨大的商机,纷纷把目标锁定在二三线城市。显然,这种市场布局与二手奢侈品市场的真实情况具有差距。

同时,调查显示五大压力(见图11)困扰着中国二手奢侈品交易市场未来发展:鉴定产品真伪、货源的持续稳定性、售后服务水平保证、寄卖者和经营者之间的诚信障碍以及整个行业管理水平低下。

■ 异军突起的中国免税市场

调查显示,中国每年基本上有50%以上的高端消费在国外完成,免税店购买占其中一半以上。《中国奢侈品报告(2011)》从国内外价

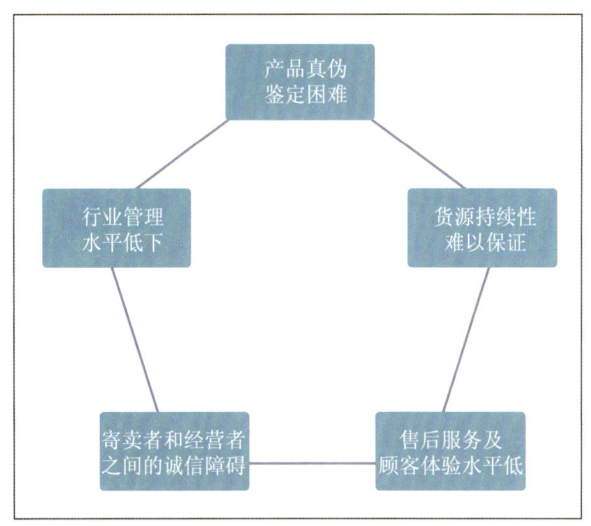

图 11　中国二手奢侈品交易市场面临的 5 大压力

格监测入手，比较分析了珠宝、腕表、箱包、皮鞋、高档酒、香水、化妆品等七大品类、65 个国际奢侈品牌、115 种产品 2011 年的国内外价格，指出目前中国市场奢侈品的售价呈现普遍高企、局部走低的价差现状。其中，高级腕表国内外差价非常明显；高级珠宝境外市场价格不一定远远高于中国国内售价；高档酒境内外市场价格不稳定，市场秩序混乱；箱包皮具类奢侈品境内外市场价格的差幅不大；香水价差不高，化妆品价差高（见图 12）。

同时，研究人员以海南离岛免税政策下的中国免税品集团三亚免税店为例，探析了中国奢侈品免税市场目前的快速发展之势，并从免税政策的购物限额、卖一线大牌还是卖时尚品牌、卖产品还是卖服务三个角度对未来中国免税市场的发展进行深入思考。

■ 群雄逐鹿的中国奢侈品电子商务市场

不同于以往电子商务的低端化路线，今天的奢侈品电子商务网站如雨后春笋般出现在中国奢侈品行业中。《中国奢侈品报告（2011）》从消费者态度着眼，分析消费者对网上购买奢侈品的态度与倾向。

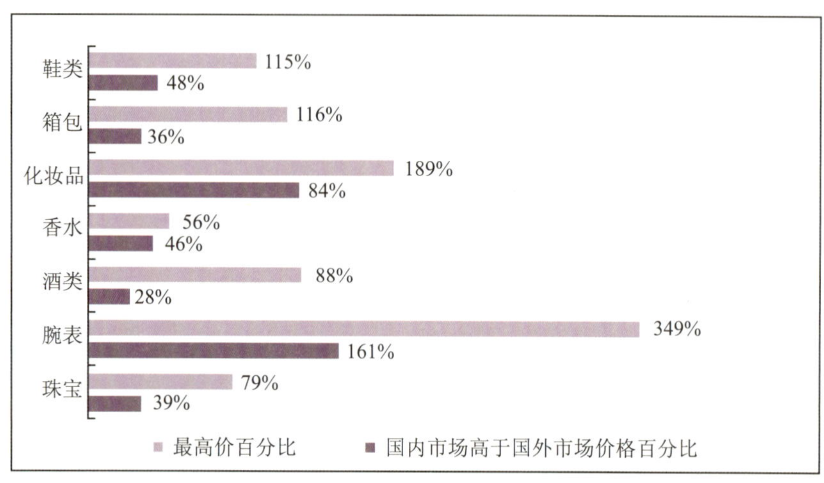

图 12　2011 年奢侈品国内外价格比较

调查显示，大多数消费者对于网购奢侈品持积极态度，其中，女性消费者（83%）对网购奢侈品的热情明显高于男性消费者（76%）；一线城市的消费者比二线城市的消费者更倾向于网购奢侈品；年龄在 20～30岁之间的“80 后”消费者对网购奢侈品的态度最积极（见图 13）。随着该群体财富实力不断增长，他们将是未来网购奢侈品的生力军。资产在 1000 万人民币以下的消费者“愿意尝试”网购奢侈品的比例最大（58%）；高学历的消费者网购奢侈品态度最积极（55%）。

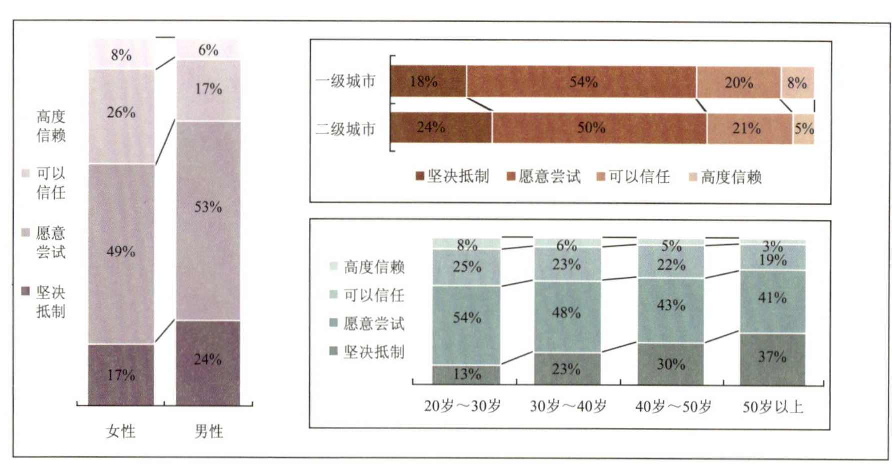

图 13　不同性别、年龄、地区的消费者网购奢侈品的态度

便利性是奢侈品消费者认为网购奢侈品最重要的优势。具体而言，女性消费者认为网购奢侈品的首要优势是“价格便宜”（28%），而男性消费者更看重“节省时间”（33%）；“价格便宜”“品种多”“节省时间”分别是北京（36%）、上海（51%）、广州（35%）三地消费者认为最主要的网购奢侈品优势；资产状况越高，“价格便宜”对消费者越没有吸引力，“节省时间”反倒越来要重要。

产品的真伪是中国消费者网购奢侈品时最为关注的问题（50%），其次是产品质量问题（24%）、售后服务（10%）与配送安全（8%）（见图 14）。调查显示，随着年龄的增长，消费者越来越担忧网购奢侈品的真伪，其中 50 岁以上中国消费者尤其注重该问题（38%）。

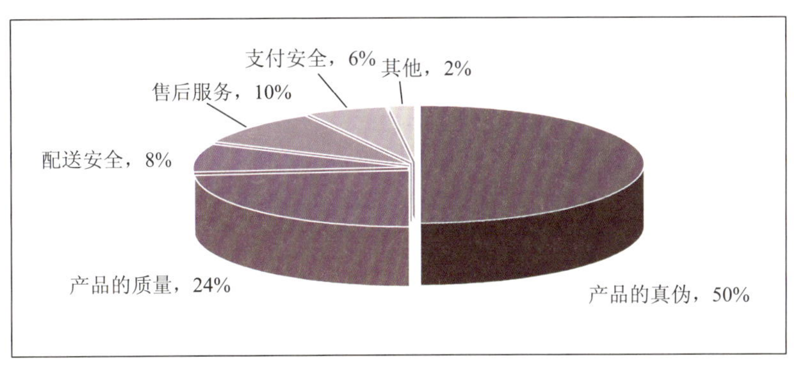

图 14　中国消费者网购奢侈品的主要顾虑

三大提升

奢侈品牌在华经营多则数十年，少则三五年，已拥有较为丰富的本土管理经验，在中国奢侈品市场成绩斐然，可圈可点。但同时值得注意的是，包括客户沟通、售后服务、社会责任在内的三大领域仍然是奢侈品牌在华经营的软肋，提升空间巨大。

■ 建立在满意度基础上的客户忠诚

本次调研发现，优秀的客户关系管理能力是奢侈品牌在华运营成

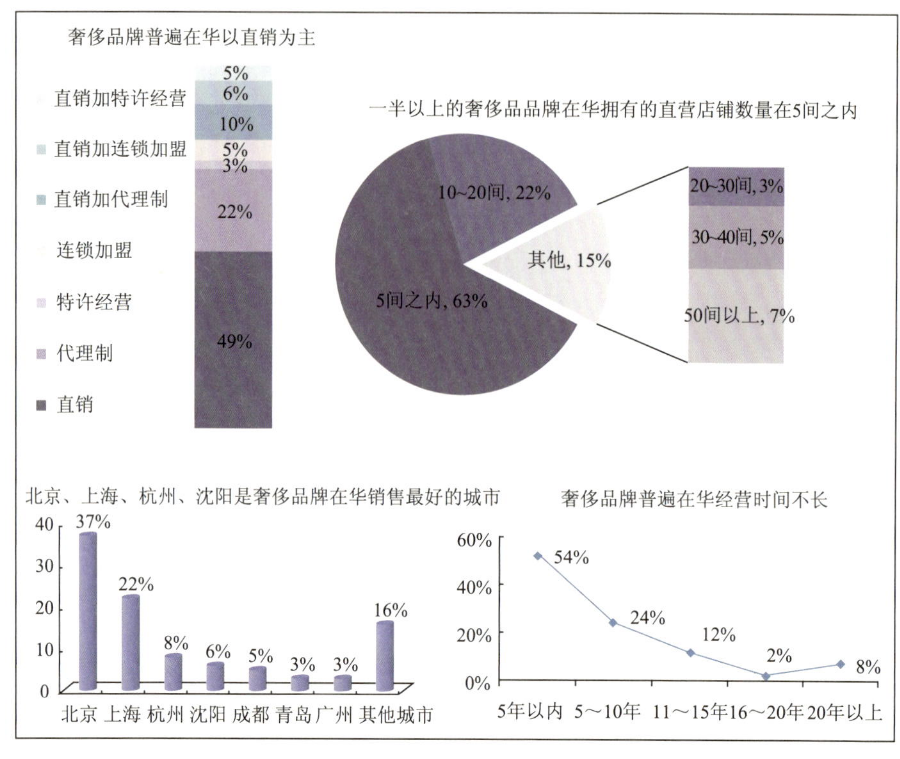

图 15　在华经营的奢侈品牌的基本特征

功的第一要素，比例达到19%（见图16）。奢侈品牌只有建立和维护一个有价值、忠实、稳定、有竞争力的客户关系管理体系，才可能实现持续性赢利。《中国奢侈品报告(2011)》的消费者调研结果也显示，目前中国奢侈品消费者品牌忠诚度较低，通过品牌宣传、产品推广、公关活动等方式维持与老客户之间长期稳定的关系，增强客户对品牌的满意度和忠诚度，形成对品牌的情感依赖，提高客户的回头率，将大大降低未来市场不稳定因素对奢侈品牌的冲击，减少经营风险。

随着中国奢侈品市场的不断壮大，在华奢侈品牌的竞争会越来越激烈，未来的竞争将不仅仅停留在吸引新客户层面上，而更多的是要留住老客户，这其中以客户关系管理为核心的在华经营战略全面整合势在必行。只有那些能够抓住机遇、积极应对压力的奢侈品企业才能最终在中国奢侈品市场获得成功。

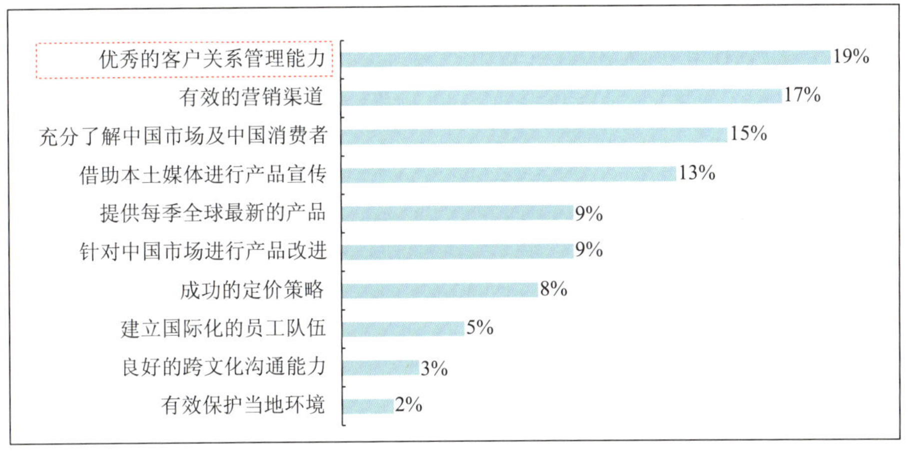

图 16　奢侈品牌在华成功经营的关键能力

■ 赢得中国人心的售后服务

调查显示，目前中国的奢侈品消费者对奢侈品牌的售后服务总体满意度较高（90%）。其中，男性消费者对奢侈品售后服务满意度高，女性消费者满意度评价较低，消费者非常注重购物以及服务过程中的心理感受。值得关注的是，调研发现，资产在 1000 万人民币以下的消费者对奢侈品牌售后服务的满意度最低，以“基本满意”（50%）为主，另有 11% 的消费者表示“不满意”。随着奢侈品消费者资产水平的提高，其对奢侈品牌售后服务的满意度也随之提高。资产在 1 亿人民币以上的大富豪与超级富豪对奢侈品牌售后服务表示“很满意”（30%）与“比较满意”（43%）的比重最高。调研人员实地走访一些消费者发现，店面以及导购的状态直接影响消费者的心态，不容忽视。因“财力”而差异化服务的做法，对客户满意度的提升以及忠诚度的维护影响很大，也会因此而流失一部分潜在客户。

究竟中国消费者对目前奢侈品牌的客户服务还有哪些不满意的地方？调研发现，69% 的消费者认为降低维修服务价格、增加产品维修点和缩短产品维修时间是奢侈品牌最有待改善的服务项目，奢侈品牌在客户关系管理方面仍存在很大的提升空间。特别是随着中国奢侈品市场近10年购买量的积累以及现实的井喷式消费热情的持续高涨，客户服务质量能否全面提升是国外奢侈品牌在中国必须面对的一个棘手问题。

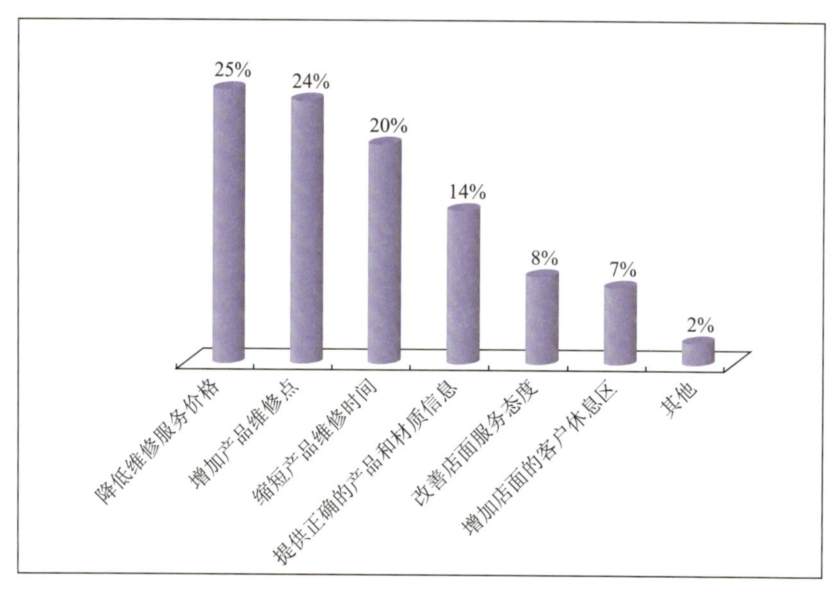

图17 奢侈品牌最有待改善的服务项目

■ 反哺中国社会的企业责任

全球“低碳化”的大趋势之下，以过度消耗资源、破坏生态环境、寅吃卯粮式为代表的传统奢侈消费观已逐渐被现代消费者所摒弃。当国际奢侈品牌不断在中国开设新店、累积财富的同时，有没有考虑到中国作为一个发展中的大国所面临的困难，有没有想到反哺中国社会与中国人民呢？

面对奢侈品牌在中国的绿色足迹与“洗绿”进程，《中国奢侈品报告（2011）》特别设立“绿色 · 责任 · 可持续发展”专题，从绿色视角重新定义奢侈品，将分享生活乐趣、绿色消费、人类可持续发展、人权平等、物种尊严的概念融入奢侈品的绿色化内涵中。研究人员深刻剖析了国际奢侈品牌“洗绿革命”的根源，指出奢侈品牌绿色化的六大驱动力：顺应全球可持续发展的趋势；迫于下滑的经济形势和萎缩的市场；绿色消费需求的推动；提升品牌的内在价值；对企业社会责任的勇于担当；公司治理的迫切需要。

与此同时，本报告采集了 2006—2010 年国际奢侈品牌在中国的绿色相关信息，建立了一套涉及环境保护、为可持续发展作出的贡献、企业社会公益活动和与非政府组织及媒体的合作状况等四个重要绿色领域，38 个指标的奢侈品牌绿色评价指标体系。深度分析了国际奢侈品集团/品牌在华经营近五年来的绿色足迹，首次综合评价出各大奢侈品牌在中国的绿色表现力，对未来奢侈品企业的绿色发展战略制定具有建设性意义。

我们可喜地看到，有先行者在中国已经坚实地迈出了这一步，他们是：欧莱雅集团、路易酩轩集团、资生堂、瑞士历峰集团、巴黎春天集团。

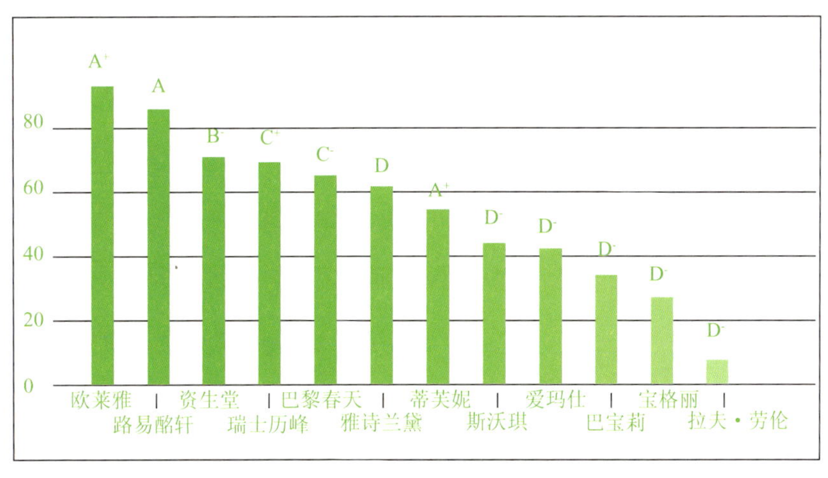

图 18　国际奢侈品集团/品牌中国绿色表现力排名

两大转变

奢侈品在华的迅速发展离不开其市场推广合作者——中国高端媒体和广告公司数年来的大力推广。进入网络化全面普及的新十年，奢侈品的媒介传播方式开始出现两大转变。

■ 传播渠道由单向传播向互动传播转变

广告仍然以其受众面广、目的性强、传播频次高为特点，占据中国消费者获取奢侈品信息的主要渠道。此外，在今天的奢侈品信息传播中，以朋友介绍、门店信息获取及公关活动开展为代表的互动式信息传播方式显得日趋重要。

尤其值得注意的是，《中国奢侈品报告(2011)》分析显示，公关活动的互动性更易增强品牌与消费者之间的情感沟通，但目前奢侈品牌在华公关活动集中化、单一化的特点与中国消费者对公关活动日益增加且偏好多样化的需求之间还存在差距。调研显示，中国奢侈品消费者最喜欢参加的公关活动是新品发布会(15%)与鉴赏或体验活动(15%)，社交类活动也是消费者比较喜欢的活动(14%)。同时，产品特卖会也颇受欢迎(13%)。而奢侈品牌在中国进行市场推广时，鉴赏或体验活动是品牌的首选(32%)，社交活动位列第二(25%)，其中客户联谊会是其主要举办形式，新品发布会排在第三(22%)(见图19)。其他形式的活动均举办较少，私人活动及客户服务活动更是微乎其微。

奢侈品牌在华推广过程中应加大公关活动开展力度及广度，不局限于鉴赏或体验活动、新品发布会及社交活动几种形式。对于中国奢侈品消费者比较热衷的公益活动、产品特卖会和私人活动等多予开展，同时发挥创意，以吸引更多的消费者，拉近品牌与大众的距离，增加品牌认知度和忠诚度。

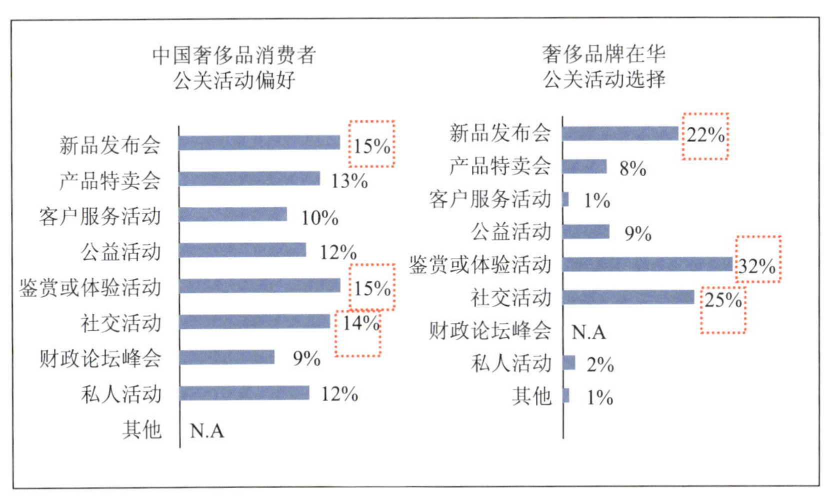

图 19　中国奢侈品消费者与奢侈品牌对公关活动的偏好差异

■ 专注高端传媒向兼顾大众化传媒转变

尽管目前来看,中国高资产人群仍然主要通过高端杂志获取奢侈品相关信息,但不容忽视的事实是,在网络化风行的今天,奢侈品的传播媒介已经从传统的高端传媒向兼顾大众化传媒转变。调研显示,绝大多数的中国消费者通过奢侈品官方网站了解产品信息及动态,搜索引擎和社交网络也扮演了重要角色。

这主要源于三个原因,一是随着经济发展,更多的消费者进入奢侈品消费的行列,奢侈品消费正逐渐出现大众化趋势;二是品牌为了市场和利润,也努力开发了很多适合更多人消费的大众化奢侈品;三是中国消费者消费心理不成熟,往往认为知名度就等于品牌。高端媒体可以让品牌拥有高端品味,获得直接有效的客户,但是大众媒体更容易让品牌获得知名度。这些都导致品牌在兼顾高端媒体的同时,不得不考虑大众媒体的广告投放。

同时,以论坛、社交网站、博客、微博为代表的"个人媒体"后来居上,成为中国奢侈品消费人群获取奢侈品信息的主要来源。其中,口碑传播类个人媒体在年纪较大的奢侈品客户群体里作用明显，各种社交类个人媒体在年轻消费者群体中作用明显。在个人媒体时代，人人都可以成为信息传播体，借助社交活动或者网络平台发表个人对奢侈品的解读。这种以个人为中心的媒体平台，既区别于传统媒介品牌推广中消费者被动式的信息接受，具有强烈互动性，又不同于普通的传统媒体，具有影响范围广、传播速度快、目标人群集中的特点。我们认为，新媒体时代，个人媒体将会在未来奢侈品信息传播中具有更加深远的影响。

此外，与大众媒体负责人的深度面访发现，中国的大众媒体也开始重视奢侈品牌的广告客户，而受访的品牌负责人也表示加大对大众媒体的广告投放力度是拉近与中国消费者的距离、扩大品牌知名度、降低广告成本的较好选择。

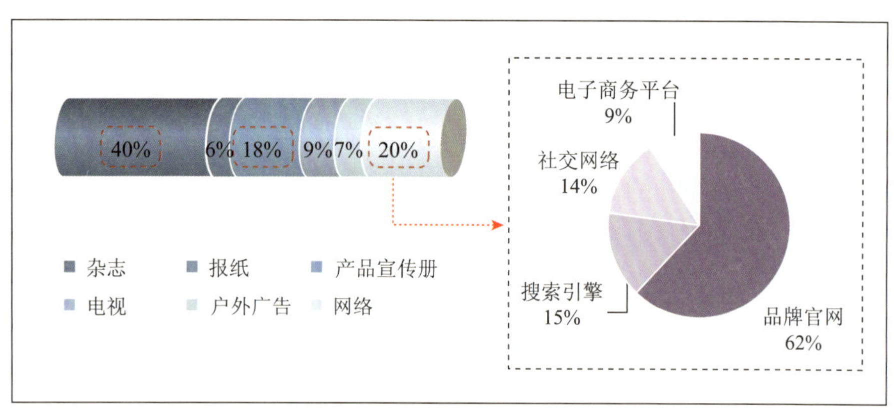

图 20　高资产类消费者获取奢侈品信息的主要媒介

我们面临的问题

当下，中国的宏观经济走势是中国奢侈品行业各方共同关注的重要问题。中国经济正在面临深层转型，政府在房地产行业的政策调整及中国证券市场的持续低迷使得两大造富主力军团现金流吃紧，日进斗金的时代已一去不复返。以房地产开发业为例，2011 年 9 月，全国房地产开发景气指数为 100.41，比 8 月份降低 0.7 个百分点，比上年同期回落 3.1 个百分点，房地产景气指数连续 4 个月呈下滑趋势(见图 21)。而持续收紧的国家宏观政策也使得这一趋势在短期内改善的可能性微乎其微。

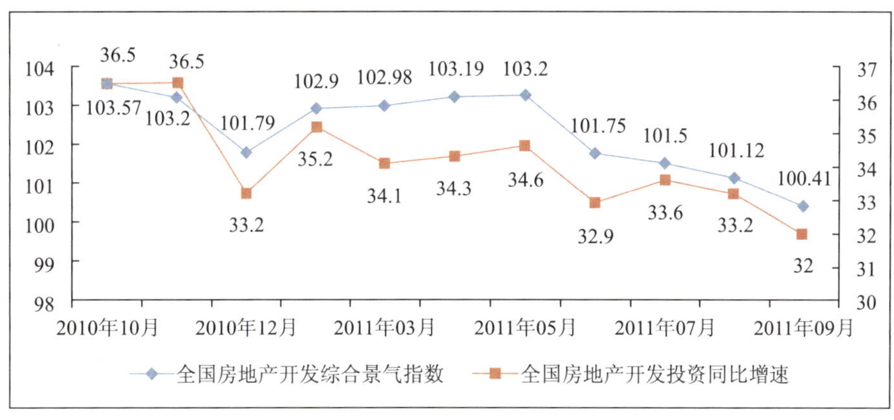

图 21　中国房地产开发业发展现状(2010 年 10 月—2011 年 9 月)

数据来源：中国宏观经济信息数据库。

注：全国房地产开发业综合景气指数数据资料来源于中国国家统计局，是反映中国房地产市场景气变化趋势和程度的综合指数，是对房地产业发展变化趋势和变化程度的量化反映。

与此同时，作为观察通货膨胀水平的重要指标，2011 年以来中国市场消费者价格指数(Consumer Price Index，简称 CPI)持续走高，并自 3 月起突破 5% 的国际警戒线，持续高位运行长达 7 个月之久。(见图 22)CPI 指数节节攀升，并呈居高不下之势，这使得普通消费者尤其是中产阶层的基本生活负担加重，加之对未来收入预期充满不确定性，削减作为非必需品的奢侈品消费支出就成为首选。

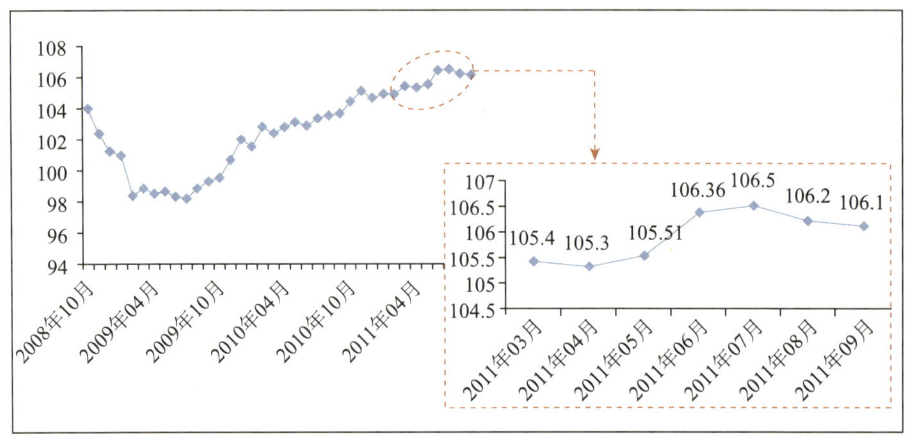

图 22　中国居民消费价格指数 CPI 走势(2008 年 10 月—2011 年 9 月)

数据来源:中国宏观经济信息数据库。

来自市场的三股悲观情绪

■ 乐观与谨慎并行的中国富豪人群

尽管中国的消费者普遍看好中国未来一年奢侈品市场的发展,48%的普通资产类消费者表示会在未来增加奢侈品消费预算。然而,我们也发现了另外一股强烈的声音:27%的高资产类奢侈品消费者与30%的超高资产类奢侈品消费者表示对未来奢侈品消费预期不确定;24%的高资产类与20%的超高资产类人群将保持奢侈品的消费支出;特别是超高资产类人群中有17%的消费者表示会降低未来奢侈品消费预算,居各类消费人群之首(见图23)。

■ 迷茫与观望中的奢侈品牌

面对中国经济发展的不确定性与收紧的宏观调控政策,以及中国消费者对未来奢侈品消费支出的不明朗态度,国际奢侈品牌对于2012年的中国奢侈品市场持谨慎与观望态度,投放广告与活动推广的预算变得更加有限且态度非常谨慎。调查显示,广告成本太高(3.17)、政策限制与关税压力(3.35)和经营管理人才缺乏(3.26)共同构成奢侈

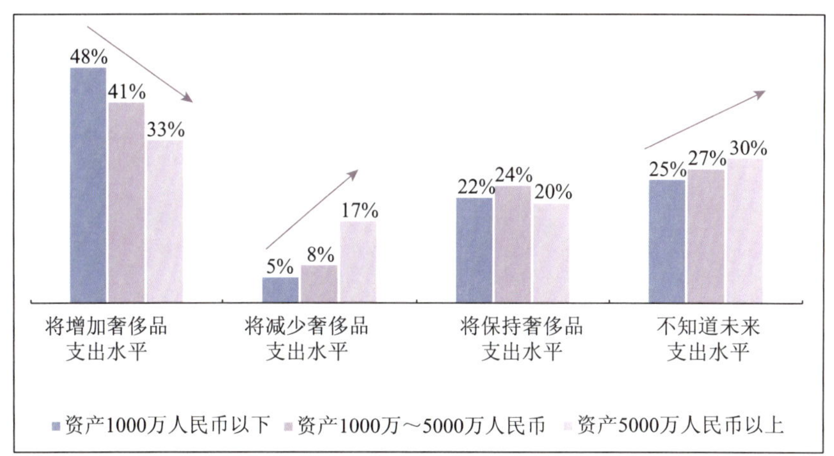

图 23　不同资产类的消费者未来奢侈品消费支出水平差异

品牌在华经营面临的最主要压力(见图 24)。

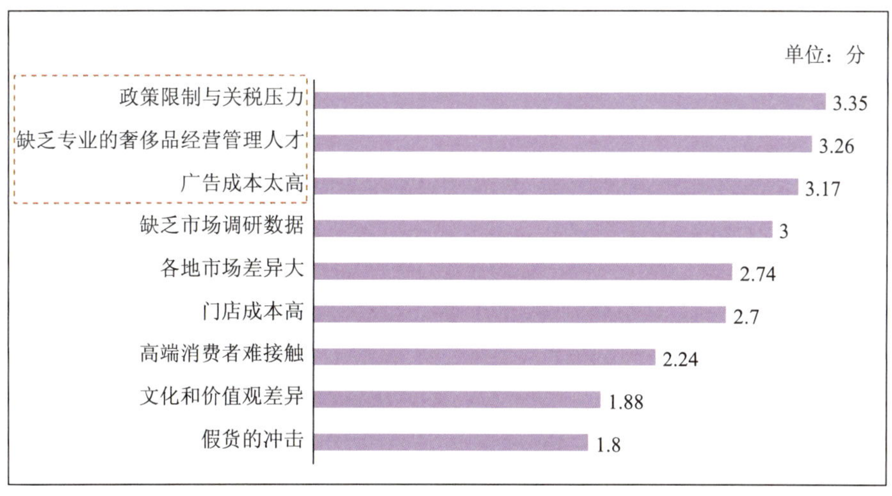

图 24　奢侈品牌在华经营的主要压力

与此同时我们看到,直接受到奢侈品牌观望态度影响的是以奢侈品牌广告为主要收入来源之一的中国高端媒体行业。在主要客户收紧广告投放预算之时,2012 年的中国高端媒体行业将进入竞争白热化阶段。调研显示,对 2012 年奢侈品牌在华媒体预算,尽管有 66% 的品牌表示 2012 年会增加媒体投放预算,但还是有相当比例的品牌持观望态度（31%）（见图 25），目前并不确定是否增加媒体投放。

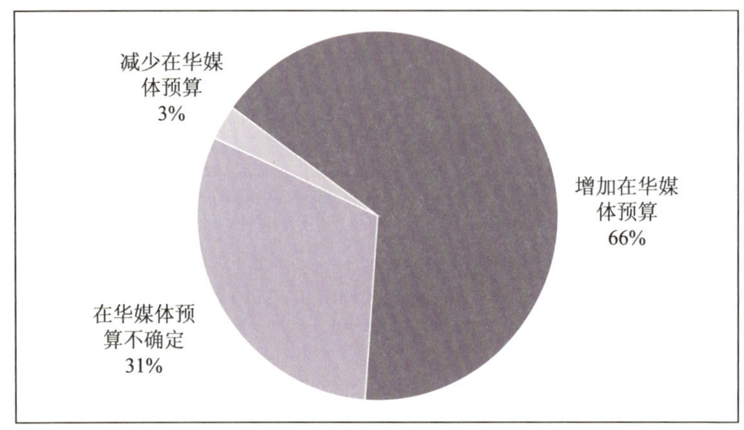

图 25　2012 年奢侈品牌在华媒体预算

■ 任重而道远的中国奢侈品牌

令我们惊讶的是，本次调研发现，超过 2/3 的中国奢侈品消费者认为中国不可能产生奢侈品牌，只有近 1/3 的奢侈品消费者认为中国具有产生本土奢侈品牌的可能性（见图 26）。

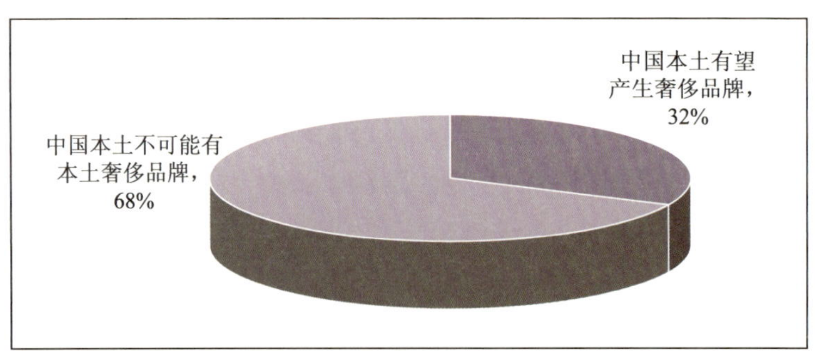

图 26　中国奢侈品消费者对中国本土能否产生奢侈品牌的态度

但是，媒体眼中仍存希望：庞大的市场消费基础是中国本土产生国际奢侈品牌的最有利条件，高端白酒、高级成衣、香烟、茶叶、瓷器以及珠宝是最有潜质产生中国本土奢侈品牌的领域。同时，缺乏优秀的设计师、国际化的奢侈品经营管理人才成为影响中国奢侈品牌走上国际化道路的短板。

《中国奢侈品报告(2011)》的结论是:乐观与谨慎并行、增长与转变同步的奢侈品消费模式将在未来的中国奢侈品市场长期存在。

谁是未来市场的主宰

随着市场成熟度的提高以及消费理念与消费能力的升级,中国奢侈品市场的未来十年,将诞生两类强大的意见领袖:专业消费者与专业品牌。

一类是专业消费者,作为个人意见领袖,也是强大的个人媒体,用自己的声音影响数以万计的中国消费者的消费思维。甚至可以说,在未来,为奢侈品代言的将不再是演艺明星,而是商业明星,商业明星与品牌的结合将是奢侈品牌的机遇,但也是一个巨大挑战。

另一类是专业品牌,作为奢侈品市场的行业领袖,也将演变为专业媒体,用自己的市场地位引导中国奢侈品市场的发展趋势。现在他们已释放能量:宾利、宝马、阿斯顿·马丁、法拉利、兰博基尼……都出版了以品牌命名的杂志,它们既是杂志也是产品宣传册,但更应该成为一个开放的、共享的资源平台。今后,借助专业品牌的领袖地位以及专业度和精准的投放,不仅传统的媒体需要借助他们提高知名度、扩大读者群,其他的品牌也会借助他的平台共享客户。

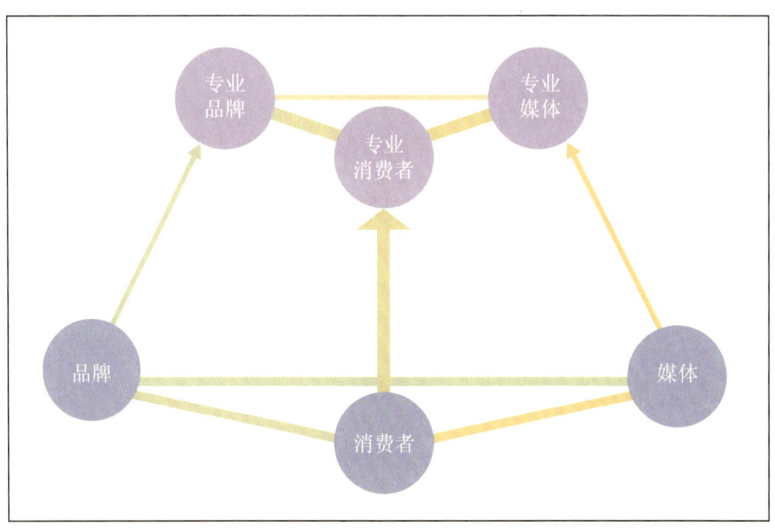

图 27　中国奢侈品行业未来发展的新兴力量

我们的深度思考

2011 年是奢侈品行业在华发展的关键一年，在过去的三十年中，奢侈品行业在华高端市场经历跨越式发展，但这种发展大多基于多年累积需求的快速释放而非理性决策。在未来的十年中，竞争日益激烈的奢侈品行业中国发展之路将更加富有挑战性，机遇与挑战并存、风险与收益共存将成为中国奢侈品行业的常态。

我们需要看到，中国奢侈品市场并不一定如我们预期的那样乐观，所有的利益攸关者都在考虑市场的出路。

如何满足不同资金状态下中国奢侈品消费者的需求？尤其是在中国奢侈品消费者消费偏好及消费决策多样化的今天，面对当前宏观经济环境下消费者现金流的收紧状态，怎样维持并扩大市场份额？

中国二手奢侈品交易市场如何在整个行业管理水平低下的大背

景下解决产品真伪鉴定困难，保证货源持续性，提升售后服务和客户体验水平？

基于现有的免税政策，中国免税市场的未来走势如何？如何引进新品牌，引进哪些奢侈品牌，门店服务如何保证？

中国奢侈品电子商务市场怎样构建诚信机制，确立产品正品真货保证？如何做到质量有保障，配送安全？

国际奢侈品牌如何改进客户沟通，售后服务？并在承担社会责任中改善品牌形象？

在传播渠道由单向传播转向互动转播，传播媒介由专注高端传媒转向兼顾大众化传媒之时，传统媒体是否需要有所改变？如何改变？新媒体怎样借网络之风突出重围实现自我定位提升？

更为重要的是，中国奢侈品市场迟迟不能出现真正属于国人的本土奢侈品牌，如何在经济面临转型的当下逆势而上，走出自我崛起的新路？

……

这些问题都值得我们所有奢侈品行业从业者思考。

第一篇　增长·转变·多样化

成长中的中国奢侈品消费观

2011 中国奢侈品报告面对中国市场的 2005 名高资产人群展开调研，深入探究中国高端富裕人群的奢侈品消费观和消费习惯。

本次调研覆盖中国主要奢侈品消费市场，包括以北京市为代表（60.3%）的华北地区，以上海市为代表（41.1%）的华东地区，以辽宁省为代表（68.4%）的东北地区，以湖北省为代表（37.4%）的华东地区，以广东省为代表（80.6%）的华南地区，以四川省为代表（70.2%）的西南地区以及以新疆维吾尔自治区为代表（72.0%）的西北地区。调研覆盖面积之广、探访高端消费人群之众，实为中国奢侈品市场消费行为研究之最。

调研人群中，资产 1000 万人民币以下（普通资产类人群）、资产 1000 万～5000 万人民币（高资产类人群）及资产 5000 万人民币以上（超高资产类人群）的消费者数量基本呈现 1∶1∶1的均匀分布。

为深入分析超高资产类人群的奢侈品消费特点，比较他们与普通资产类消费者和高资产类消费者的异同，本报告特别将资产超过 5000 万人民币的富裕人群划分为三个层次：资产 5000 万～1 亿人民币的富豪（占总调研人数的 11%），资产 1 亿～5 亿人民币的大富豪（占总调研人数的 10%）以及资产 5 亿人民币以上的超级富豪（占总调研人数的 9%）。

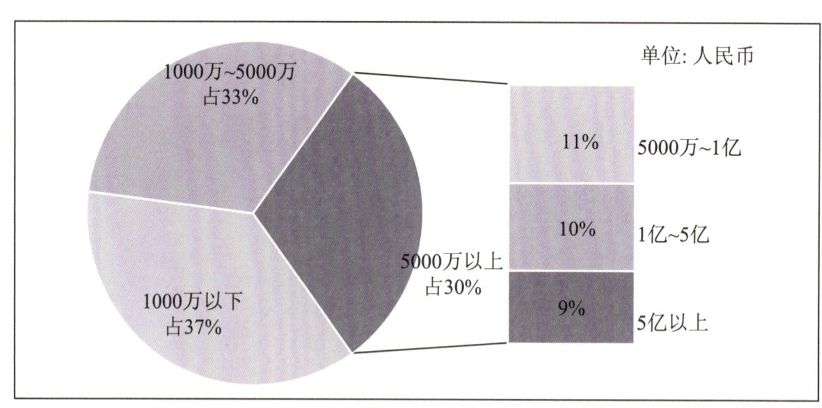

图 1－1　中国奢侈品消费者的资产分布状况

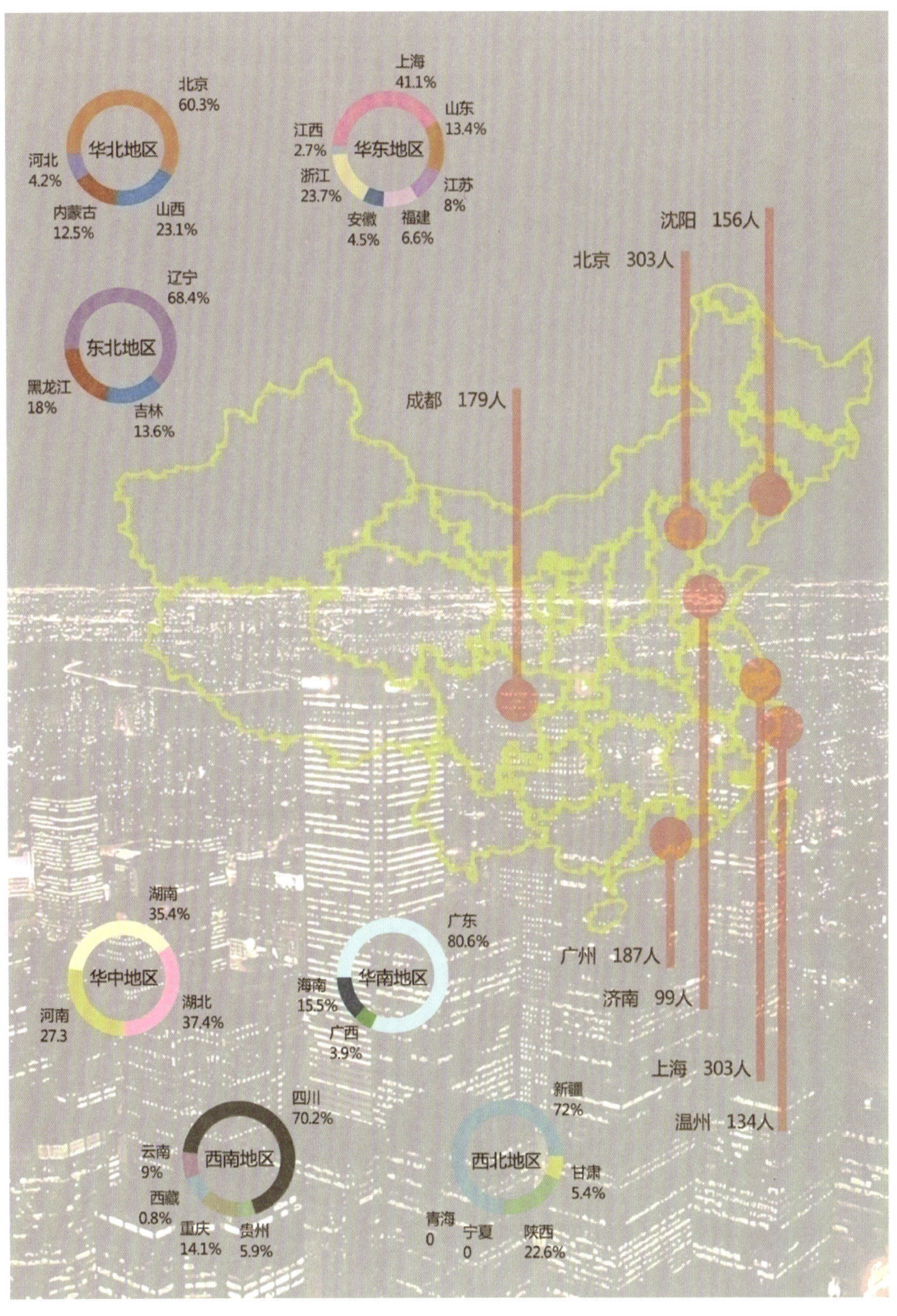

华北地区
北京 60.3%
山西 23.1%
内蒙古 12.5%
河北 4.2%
华东地区
上海 41.1%
山东 13.4%
江苏 8%
福建 6.6%
安徽 4.5%
浙江 23.7%
江西 2.7%
东北地区
辽宁 68.4%
吉林 13.6%
黑龙江 18%
沈阳 156人
北京 303人
成都 179人
广州 187人
济南 99人
上海 303人
温州 134人
华中地区
湖南 35.4%
湖北 37.4%
河南 27.3
华南地区
广东 80.6%
广西 3.9%
海南 15.5%
西南地区
四川 70.2%
贵州 5.9%
重庆 14.1%
西藏 0.8%
云南 9%
西北地区
新疆 72%
甘肃 5.4%
陕西 22.6%
宁夏 0
青海 0

调研对象特征

调研对象——普通资产类奢侈品消费者

教育背景:以本科毕业居多(60%),另有21%的普通资产类奢侈品消费者拥有研究生(含硕士、MBA、EMBA及博士)学历,在三类调研人群中占居首位(见图1-2)。

年龄分布:相对年轻的消费群体,其中20岁~30岁的“80后”消费者占一半以上(见图1-2)。

性别比例:男女分布相对平均,女性调研对象偏多(52%)(见图1-2)。

所处城市:调研对象中有42%的消费者来自北京、上海、广州、深圳四大一线城市,二线城市调研对象偏多,占58%(见图1-2)。

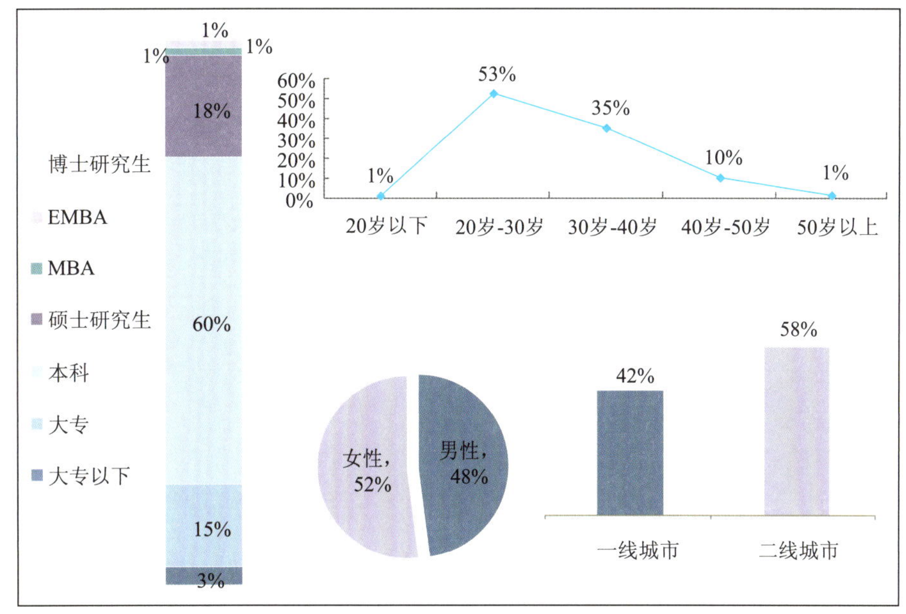

图1－2 普通资产类奢侈品消费者的主要特征

调研对象——高资产类奢侈品消费者

教育背景：本科学历人数居首（54%），较之普通资产类奢侈品消费者，有较少的消费者拥有硕士研究生学历（10%），而接受 MBA 及 EMBA 等在职教育的人数较多（15%）（见图 1－3）。

年龄分布：主要集中在 40～50 岁的“60 后”与 30～40 岁的“70 后”，分别占 42% 和 39%（见图 1－3），以中青年消费者为主。

性别比例：男性调研对象较多（73%），与女性调研对象呈 3：1 的高比例分布（见图 1－3）。

所处城市：调研对象中一二线城市分布较均匀，二线城市偏多（51%）（见图 1－3）。

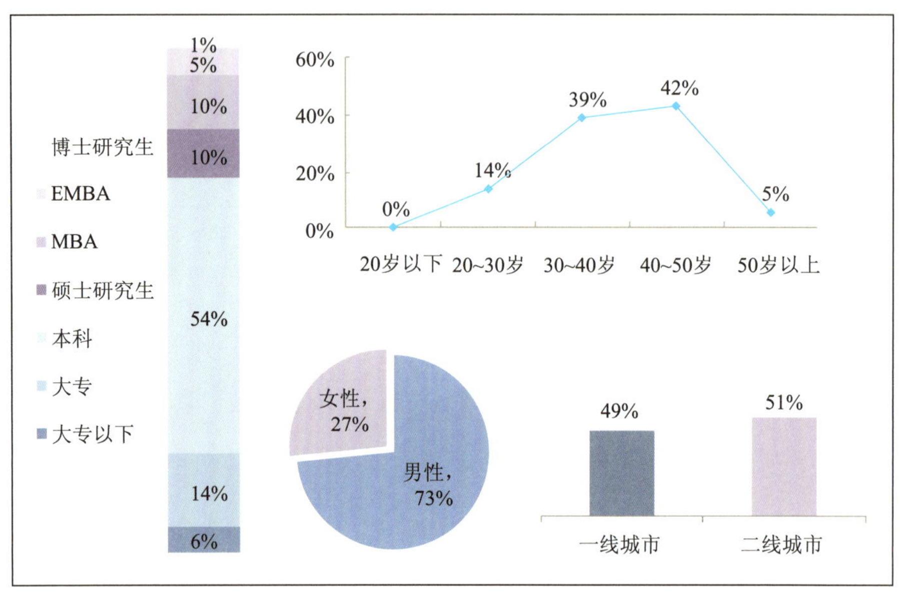

图1－3　高资产类奢侈品消费者的主要特征

调研对象——超高资产类奢侈品消费者

教育背景：本科学历人数比重较普通资产及高资产类奢侈品消费者低，占40%；超高资产类消费者的学历背景呈两极分化格局，有24%的消费者学历水平低于本科，有26%的消费者拥有MBA或EMBA学位，另有4%的消费者拥有博士研究生学历（见图1－4）。

年龄分布：以20世纪60年代出生的人群为主，占总数的一半以上（53%），此外“50后”与“70后”各占20%以上（见图1－4）。

性别比例：与高资产类奢侈品调研对象类似，男性调研对象较多（69%），与女性调研对象呈2:1的高比例分布（见图1－4）。

所处城市：调研对象中一二线城市分布均匀（见图1－4）。

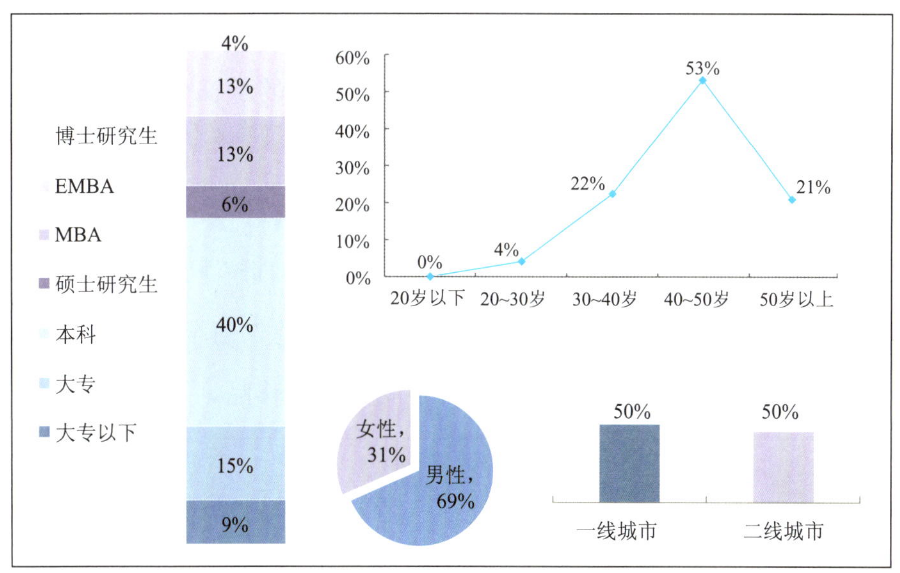

图 1-4　超高资产类奢侈品消费者的主要特征

消费目的多样化

在中国奢侈品市场中，约有一半的奢侈品消费源于自用消费。

调查显示，从消费的绝对数量和金额来看，超高资产类消费者无疑在各类消费中拔得头筹，但从消费的相对数量和金额而言，他们更钟爱投资收藏奢侈品。

相比之下，资产低于 1000 万人民币的普通资产类奢侈品消费人群在自用消费的相对量上表现得最为显著，其中近 7 成的奢侈品消费被用于个人消费(68%)(见图 1-5)，表现了该类人群在有限资金下对于拥有和使用奢侈品的渴望。

商务馈赠类奢侈品消费分布呈现较强的稳定性，在不同资产人群中比重差异不大，但资产在 1000 万~5000 万人民币的高资产类消费者对商务馈赠类奢侈品消费最为重视(见图 1-5)。对该类人群的一对一深入访谈发现,该类人群目前通常处于事业的上升期,对于商务馈赠的需求较大。

收藏和投资类奢侈品消费需求随个人资产的增长呈快速增长态势,资产超过5000万人民币的超高资产消费者的奢侈品消费中有近3成用于收藏与投资,以资产超过5亿人民币的超级富豪为最(见图1-5)。这类消费者大多功成名就,对奢侈品消费的理解不限于大众熟知的奢侈品牌,而是更多地将奢侈品消费与资产的保值增值联系起来,通过艺术品投资、限量品珍藏等方式消费顶级奢侈品。

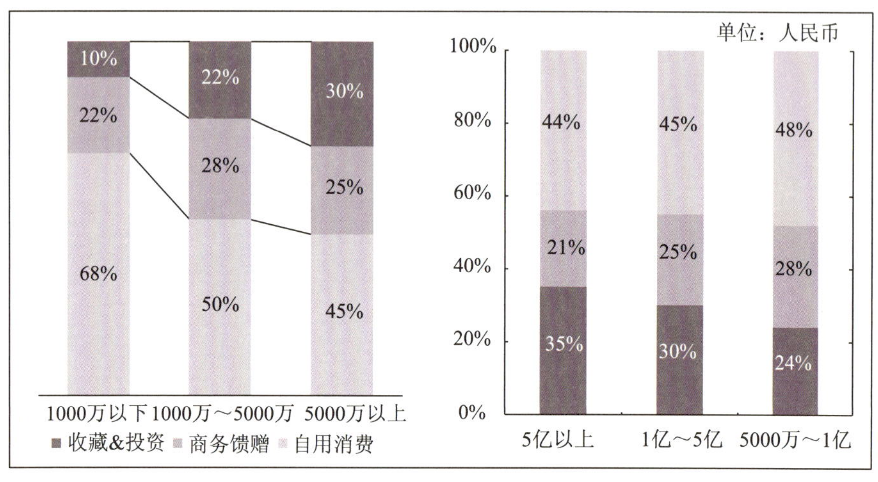

图1-5　不同资产状况的消费者消费目的多样化

注:半数的中国奢侈品市场来源于自用消费,商务馈赠类的奢侈品消费稳定在20%~30%,收藏与投资类奢侈品消费随着消费者资产增加迅速增长。

奢侈品自用消费的面子消费、社交消费与个性消费

普通资产类消费者以面子消费为重

资产低于1000万人民币的消费者更注重奢侈品的财富展示作用,强调所消费产品必须拥有超高的品牌知名度(24%),即面子消费。

同时，相对年轻化的此类人群也较注重奢侈品的个性特征（23%）（见图1－6），希望购买的奢侈品符合自己的气质特点。

高资产类消费者以社交消费为主

资产在1000万～5000万人民币的消费者除重视奢侈品的品牌知名度（23%）之外，也非常青睐奢侈品牌的身份标志作用，即社交消费，希望购买的奢侈品符合自身所处社交群体的集体偏好（21%）（见图1－6）。

超高资产类消费者青睐个性消费

资产超过5000万人民币的消费者则更注重奢侈品的个性化（24%）设计师或创始人的独特魅力（20%），并且特别强调奢侈品的优秀品质以及五星级服务（18%），而对奢侈品牌的知名度（14%）及身份标志作用（16%）并不十分重视。研究人员的深度访谈显示，这类人群大多已具备较高的财富力量和社会地位，因而无需通过奢侈品彰显身份及财力，反而对奢侈品的私人性与个性化表现出极大兴趣，并强调顶级奢侈品的强大资产保值能力（6%）。值得一提的是，目前的设计师品牌成为超高资产人群的关注点（20%）（见图1－6）。

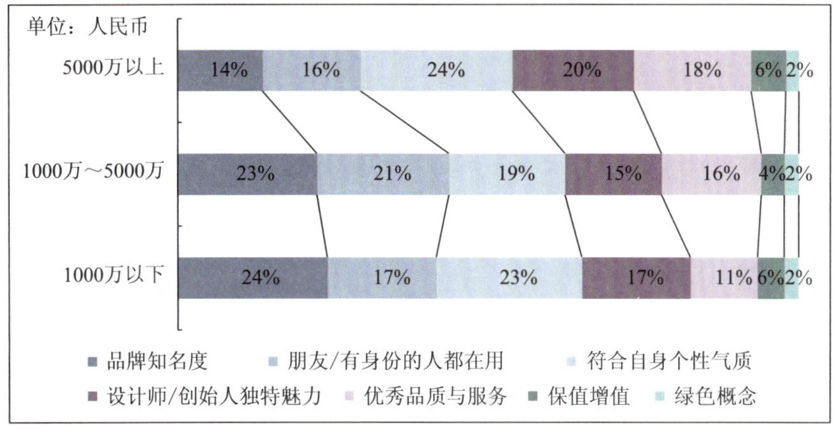

图1－6　不同资产状况的奢侈品消费者自用消费下的不同动机

商务馈赠 VS 收藏及投资的选择差异

在当下的中国奢侈品市场，商务馈赠与收藏及投资占据奢侈品消费的半壁江山。在商务馈赠中，最受中国消费者欢迎的奢侈品品类是：高档烟酒（20%）、名牌皮具（19%）和香水化妆品（18%）；而在收藏和投资时，最受中国消费者欢迎的奢侈品品类是：名表（34%）、珠宝（19%）和艺术品（17%）（见表1－1）。

不同资产保有层次的中国奢侈品消费者在进行奢侈品的商务馈赠和收藏与投资时，也显示出不同的侧重面。

表1－1　商务馈赠类选择偏好及收藏和投资类选择偏好

	商务馈赠品类选择偏好	收藏和投资品类选择偏好
名牌皮具	19%	13%
名表	17%	34%
珠宝	8%	19%
艺术品	8%	17%
名车	3%	16%
高档烟酒	20%	N.A.
香水化妆品	18%	N.A.
服饰	7%	N.A.
飞机和游艇	N.A.	1%
合计	100%	100%

商务馈赠

资产低于1000万人民币的奢侈品消费者首选香水化妆品作为馈赠礼物（26%），名牌皮具也是其通常选择的品类（21%）（见图1－7），他们认为该类产品单价相对较低且选择上不易出错，是商务馈赠的佳品。

资产在1000万~5000万人民币的消费者偏爱以高档烟酒作为商务馈赠的礼物（24%）（见图1－7），在访谈过程中，不少奢侈品消费者提到特殊年份的红酒及高档白酒，认为它们是商务馈赠的上佳选择。

资产超过5000万人民币的消费者更多地选择名表作为商务活动的高档礼品（21%）（见图1－7），认为知名品牌的腕表是成功人士的代表，寓意隽永，价格稳中有升，最易受到受礼方的肯定，是展示诚意表达感谢的最佳方式。

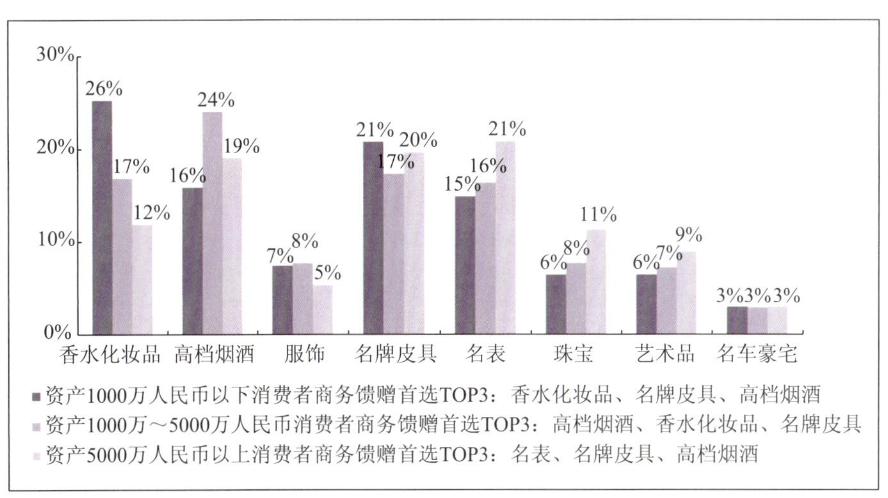

图1－7　不同资产状况的消费者商务馈赠的奢侈品类偏好

注：高资产类奢侈品消费者更青睐于在商务馈赠中赠送名表、珠宝、艺术品。

收藏和投资

资产低于1000万人民币的奢侈品消费者最多谈到的是针对名表的收藏和投资（37%）（见图1－8），认为该类奢侈品通常限产定量，有较高的升值空间，而且本身物理形态易于储存，具有很强的传承价值。

资产在1000万~5000万人民币的消费者除对名表青睐有加之外

(34%),也展示出对名车收藏和投资的热爱(21%)(见图1-8),有不少消费者提到限量或定制的顶级车型的极高收藏价值。

资产超过5000万人民币的消费者明显地对艺术品收藏和投资更为重视(36%)(见图1-8)。与他们的深度访谈发现,在这类人群看来,高端豪车只是代步工具,只要钱足够多即可获得,而顶级艺术品才是有钱买不到的终极奢侈品,最能体现个人品味和审美情趣,并且有极大的增值空间。

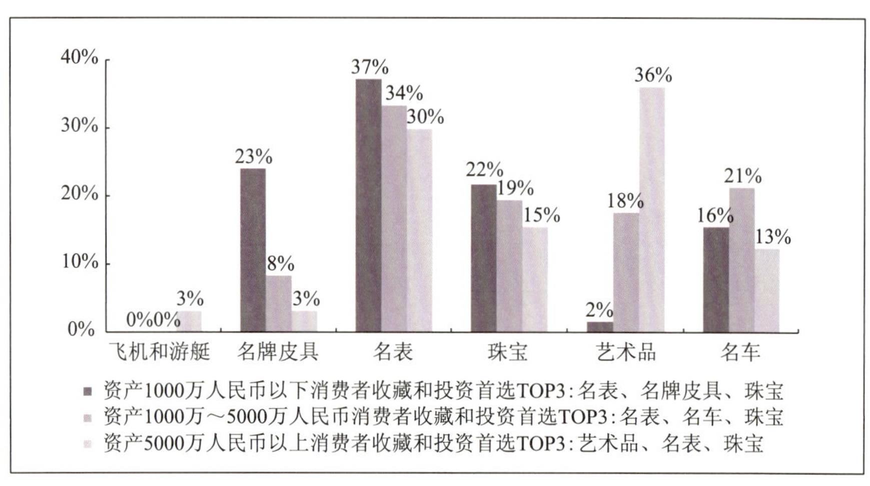

图1-8　不同资产类的消费者对收藏和投资艺术品的奢侈品类偏好

注:高资产类奢侈品消费者表现出对收藏与投资艺术品的极大热忱。

高端媒体人眼中的中国奢侈品消费目的

高端媒体与奢侈品如孪生兄弟般密不可分,正是这些高端媒体人将中国奢侈品消费者的内在需求与奢侈品牌宣传诉求完美结合,推动着今天中国奢侈品市场的蓬勃发展。为更全面、更客观地分析中国奢侈品消费现状特点,本报告特别在针对高端媒体从业者的调研中询问他们从第三方角度如何看待奢侈品对中国消费者的价值，并让其评价目前中国消费者的奢侈品消费状态。

高端媒体人看奢侈品对中国消费者的价值所在

■ 彰显社会地位的居首（37%）

与前文谈到的“面子消费居普通消费者奢侈品消费目的之首，社交消费居高资产类消费者奢侈品消费目的之首”观点基本一致，也涵盖了消费者在商务馈赠中的奢侈品类选择上的偏好，体现出高端消费者在进行自用消费和商务馈赠消费中的奢侈品价值诉求。

■ 提升生活质量紧随其后（35%）

与前文谈到的“越是高资产类人群，对奢侈品牌的概念越淡漠，更强调奢侈品的私人性和服务”观点一致，强调高端消费者对享受奢侈品带来的生活质量提升的钟爱。

■ 兴趣爱好与保值增值（共28%）

高端媒体人表示虽然数量还不多，但今天的中国奢侈品市场的确存在一批用鉴赏的眼光审视奢侈品，将顶级奢侈品尤其是艺术品作为收藏佳作的消费者。同时，保值增值的概念也在奢侈品市场中蔚然成风，成为不少消费者购买奢侈品的原因。

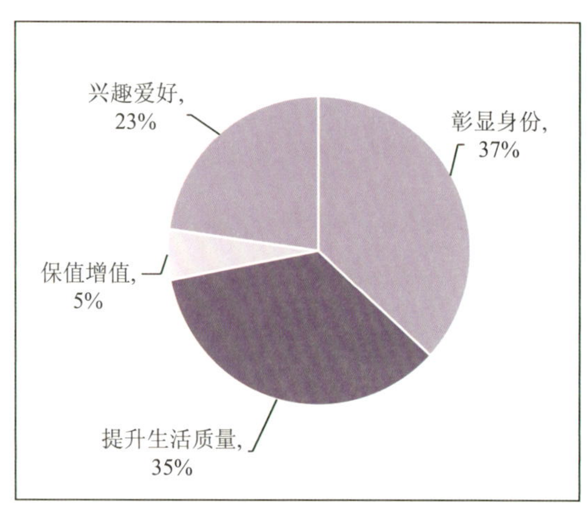

图1-9 高端媒体人看奢侈品对中国消费者的价值所在

高端媒体人眼中的中国消费者奢侈品消费状态

调研结果显示,45%的高端媒体负责人认为中国消费者目前"有钱,没品位,但正在学习有品位",即"富而不贵"最能概括中国消费者的消费状态,紧随其后的是与之相关的一个描述"有钱,不会生活,但正在学习会生活"(25%)(见图1-10)。

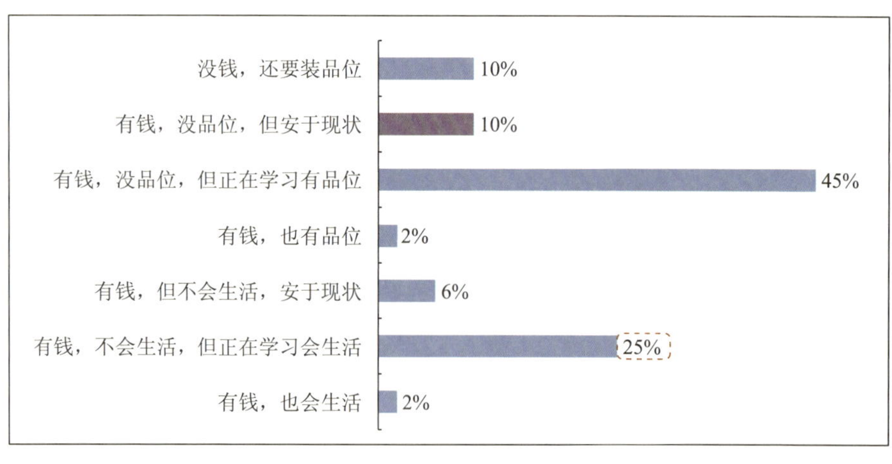

图1-10 高端媒体人眼中的中国消费者的奢侈品消费状态

■ 状态1——“有钱没品位”和“有钱不会生活”

七成以上的高端媒体人都认为目前中国还处于奢侈品消费的初级阶段。改革开放以来迅速成长的中国消费者具有较为允裕的资金支持其消费奢侈品，但作为新富阶层，他们中的大部分人在消费品位上与发达国家成熟消费者还存在距离，也不大懂得如何将奢侈品真正融入自我生活。

■ 状态2——“正在学习有品位”和“正在学习会生活”

在高端媒体人看来，中国消费者正在不断地学习有品位，学习会生活。这与我们之前描述的超高资产类消费者对于艺术品的鉴赏与钟爱，对奢侈品私人性、服务性、定制性的强调，深具异曲同工之妙。

消费决策组合化

分析中国奢侈品消费者消费决策的选择模式至关重要，是当下各大奢侈品牌争相探究的热点。本报告中，研究人员从选择什么奢侈品牌（Brand），选择哪种奢侈品（Product），在哪里购买奢侈品（Place）以及怎样安排奢侈品消费预算水平（Budget）四个角度对中国奢侈品消费者进行深入调研分析。

品牌选择决策：低的品牌忠诚度与强的印象消费观共生

调研数据显示，中国奢侈品消费者的品牌忠诚度相对成熟的欧美奢侈品市场偏低，重复购买率仅在10%～20%之间，但是更换品牌的频率却高达80%～85%。资产低于5000万人民币的普通资产类奢侈品消费者的品牌忠诚度仅为15%，而超高资产类奢侈品消费者具有略高的品牌忠诚度，即使是资产5亿以上的超级富豪们，他们对奢侈品牌的忠诚度也仅为20%（见图1－11）。

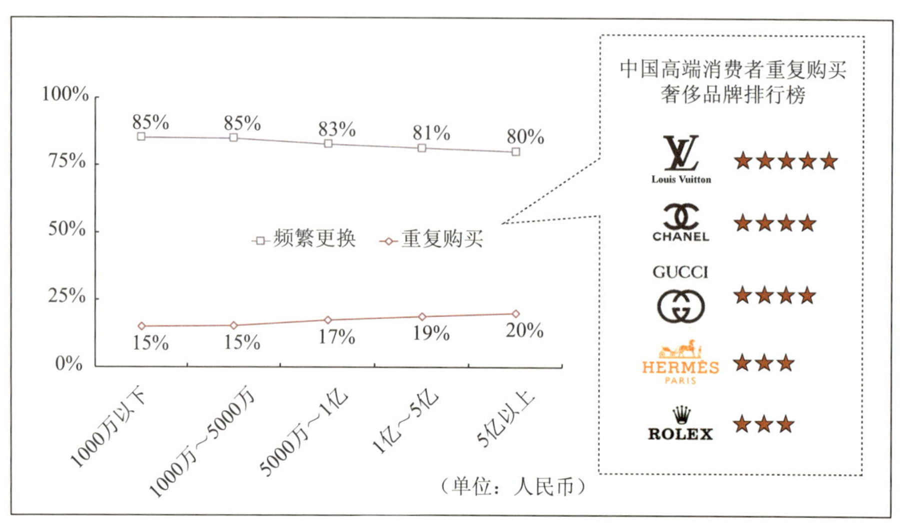

图1－11　不同资产类的消费者奢侈品牌忠诚度差异

注：中国高端消费者的奢侈品牌忠诚度偏低，但却有很强的印象消费水平。

调查显示，中国高端消费者最易重复购买的奢侈品牌TOP5分别为路易威登（Louis Vuitton）、香奈儿（Chanel）、古驰（Gucci）、爱马仕（Hermès）和劳力士（Rolex）。

通过与富豪深度访谈也发现，超高资产类消费者对奢侈品牌的文化内涵并不了解，在购买动机中更多强调奢侈品的私人性和服务性，品牌忠诚度较欧美同类消费者偏低；而另一方面，他们在实际选择奢侈品牌时却易受到广告宣传的影响，倾向于购买人所共知的知名品牌，我们将这种消费者选择奢侈品牌的中国特色现象称为“印象消费悖论”。

产品选择决策:产品设计与限量定制并重

调研结果显示,中国奢侈品消费者在进行产品决策时主要受到“产品设计、定制与限量、折扣或优惠及销售人员”四大动力的影响。

■ 产品设计

在四大动力中居首,40%的普通资产类、41%的高资产类和23%的超高资产类奢侈品消费者在进行实际奢侈品选择时最关注该要素(见图1-12)。说明中国消费者感性消费明显,很容易因为一个独特的设计,一个出挑的颜色,或者某些产品的物理特点而进行购买。这也再次明确说明,众多品牌无一例外地在设计包装上投入大量的时间和成本的原因。

■ 限量或定制

越是高资产人群,奢侈品的限量或定制化对其购买决策的推动力越强。以定制产品为例,只有5%的普通资产类消费者愿意购买定制产品。随着资产保有量的提升,11%的高资产类消费者钟情于定制类奢侈品,在超高资产类人群中,有14%的消费者强调奢侈品的定制使他们更愿意为其付高价(见图1-12)。这说明,越是高资产人群越是在意奢侈品消费的个性化体验,并且也愿意为个性化定制买单。值得一提的是,虽然很多消费者并没有明确选择愿意购买的定制类产品与服务,但是表示了对于定制的浓厚兴趣与关注。定制化成为行业新趋势的内部需求驱动力。

■ 折扣或优惠

对于奢侈品消费预算有限的普通资产类消费者,他们对奢侈品的折扣或优惠活动表现出高敏感度(24%),而资金充裕的高资产及超高资产类消费者对折扣或优惠活动的敏感度大大降低(13%)(见图1-12)。

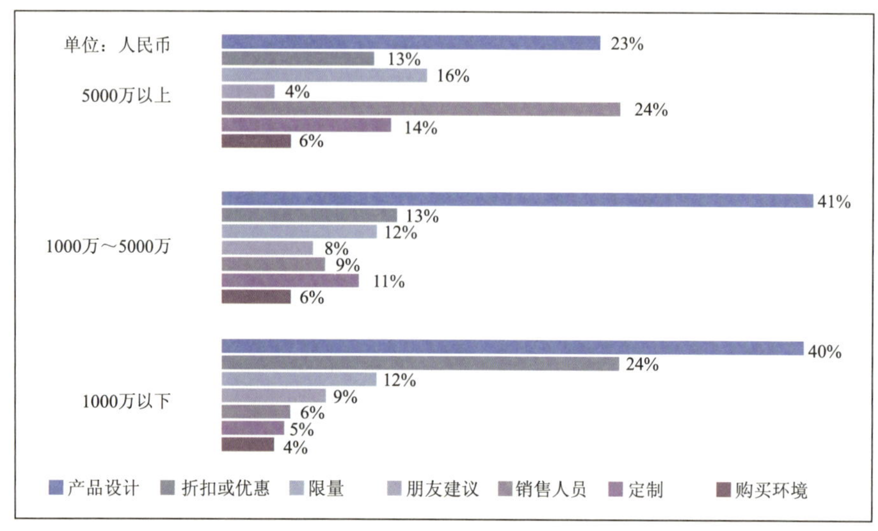

图1－12　不同资产类的消费者产品选择决策差异

注：产品设计是奢侈品牌消费的首要因素，越是高资产人群越易受到销售人员的影响，并非常热衷限量与定制产品。

■ 销售人员

资产超过5000万人民币的超高资产类消费者在制定购买决策时则更易受到销售人员的影响（24%）（见图1－12），这与该类人群资金充裕、奢侈品购买决策的制定更趋感性化特点紧密相关。

购买地选择决策："1＋1＋1"式消费法则

调研结果显示，中国奢侈品消费者在奢侈品购买地点的选择上，通常实施"1＋1"策略，即内地购买占一半份额，港澳地区占一半份额。而对于高资产消费人群，尤其是超高资产消费人群，他们有更多的机会去国外购买奢侈品，所以通常呈现出"1＋1＋1"的购买地点决策方式，即内地购买占1/3，港澳地区购买占1/3，其他国家与地区购买占1/3。其中欧洲各国是奢侈品购物的首选地（58%），美国位居第二（28%），日本名列第三（8%）（见图1－13）。

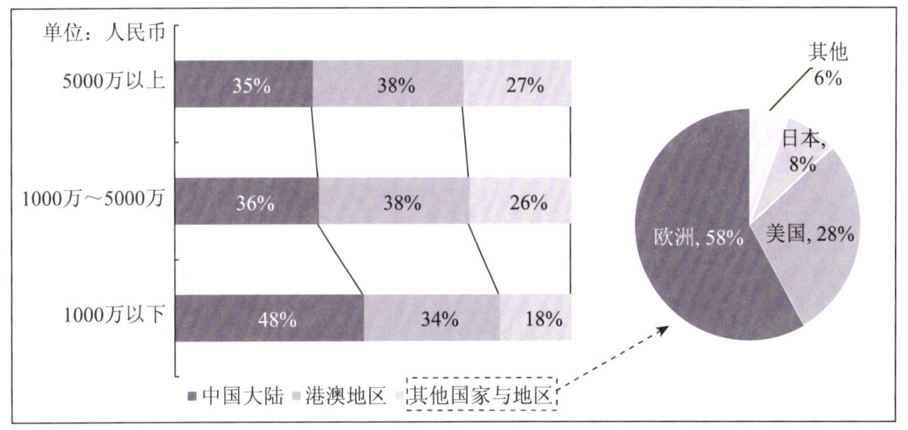

图 1－13　不同资产类的消费者购买选择地差异

注:内地和港澳地区是中国消费者的奢侈品牌主要购买地,愈是高资产人群以欧洲地区为代表的海外奢侈品购买倾向愈明显。

■ 中国内地购买方式:以商场购置为主要途径

在内地,商场是中国消费者最主要的奢侈品购买途径,尤其是高资产和超高资产类消费人群,他们在内地的奢侈品消费中有 5 成以上来自实体商场。而由于经常有出国商务及旅游活动,他们则有更多机会在免税店完成奢侈品的购买(29%)。同时,对于具有专业鉴别水平的奢侈品(如顶级豪车、游艇、限量款名表、珠宝等),他们也会委托专业代购公司(7%)代为购买(见图 1－14)。

相比之下,普通资产类消费者对奢侈品价格较为敏感,内地商场偏高的价格让他们更多地求助于朋友代购(24%),以此降低奢侈品购买成本。而他们相对低的年龄层分布使其对网络购物具有更强的认可度(7%)(见图 1－14),这部分我们将会在第二篇"中国奢侈品电子商务交易市场"展开分析。

■中国港澳及其他国家与地区购买方式:以顺带购置为主要途径

在中国港澳及其他国家与地区购买奢侈品时,顺带购置构成中国奢侈品消费者购买奢侈品的主要途径,专程购物的奢侈品消费者只占

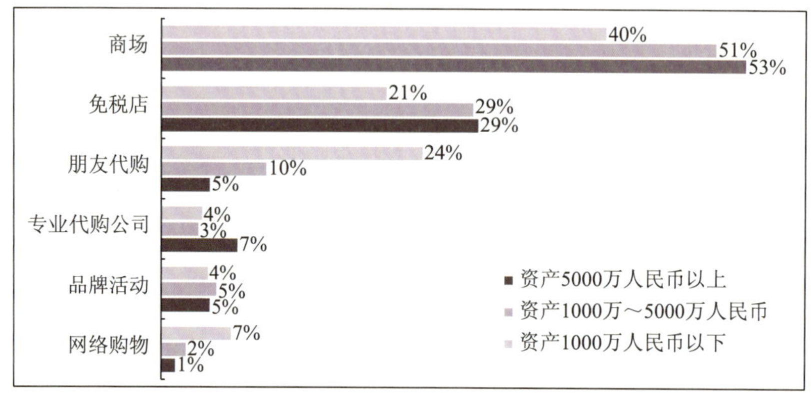

图1－14　不同资产类的消费者中国大陆地区购买方式差异

注：普通资产类奢侈品消费者对奢侈品价格敏感，偏向于通过朋友海外代购奢侈品。高资产类奢侈品消费者重视购物体验，偏向于在实体商场购买奢侈品。

少数。具体来看，资产低于1000万人民币的普通奢侈品消费者更多地采取旅游顺带的方式实现奢侈品购置（49%），而相比之下，资产超过5000万的超高资产类奢侈品消费者则更多地在商务活动中顺带购置奢侈品（52%）（见图1－15），这样的差异更多地与不同资产保有量的奢侈品消费者所处的社会层级与职业角色相关。

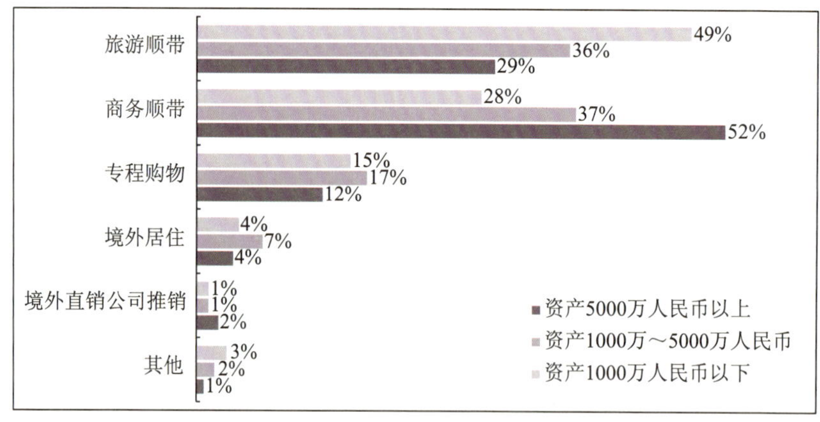

图1－15　不同资产类的消费者中国港澳地区及其他国家与地区购买方式差异

注：普通资产类奢侈品消费者倾向于在旅游中顺带购买奢侈品，高资产类奢侈品消费者则更多通过商务顺带购买奢侈品。

预算选择决策：乐观与谨慎并行

■ 未来奢侈品消费预期总体乐观

对未来奢侈品支出预期的调查显示，41%的中国奢侈品消费者都对未来奢侈品支出有增加计划（见图1－16）。其中，普通资产类消费者对未来奢侈品消费的预期最为乐观，48%的消费者会在未来增加奢侈品消费预算。此外，41%的高资产类奢侈品消费者和33%的超高资产类奢侈品消费者都表示会增加预算（见图1－16）。只有10%的消费者表示在未来一年会降低奢侈品的消费支出（见图1－16）。总体来看，中国消费者对奢侈品消费仍有强烈的消费欲望，并且有增加奢侈品消费预算的打算。

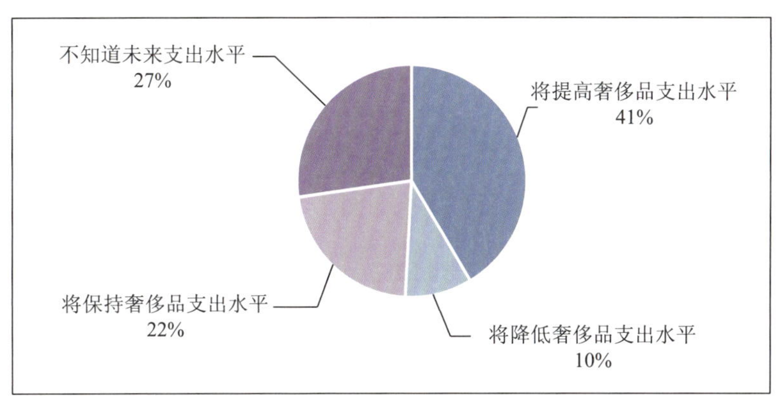

图1－16　中国消费者未来奢侈品消费预期

注：中国消费者未来奢侈品消费预算总体乐观。

■ 未来的奢侈品消费预期局部谨慎

值得关注的是，27%的高资产类奢侈品消费者与30%的超高资产类奢侈品消费者表示对未来奢侈品消费预期不确定；24%的高资产类与20%的超高资产类人群将保持奢侈品的消费支出；特别是超高资产类人群中，有17%的消费者未来奢侈品消费预算是降低的，居各类消费人群之首（见图 1－17）。可以看出，在未来一年，中国高资产人群对奢侈品的消费持谨慎态度。

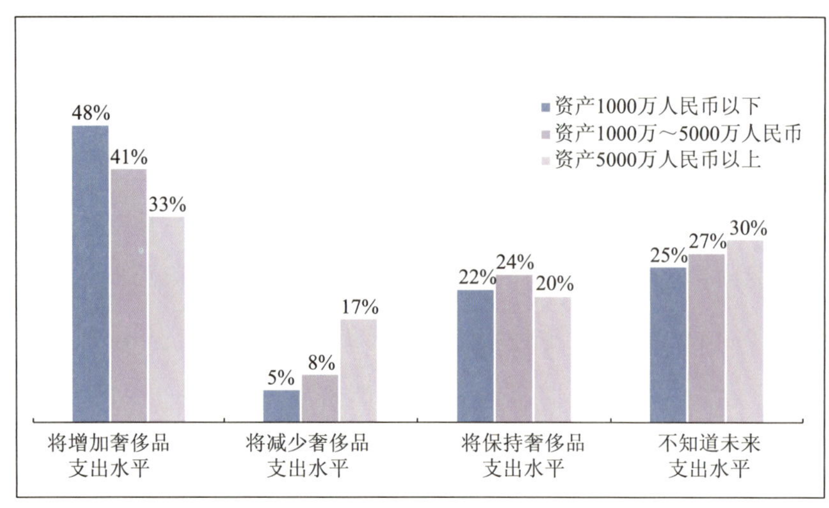

图 1－17　不同资产类的消费者未来奢侈品消费支出水平的差异

注：高资产消费者未来奢侈品消费趋于谨慎。

对消费者的深度访谈也发现，中国的大富豪与超级富豪们在现金流吃紧的情况下，会首先从奢侈品消费开刀，削减以珠宝、飞机、游艇等大件奢侈品为代表的享乐型的奢侈品消费，加大对艺术品的投资，并积极进入二手奢侈品市场，增加个人持有的闲置奢侈品的变现能力，从而促使艺术品交易市场与二手交易市场成为中国市场新的增长点。

启示

2011年以来，中国宏观经济政策收紧，房地产市场、证券市场持续低迷，制造业现金流吃紧，都使得中国经济发展面临新挑战，由此也对高端奢侈品消费者带来不小的压力。总体乐观、局部谨慎的奢侈品未来消费预期将长期存在于中国奢侈品消费者中，增强个人持有闲置奢侈品的变现能力将成为奢侈品消费趋势，中国艺术品交易市场的理性发展与二手奢侈品交易市场的蓬勃扩容势不可挡。

第二篇　二手·免税·电子商务

中国奢侈品销售的市场新通路

中国二手奢侈品交易市场

随着中国奢侈品市场的不断繁荣与消费者消费观念的转变，二手奢侈品交易市场开始在北京、上海等一线城市悄然兴起。尽管这种新兴的奢侈品交易市场刚刚起步，并在不断地完善与规范之中，但是二手奢侈品交易市场的兴起告诉我们：奢侈品也可以通过寄卖等交易方式进行变现或者保值与增值。正因如此，我们有必要探究中国二手奢侈品市场的交易现状、主要特征及存在的问题，以找出相应的发展对策。

中国二手奢侈品交易的现状

■ 消费观念转变：新二手的生活主张

随着市场的发展，二手交易从普通商品延伸到奢侈品。传统的奢侈品消费者认为“买旧的奢侈品有失身份”“只买新的，坚决不买旧的”。但是随着消费人群消费观念越来越趋向开放，二手的概念俨然有了新的定义，“新二手”逐渐成为生活的一种新主张，即：倡导理性消费，避免资源浪费，利用有限资源享受更好生活。这也是中国二手奢侈品市场兴起的主要原因。

■ 寄卖者：避免闲置、避免浪费

寄卖者把闲置的或不喜欢的奢侈品放到二手市场进行交易，不仅能回流资金，而且也避免了存放及保养等压力。同时，二手奢侈品交易也是一种资产变现手段，特别是一些具有保值增值潜力的产品，二手奢侈品市场也给这些产品提供了一个有效价值评定平台，当然这也进一步增强了某些奢侈品的保值与增值能力。

■ 消费者：价格便宜，可淘到一手市场买不到的东西

二手奢侈品交易大部分产品有一个明显的特征，就是价格相对便宜。消费者一般能以相对低廉的价格在二手市场中淘到自己中意的奢侈品，这类产品主要为消费类产品。但是，有些消费者进入二手市场是因为可以淘到一些在一手市场买不到的产品，比如限量版的腕表、珠宝等。这类产品价格反而不便宜，而是提高，有的甚至价格提高更多。因为这个原因，几乎所有级别的高资产人群都可以成为二手市场的消费者，这就否定了二手市场就是“有钱的卖，没有钱的买”的常规推测。

■ 经营者：市场潜力巨大

目前中国市场上大约有500家大大小小经营二手奢侈品的公司，但是多数处于创业初期，规模较小，市场知名度不高，主要以小型的奢侈品寄卖店为主，其中有一定市场声誉和规模的二手奢侈品企业有香港米兰站、寺库寄卖有限公司及北京润物寄卖有限公司等（见图2－1）。国外的二手奢侈品市场起步早，经营比较成熟，市场操作规范，近期开始进入中国，如东京的柏欧福。这主要是源于对中国二手奢侈品交易市场广阔前景的信心，也充分说明了中国二手奢侈品市场还有很大的操作空间。

图2-1　最受中国消费者欢迎的二手奢侈品寄卖公司

目前,中国二手奢侈品交易公司主要从事二手的名牌箱包、皮具、服饰、手表、珠宝等的销售、寄卖、收购、租赁和相关增值服务业务,其中以消费类产品为主,投资类产品为辅。比较受消费者欢迎的奢侈品牌主要集中在路易威登、古驰、爱马仕、百达翡丽、宝格丽、菲拉格慕、香奈儿等(见图2-2)。习惯购买与使用二手奢侈品的顾客会频繁买卖各种奢侈品,快速的周转率则意味着更多的销售额及利润。

图2-2　二手奢侈品交易市场最受消费者青睐的奢侈品牌

中国二手奢侈品交易市场的基本特征

■ 30~40岁的消费者是二手奢侈品交易的主体

30~40岁的消费人群是中国二手奢侈品交易市场的主要参与

者，无论是购买还是出售都表现出了极高的热情（42%有意愿购买，41%有意愿出售）（见图2－3）。究其原因有二：一是这部分人群交易的二手奢侈品以消费性为主；二是这个年龄段的消费者正处于职业上升期，关注品牌消费，但受到收入限制。随着社会地位的提高、收入的增加，不断地出售、购买，以使有限财力消费更多奢侈品。但交易的品类仍以箱包、饰品、服装为主。

40～50岁的消费者更愿意出售闲置的奢侈品，但购买二手奢侈品的意愿大大降低（32%有购买意愿，39%有出售意愿）（见图2－3）。从交易的品类来看，较30～40岁人群有了一定升级，以艺术品（二手但为限量版）、收藏品为主，以保值、增值为目的。

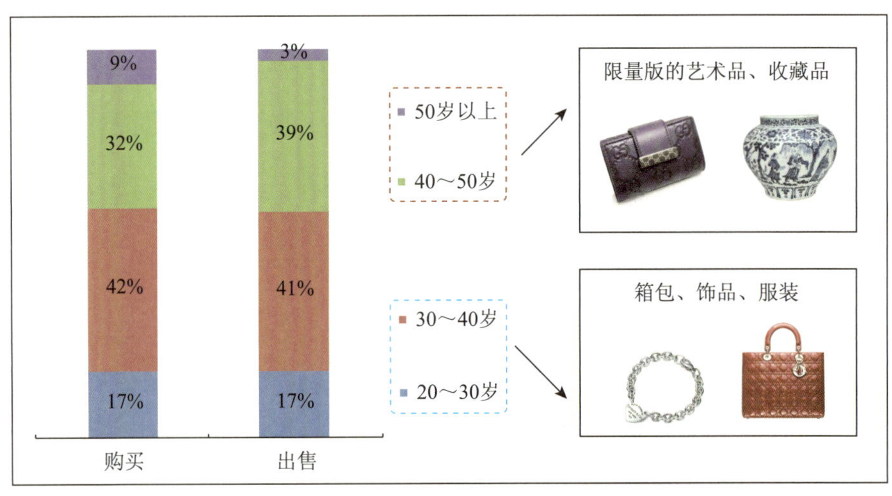

图2－3　不同年龄的消费者二手奢侈品的交易意愿

■ 资产5000万人民币以下的消费者是二手奢侈品交易的活跃人群

调研显示，随着消费者资产状况的改善，其进行二手奢侈品交易的兴趣与意愿呈下降趋势。

资产1000万人民币以下（38%有购买意愿，36%有出售意愿）与资产在1000万～5000万人民币（40%有购买意愿，32%有出售意愿）

(见图2－4)之间的群体是二手奢侈品交易市场的活跃人群,他们在购买二手奢侈品和出售奢侈品两个方面都表现出了极强的意愿,并且购买意愿强于出售意愿。

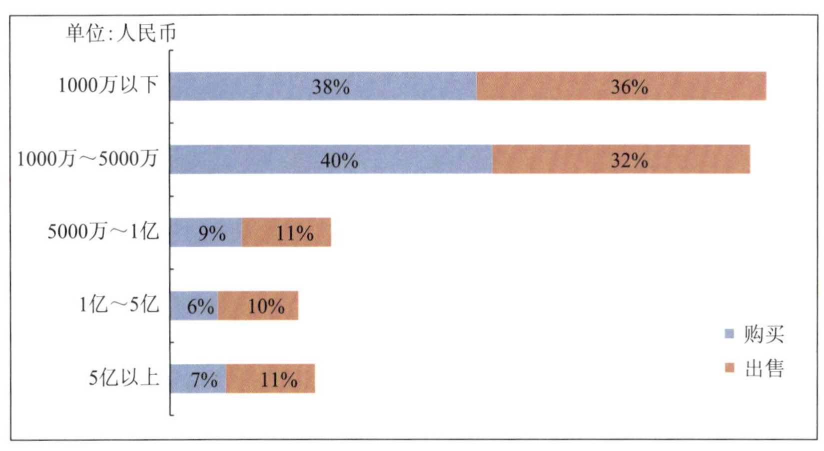

图2－4　不同资产状况的消费者二手奢侈品的交易意愿

在调研中,我们发现了一个很有趣的现象,那就是一个被我们定义为“富豪身边的人”这样一个群体。他们有些财富量不高,有的是已经拥有了几千万身价的高资产人群,但是其财富量和消费能力仍然无法与富豪阶层相比。所以,二手奢侈品成为了他们最理想的选择,使他们成为买进和出售都很频繁的一个群体,他们是二手奢侈品市场消费类产品的最优参与者。

当资产突破5000万人民币后,消费者对于二手奢侈品交易的热情急剧下降,并且出售意愿高于购买意愿。对于这部分消费者来说,他们虽然拥有大量的可以转让的奢侈品,事实上也是二手奢侈品最大的卖方市场,但是调研中,他们并没有表现出很强的奢侈品转让意愿。这与我们最初的判断相一致,即他们虽然拥有奢侈品的数量最多,但是由于他们资金压力最小,所以不急于出手;同时很多奢侈品本来就是以投资为目的的购买,所以,持有也是一种保值增值手段。他们基本上不会因为价格便宜去购买二手奢侈品，但是会购买一些在一手市场很难买到的一些已经增值的产品。

■ 本科和大专学历的消费者更具有二手奢侈品交易的意愿

调研发现，中国二手奢侈品交易市场参与的主体多具本科学历（49%有购买意愿，48%有出售意愿），其次是研究生学历（26%有购买意愿，29%有出售意愿）（见图2－5）。分析其原因：受教育程度较高的消费者（含本科和研究生）消费心态更开放，乐于接受新事物，倾向于二手奢侈品交易。此外，初期创业者与职场高管等也以本科为主，这个群体处于职业上升期，包装自己和商务送礼需求都很明显，但是财力还没有达到富豪阶层的水平，因此既有面子价格又相对低的二手奢侈品成为不错的选择。

需要指出的是，调研中的高学历（包括硕士、MBA、EMBA以及博士研究生）人群大多是在职学历，多为已经拥有一定巨额资产的企业家。而我们所调研的低学历的受众中，则几乎全部为具有一定实力的企业家，如前所述，这也符合了“财力越高，二手奢侈品交易意向越淡

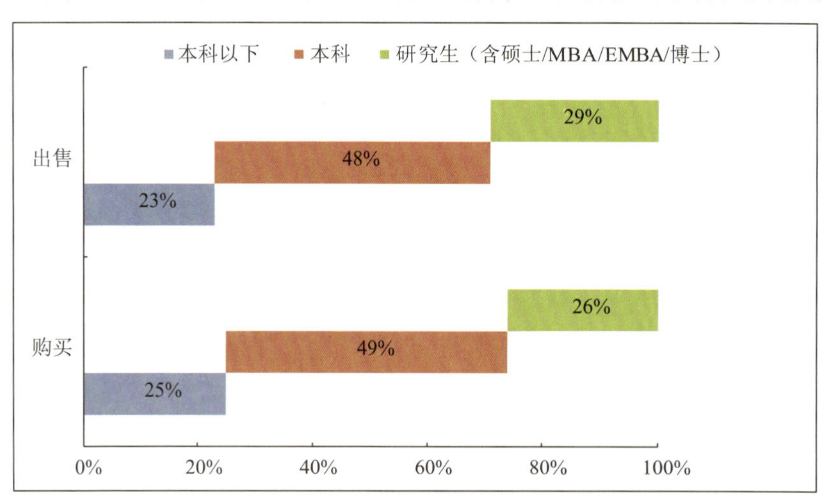

图2－5　不同学历的消费者二手奢侈品的交易意愿

泊”的观点。

■ 女性消费者远多于男性消费者

调研发现，二手奢侈品交易市场的主体是女性消费者。无论是购买意愿（62%）还是出售意愿（58%）（见图2－6），女性消费者对于二手奢侈品的交易热情都高于男性消费者。

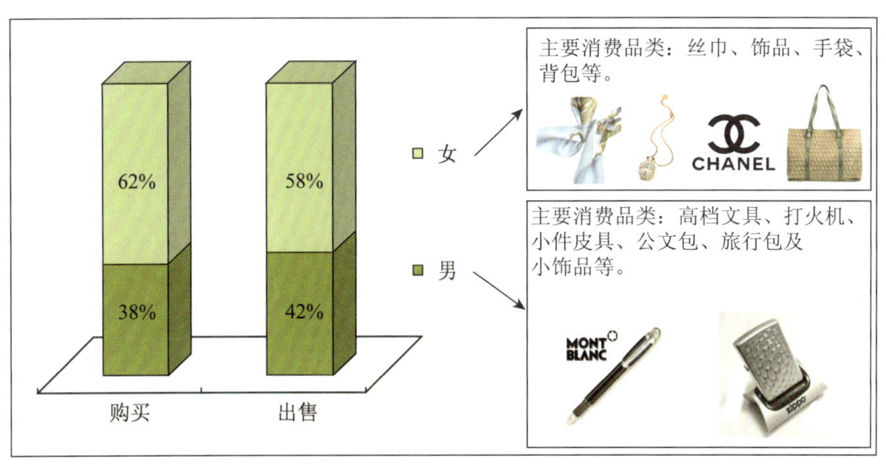

图2－6　不同性别的消费者二手奢侈品的交易意愿

女性消费欲望强于男性，在二手奢侈品的消费上也不例外。不同于男性的理性消费，女性的消费行为更多的是感性的，更易受到周围环境的影响，如周围朋友的推荐等。男性天生爱面子，交易二手奢侈品，在他们看来这种行为好像暗示自己资产低或资产出现问题，有失身份。而女性则更注重现实利益，二手奢侈品的低价优势足以吸引女性顾客的青睐；而让闲置奢侈品流通变现，更是极大迎合了女性消费者的需求。

■ 二手奢侈品交易需求最强劲的地区在一线城市

调研发现，二手奢侈品市场在中国各地区之间的发展不平衡，东部地区的二手奢侈品市场较中西部更加繁荣，一线城市对二手奢侈品的消费意愿高于二三线城市。其市场繁荣程度与地区经济发展水平

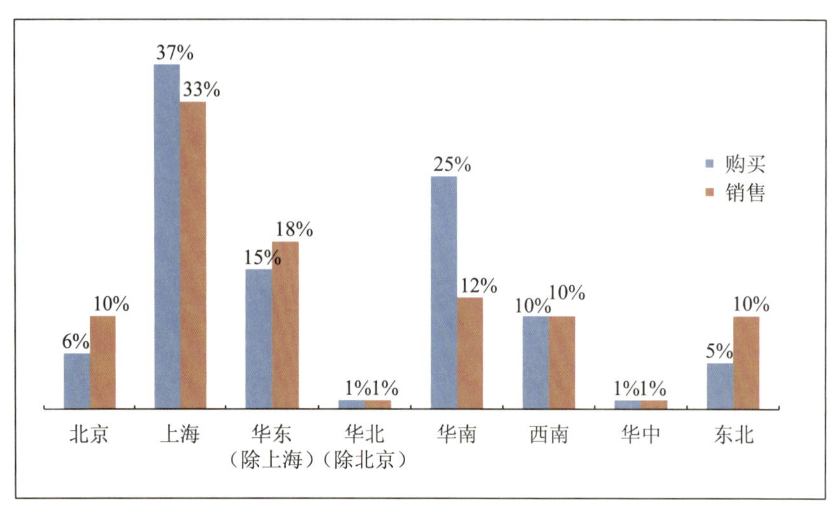

图 2－7　不同城市的消费者二手奢侈品的交易意愿

注：华北地区：北京市、天津市、河北省、山西省、内蒙古自治区；

东北地区：辽宁省、吉林省、黑龙江省；

华东地区：上海市、江苏省、浙江省、安徽省、福建省、江西省、山东省；

华中地区：河南省、湖北省、湖南省；

华南地区：广东省、海南省、广西壮族自治区；

西南地区：重庆市、四川省、贵州省、云南省、西藏自治区；

西北地区：陕西省、甘肃省、青海省、宁夏回族自治区、新疆维吾尔族自治区。

成正相关关系，越是经济发展水平低的地区，进行二手奢侈品交易的意愿就越低（见图 2－7）。

数据显示，出售二手奢侈品意愿最强的是上海、北京等经济发达的一线城市，购买二手奢侈品意愿最强的是经济发展迅速的华北、华东地区（见图 2－7），而这些几乎与我们最初的判断完全相反。

究其原因：

◎经济越不发达地区，人们越看重面子。经济不发达地区的企业家，基本上在当地拥有一定影响力，是当地的关注重心，用品牌显示身份是他们最大的想法，而二手交易与这点相背离。同时，他们的见识和心态也远远不及一线城市企业家开放，导致他们对购买二手奢侈品具有一定的抵制情绪。

◎二三线城市奢侈品存量有限。虽然近几年奢侈品品牌在二三线城市频繁开店，并且创造了骄人的销售业绩，但是二三线城市富豪手里拥有的奢侈品的数量和质量仍然无法与一线城市的富豪相比。可以说，二手奢侈品库存是影响行业发展的重要因素之一，这也说明，在将来二手奢侈品将拥有更大的市场空间。

◎经济不发达地区贫富差异更大。二手奢侈品市场是由“以卖为主，买卖皆为主，以买为主”三个群体共同参与组成。因为一线城市经济相对发达，所以大部分人群皆可以参与到这个产业链中来。但是，在很多地区，对很多人来说，二手奢侈品仍然是“奢侈品”，客户不足是经济不发达地区二手奢侈品市场发展的障碍，即使很多商家利用跨区域调剂的方法解决了货源问题。

◎地区开放程度的不同。一线城市一般经济发达，开放程度较高，易接受新事物，这就使得一线城市的人们对奢侈品有更多了解，并对二手商品有了观念的改变，开始接受二手奢侈品。相对，二三线城市经济发展较慢，信息闭塞，对奢侈品知之甚少；再加上传统观念里对二手商品的偏见，使得二三线城市的二手奢侈品市场并不如一些从事二手交易的商家所认为的火爆。

因此，一线城市才是二手奢侈品的主战场。然而现实中，很多经营者只看到了二三线城市二手奢侈品市场的空白，便认为这是巨大的商机，纷纷把目标锁定在二三线城市，加大对二三线城市的投入，却忽视了当地消费者的消费意愿。这种市场布局与二手奢侈品市场的真实情况具有差距，二手奢侈品经营商应重新考量市场布局，调整营销战略。

中国二手奢侈品交易市场面临的5大压力

中国二手奢侈品交易市场作为一个新兴市场，目前还存在很多问题，比如产品真伪的鉴定、货源的供应、售后服务及诚信问题、管理水平低下，具体表现如下：

■ TOP1：鉴定产品真伪是难题

如何鉴别寄售奢侈品的真伪是二手奢侈品交易市场面临的最大问题，已经成为制约该行业发展的最大瓶颈。这主要是因为，中国目前缺失"二手奢侈品"行业的行业标准和规章制度。此外，这项"技术活"对从业人员的素质要求也非常高，但是相关的产品鉴定师在市场上却不容易找到。一般来说，二手奢侈品企业在实际操作过程中全凭从业经验。因此，解决"奢侈品的鉴定"问题成为该行业首要的难题。

■ TOP2：寄售为主的运营模式不能保证货源的持续性

目前市场上存在的大部分二手奢侈品交易企业提供的只是交易平台，市场运作方式是从中抽取10%～20%的佣金，佣金的标准和比例则是由寄卖者和经营者之间协商确定。虽然这样解决了二手奢侈品运营商的资金压力问题，但是也限制了货源的获得，难以保证货源的数量、质量以及持续性，从而影响企业的长期经营。所以，近年来很多商家采用了独家买断的货源策略，但是这种经营方式对资金需求量大，对人员水平要求高，目前也只是刚刚起步阶段。

■ TOP3：售后服务缺乏，降低顾客体验

中国二手奢侈品交易企业只是提供了奢侈品买卖的场所，缺乏相关奢侈品的保养、翻新及清洁等售后服务以及客户体验与沟通能力。这就大大降低了消费者的体验价值，甚至很多商家自身存在着对消费

者的歧视和偏见,这就使得二手奢侈品最大的一块价值,即售后服务没有充分体现出来。而按照目前调研结果显示,对二手奢侈品市场,服务的需求比交易的需求更加旺盛,更具商业开发价值,优秀的二手奢侈品商家完全有机会成为所有品牌的优秀客户服务商,在奢侈品市场拥有独特价值和地位。

■ TOP4:诚信问题是寄卖者和经营者之间的最大障碍

在二手交易过程中,经营者并不需要给寄卖者提供任何的现金或物质抵押,双方主要依据的是寄售合同,无形中增加了寄卖者的资金风险,一旦经营者出现不诚信的行为,就很有可能出现寄卖品丢失损坏的纠纷。另一方面,面对寄卖者的担忧,经营者也很难提供更有利的做法来消除寄卖者的疑虑。

■ TOP5:行业管理水平低下

虽然近几年如雨后春笋般出现了一批二手奢侈品经营公司,但是,这个行业仍然处于非常初级的发展阶段,其整体经营管理水平与国际奢侈品牌存在巨大差距,主要体现在客户服务和品牌建设两个方面。而这归根结底与整个中国奢侈品行业一直面临的一个最大问题——人才问题有关。

综上所述,虽然中国的二手奢侈品交易市场才刚刚起步,但是市场有巨大的增长空间。随着越来越多的奢侈品消费者加入到二手交易的阵营中来,中国的二手奢侈品市场急需完善行业标准和行业准则,这样才能保证中国的二手奢侈品交易市场朝着规范、合理、繁荣的方向发展。

中国奢侈品免税交易市场

消费是拉动国家 GDP 增长的三驾马车之一。2011 年 4 月,胡锦涛总书记在博鳌亚洲论坛开幕式上指出,未来 5 年中国将着力实施扩大内需特别是消费需求的战略,建立长效机制,释放消费潜力,着力促进经济增长向依靠消费、投资、出口协调拉动转变。在过去的十年,随着中国消费者财富的快速累积,中国奢侈品市场得到了突飞猛进的发展,中国奢侈品消费大军也快速增加。然而,正如本报告在第一篇中提到的,中国每年基本上有 50% 以上的高端消费在国外完成,免税店购买占其中一半以上。奢侈品进口关税、增值税以及消费税的征收,流通环节高额的附加费用以及以代理制为代表的进口方式都使得中国内地与国外价格之间呈现较大差距,而正是这种显著价差如一个巨大推手般将很多本土高端消费需求推向海外市场。

国内外奢侈品价格差距监测

为调查国内外奢侈品价格差距,本报告专门监测涉及七大品类(包括珠宝、腕表、箱包、皮鞋、高档酒、香水、化妆品)、65 个国际奢侈品牌、115 种产品在 2011 年的国内外市场价格。监测范围包括中国(不含台湾地区),法国、意大利等欧洲国家和地区,以及美国。市场范围涉及奢侈品的有税销售市场以及免税市场。

监测结果显示,目前中国市场奢侈品的售价高于国外市场价格,然而就局部而言,有些产品的中国售价反而更低;中国市场奢侈品的

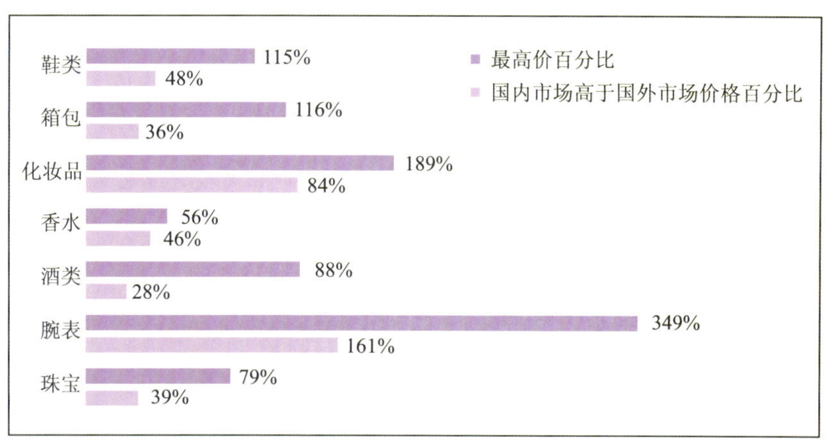

图 2－8　2011 年奢侈品国内外价格比较

销售品类非常丰富，基本能够与国际流行趋势保持同步；不同品类的奢侈品在中国市场售价较之国外的差幅不同，并呈现一些有中国特色的现象。

■ 高级腕表：国内外价格差幅非常明显

被监测的产品国内外市场价格差在 100%～350% 之间（见图 2－8），即使在中国，高级腕表有税市场与免税市场的价格差也在 80%～150% 之间。手表是一种价格弹性小、收入弹性大的商品。我国政府对手表的进口也实行较为严格的监管，高档手表的关税在 30% 左右；代理制度的存在也加大了手表在流通环节的层次与费用，进一步推高了市场价格。

■ 高级珠宝：国外市场价格不一定远远高于中国售价

被监测的高级珠宝产品国内外市场价格差在 20%～80% 之间。其中，一些珠宝品牌公司推出的在全球有慈善意义及特别意义的畅销款首饰在中国免税市场、有税市场以及国外市场间的价格差不是特别明显，基本不超过 30%。其他一些经典款以及畅销款在中国内地市场的专卖店价格基本超过免税市场以及国外市场价格的 30%，甚至更高。但是抽样发现，部分珠宝产品在中国市场售价低于国外市场价格的10%左右。

■ 高档酒：国内外市场价格差不稳定

被监测的六种在中国最为畅销的极品干邑和X. O品牌，对比其内地市场价格、内地免税价格以及官方价格发现，大部分极品干邑的内地市场价格比官方价格高30%左右，但是也有的产品差幅达到90%左右；大部分X. O的国外价格比中国内地市场价格高出程度有限，仅在10%左右，并且有些品牌的内地免税价格更是呈现低于国外价格的现象。这与目前中国洋酒市场以代理制为主的销售模式有关，竞相压价以及人为炒作使得中国高档酒市场价格呈现不稳定状况。

■ 箱包皮具类奢侈品：国内外市场价格的差幅不大，在30%左右，也有个别被监测的产品国内价格低于国外市场价格18%

根据监测的国际知名皮鞋品牌的市场价格来看，国内外市场价格差幅维持在20%～30%之间，有个别被监测产品的国内价格与国外价格基本持平，甚至更低；个别皮鞋品牌中国内地与其他市场价差较大，在95%～115%之间。欧洲市场通行的出境退税政策能使中国消费者受益程度提高，欧洲巴黎、米兰以及瑞士的奥特莱斯（OUTLETS）的大牌箱包工厂价格优势非常明显。

■ 香水化妆品：香水价差不高，化妆品价差高

一方面，香水的国内外市场价格差距不是很明显，被监测的香水产品国内外市场价格差在35%～60%之间，个别产品的价格差距几乎为零；另一方面，化妆品的国内外市场价格差距较明显，在40%～120%之间，最高达到188.5%，也有个别产品价差低到6%左右。

本次调研还专门监测了内地五大机场免税店与周边地区免税店

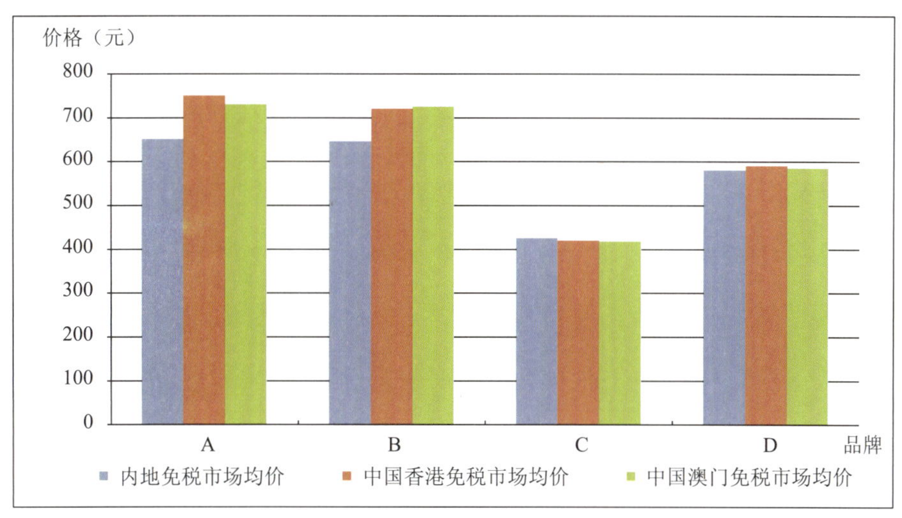

图 2-9　四大国际香化品牌中国免税市场零售价格比较

注：商品价格均以人民币计算，四大国际一线香化品牌，共 16 种产品；数据：由国内某知名免税运营商提供。

同类产品的价格，结果发现内地免税市场香水产品的价格极具优势，同类产品价格与周边免税市场价格持平，甚至更低。中国消费者可以通过内地免税市场便利地购买物美价廉的香化产品，中国政府也需要加大对免税市场的支持，发挥其窗口示范效应，并带动中国高端零售业健康有序发展。

中国三亚离岛免税运行百日监测

2011 年 4 月 20 日，海关总署颁布的离岛免税政策在位于三亚市中心榆亚大道 19 号 7000 平面米的中国免税品（集团）有限责任公司三亚免税店试点实施。自运营以来，三亚免税店获得来自中国各地游客的热烈响应，并引发了社会各界的高度关注。

■ 百日观察——三亚旅游与免税购物同步增长

每年的 4—9 月是海南旅游市场传统的淡季，然而 2011 年在实施离岛免税政策之后，却出现了与往年淡季明显不同的情况。据海南省旅委数据显示，2011 年 5 月，海南省共接待过夜国内外旅游者 224.5 万人次，比上年同期上升了 15.49%，旅游收入 20.72 亿元，同比增长 18.26%，原本是淡季的月份，却成为单月同比增幅近二十个百分点的月份。其中，5 月国内旅游收入为 18.73 亿元，同比增长 20.37%。离岛免税政策的颁布与三亚免税店的运营，为海南区域旅游经济的提升和发展，注入了全新的活力。而此前仅实施离岛免税政策 11 天的 4 月份，海南全省接待过夜国内外游客也达到了 238.62 万人次，同比增长了 11.25%。

据携程旅游网的数据，基于其机票、酒店、旅游度假产品、火车票等搜索与成交数据分析结果显示，2011 年“五一”期间，国内线路中最受旅游者欢迎的旅游地就是新设立离岛购物免税店的三亚，而丽江、厦门、青岛等传统旅游城市都位列其后。在一定程度上，三亚免税店已经成为当地旅游的“名片”，有利于海南建设国际旅游岛的发展。

■ 百日观察——总体客流及销售稳步增加

三亚市内免税店 4 月 20 日开业首日即接待顾客 18800 人次，实现交易 5619 笔。截至 8 月 10 日，累计接待进店客流超过 130 万人次，日均接待进店顾客超过 11500 人次，累计完成交易量达到 345640 笔。

在众多商品中，香水化妆品类商品占销售总额的 43.8%；时尚精品类商品销售占销售总额的 50.8%；免税商品销售占全部销售的 94.7%，有税商品销售占全部销售的 5.3%。在免税商品的销售中，单价 5000 元以下商品销售占比为 88.16%，单价 5000 元以上商品销售占比仅为 11.84%。而从已售商品的数量上看，5000 元以下商品的销售件数更是占到了销售件数的 99%，单价 5000 元以上商品的销售件数仅占 1%。

■ 百日观察——免税价格优势突显，名品促销优惠大

三亚免税店所售免税品全部由中免集团直接从品牌原产地采购，没有中间环节，且免税商品免除进口环节的关税、增值税和特别消费税，所以同样商品的免税零售价格低于国内有税价格约10%～35%。不仅与有税保持价差优势，三亚免税店的免税价格还力求与周边国家和地区免税价格持平或更低。

离岛免税政策正式运营百日之际，三亚免税店进行了大范围的优惠活动，让商品价格优势更加突出。据店内工作人员介绍：此次优惠活动涉及的品牌较多，折扣力度也很强，如古驰（Gucci）、巴利（Bally）、杰尼亚（Zegna）、胡戈·波士（Hugo Boss）、MCM、登喜路（Dunhill）等品牌商品进行了最低七折的优惠活动，巴宝莉（Burberry）、鳄鱼（Lacoste）等品牌商品最低六折。

■ 百日观察——入驻品牌众多，可称世界第四大免税购物天堂

目前，三亚免税店经营香水化妆品、首饰、腕表、服装、皮具、箱包、太阳镜、旅行用品、中国及海南特产等十个大类，近百个国际顶级奢侈品牌的上万种商品。其中，古驰（Gucci）、蒂芙妮（Tiffany）、豪雅（Tag Heuer）、安普里奥·阿玛尼（Emporio Armani）、真力时（Zenith）、万宝龙（Montblanc）等国际顶级奢侈品牌在三亚免税店实现了首次进驻中国内地市场，巴宝莉（Burberry）、胡戈·波士（Hugo Boss）、杰尼亚（Zegna Sport）、菲拉格慕（Salvatore Ferragamo）、登喜路（Dunhill）等世界顶级品牌也相继在三亚店开设了其中国内地形象最新、面积最大、品类最全的免税专卖店。

三亚免税店曾作过上千份的调查问卷，针对消费者的需求不断调整品牌结构，积极引进新品牌。乔治·阿玛尼（Giorgio Armani）旗下两大品牌 Armani Jeans 和安普里奥·阿玛尼（Emporio Armani）将在三亚

免税店内正式开业。

■ 百日观察——运营平稳有序,服务全面升级

三亚免税店日均接待近万名顾客,与居高不下的进店人数、购买人数形成鲜明对比的是进店顾客在挑选商品和结账付款时的井然有序。三亚免税店通过强化员工培训,做好客流引导,提升服务,保障店面平稳有序的运营。

为了给来岛游客提供更好的免税购物体验,三亚免税店针对每一位店内销售人员进行了专业的服务培训,从最基础的仪容仪表、站姿坐态、微笑意识,到服务标准用语、专业知识技能,力求能做好每一个服务细节 。

除此之外,为满足消费者的购物热情,保障免税店内货品充足,三亚免税店在商品报关、仓储管理、分拣配送、店内补货等商品备货方面做了许多努力。免税品报关的时间从以前的一个月缩短为平均 1 ~ 3 天;面对巨大的货品周转压力,经过积极的协商,三亚免税店将品牌商供货周期由原来的 30 天以上缩短为两周;针对单价 5000 元以下商品的热销情况,三亚免税店根据销售热点和库存情况,将店内商品补货周期增加一倍,分早晚两次补货。与此同时,顾客离开时机场平均提货时间已缩短为两分钟。

■ 百日思考——5000 元的限额到底够不够

尽管 5000 元的购物限额是个门槛,有很多顾客抱怨消费激情没有得到有效释放,但细分消费在 5000 元以下的顾客的购买行为,又可以分为两个档次,一是 1500 元,二是 3000 元。如果顾客的消费预算是 2000 元以内,当其消费金额接近 1500 元左右时,进一步的消费欲望将大大降低,基本达到饱和状态。当顾客的首笔消费金额超过 3000 元时,一定会用足 5000 元的限额,一般用香水、化妆品等小件商品进

行补充。通常,此类顾客的消费欲望处于不饱和状态,要求提高消费上限的愿望强烈。从职业来看,以公务员、月收入超过5000元的城市白领为主,即中等收入人群,年龄在25~40岁之间。

根据中免集团有关人员介绍,店内实际客流量与实际购买顾客的比例大约为10:3,也就是说有效顾客仅为30%左右。没有在三亚免税店进行消费的顾客大致分两类,一类是没有相应的消费能力,仅是"浏览",处于对奢侈品的梦想阶段;二是消费需求远远超过目前免税店所能提供的商品与服务,消费欲望没有得到满足,通常这类顾客的消费能力较高,追求国际一线品牌与限量独特的品类。

与海南岛有相似特征的日本冲绳和韩国济州岛也实施离岛免税政策。2002年,韩国国会通过的《济州国际自由城市特别法》,首次以法律形式确定了济州岛的特区地位。离岛免税店也于当年12月24日开门迎客。济州岛通过设立离岛免税店以及降低高尔夫球场门票,吸引数百万名游客从国外旅游转向国内济州游,激活了旅游市场、创造了就业机会、打开了财源,并逐渐形成游客增加、环境改善、收益提高、吸引更多国内外投资的良性循环。原先免税店只设在机场、港口,后因生意火爆,在市中心的济州会展中心等地也增设了免税店。济州观光公社2009年开设的免税店头一年就赢利,2010年的销售额达到354亿韩元,济州机场一家免税店的总营业额也超过2亿美元。与此同时,应顾客需求,韩国政府对购买的次数和额度也作了相应调整,1年限购的次数从4次增至6次、每次限购金额也从35万韩元上调至40万韩元(约合人民币2400元)。韩国国内济州游旅客人数在2010年超过了530万人次。

除韩国的济州岛外,日本冲绳也实行离岛免税政策,不限次数、1次限购20万日元(约合人民币16000元)。冲绳从事国人离岛免税经营，经营面积为1.3万平米的DFSGalleria免税店年销售额近2亿美元。

因此，真正发挥经济带动效应，把消费留在本土，必须依靠强有力的国家政策。

■ 百日思考——卖一线大牌还是卖时尚品牌

5000元的限额确实是一道门槛，不仅抑制了消费者的购物热情，同时也给经营者带来“尴尬”。通常，在国际免税店中主要经营的是国际一线品牌，品牌定位同时也意味着经营渠道的定位层次。然而，这类品牌的商品价位一般非常高，比如普拉达（PRADA）或者路易威登（LV）的一个包就要过万。因此，以目前的中国离岛免税政策来看，一方面国际一线品牌不愿意考虑入驻离岛免税店，他们首先要考虑实际经营情况能不能给他们带来相应的投资回报，其次是店内的顾客是否与品牌定位相契合，而三亚旅游目前接待的顾客候鸟特征明显，北方游客居多，以中低收入为主，与国际一线奢侈品牌的目标客户群有一定差距。另一方面，由于我国消费者对于奢侈品牌的认知度还不高，还主要停留在广告印象。有些顾客甚至手持时尚杂志前来购物。另有些顾客不知道蒂芙妮（Tiffany）为何种档次的品牌，店内顾客非常少。事实上，在5000元的限额内，该品牌价格在3680元左右的经典产品，无论是品牌价值还是保值价值，其实性价比非常高，却很少有人问津。相比之下，古驰（GUCCI）店内疯狂扫货的情况非常严重，甚至很多年轻的顾客已经不再顾忌5000元的限额，表现出狂热的购买热情。甚至还有消费者投诉，店内为何没有宝姿（PORTS）、皮尔卡丹等品牌。

这样的现状对于商家来讲就面临一个经营策略与品牌引进的调整。不难看出，在中免三亚免税店购物的顾客品牌选择更倾向于二线奢侈品牌。最明显的例子，由于价格适中、原产瑞士、机械表等优势，

最受消费者欢迎的奢侈品牌TOP5	最受消费者欢迎的香化类品牌TOP5	最受消费者欢迎的时尚精品类品牌TOP5
ESTĒE LAUDER	ESTĒE LAUDER	TISSOT
LANCÔME PARIS	LANCÔME PARIS	GUCCI
GUCCI	ChristianDior	BURBERRY LONDON
TISSOT	CHANEL	COACH
ChristianDior	SHISEIDO 資生堂	SWAROVSKI

图 2－10　在三亚免税店最受消费者欢迎的奢侈品牌

天梭手表是这里的顾客最喜欢购买的腕表品牌，以中低收入人群为主，但是周围的伯爵、萧邦、爱马仕、摩凡陀等腕表品牌柜台鲜有人问津。而对于古驰（GUCCI）、巴宝莉（Burberry）、阿玛尼（Armani）等时尚腕表品牌，对于追求实惠的消费人群来说，性价比又不高，选择购买的人也不多。在现行政策的限制下，考虑到实际销售效果，中免集团不得不选择多引进一些二线或者时尚类品牌，如 CK、Guess。然而这又与国际免税市场的经营惯例不符，在一定程度上会损伤奢侈品运营商的品牌形象，特别是针对中高端人群。

■ 百日思考——卖产品还是卖服务

按照国际经营规则，奢侈品零售终端直接面对消费者时，通常采用“一对一”的服务模式。消费者在购物的过程中除了商品本身，还包括对店面环境、现场服务、品牌了解等购物过程的全部感受并作出评判。这类顾客对购物的私密性、独享性有很高的要求。如果店内的顾客人数超出了销售人员的可服务范围，店铺通常会采用限制人流、排队等候甚至临时闭店等形式以保证对顾客的服务。然而，由于巨大的游客数量，目前的三亚免税店的导购处于超负荷工作状态，高峰期一人要对二十几人服务，其整个店内的工作人员包括导购、管理、物流等已经高达700人，这就使得在保证服务质量方面充满挑战。

此外，与国际机场免税店不同的是三亚免税店的购物篮尺寸要小很多，原因是很多顾客盲目购物，冲动性地将很多商品特别是香化类商品“扫”入篮中，结账时并未购买其中的很多商品。这也给货品上架以及理货带来一些问题，商家根据现场购物状况对购物篮的尺寸进行了微调，“抑制”部分顾客的盲目购买行为，并提高工作效率。究其根本，是因为很多顾客对品牌以及自身需求并不了解，受环境影响较强，属于非理性购买行为。

受到大环境的影响，中国市内免税店的经营模式反而退化为“奢侈品超市”的购物模式，相应的许多配套服务，包括品牌讲解、产品介绍、休闲服务“被”忽略。这不是奢侈品运营商的企业行为就能够解决的问题，其实需要政府的政策扶持、城市规划的配套、海南旅游市场整体服务质量的提升以及中国消费者自身消费能力与消费水平的提高，需待时日。

中国奢侈品电子商务交易市场

随着电子商务由低端走向高端，以尚品网、唯品会、第五大道、走秀网及优众网为代表的奢侈品电子商务网站如雨后春笋般涌出，并且这种趋势呈爆发式增长。本次调研显示，尚品网成为最受消费者欢迎的奢侈品电子商务网站，紧随其后的是唯品会、第五大道、走秀网及优众网（见图2-11）。

图2-11　最受中国消费者欢迎的五大奢侈品电商

越来越多的奢侈品牌纷纷加入此行列。2010年11月，安普里奥·阿玛尼（Emporio Armani）在中国开通了在线网站，商品涉及时装、腕表、眼镜、珠宝以及各种配饰，不仅全中文显示其贴心的服务，甚至放低姿态开始推出各种各样的折扣。一时间奢侈品网站群雄逐鹿，硝烟四起。

然而目前，奢侈品电子商务网站在中国才刚刚起步，多处于初创期，存在的问题和困难比较多。本次调研以消费者对奢侈品网购的态度为起点，分析网购奢侈品的优势和存在的问题，以找出真正适合中国奢侈品消费人群的网络营销模式。

调研对象

■ 20～30岁的奢侈品消费者

性别：女性消费者偏多（62%），多于男性（38%）（见图2－12）。

教育水平：这个年龄阶段的消费者受教育程度较高，以本科为主（68%），研究生人群（含硕士、MBA、EMBA及博士）约占五分之一（见图2－12）。

资产状况：这个年龄段主要是“80后”群体，相对年轻，资产状况多数为1000万人民币以下（79%），资产超过5000万人民币以上的高资产类消费者所占比例较小（4%）（见图2－12）。

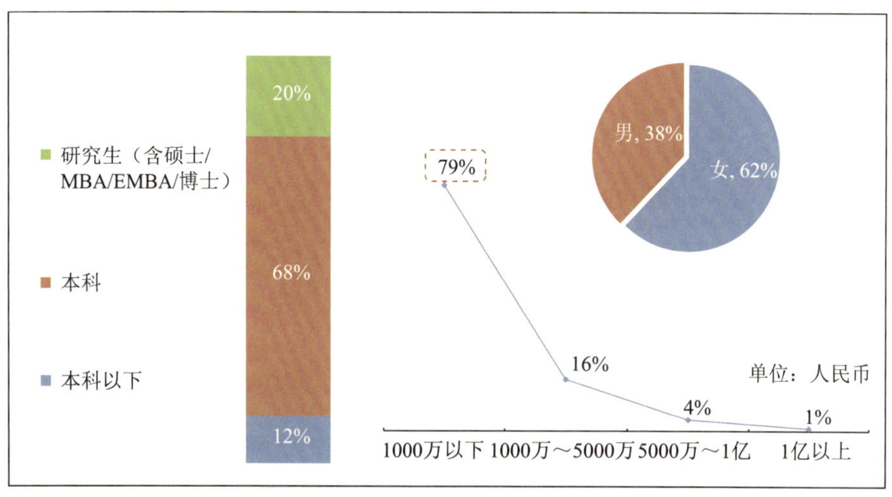

图2－12　20～30岁的中国奢侈品消费者的主要特征

注：20～30岁的奢侈品消费者受教育状况良好，以本科学历为主。女性偏多，资产多集中在1000万人民币以下。

■ 30～40 岁的奢侈品消费者

性别:男性消费者偏多(62%),多于女性消费者(38%)(见图 2－13)。处于这一年龄阶段的男性消费者热衷于提高社会地位,增加社会威望,改善自己的形象气质。

受教育程度:这一年龄段的消费者受教育程度偏高,高学历是主要特点,研究生人群(含硕士、MBA、EMBA 及博士)所占比重较大,达到 34%(见图 2－13)。

资产状况:主要集中在 1000 万人民币以下和 1000 万～5000 万人民币(84%),5000 万人民币以上的高资产类消费者所占比重不多(16%)(见图 2－13)。

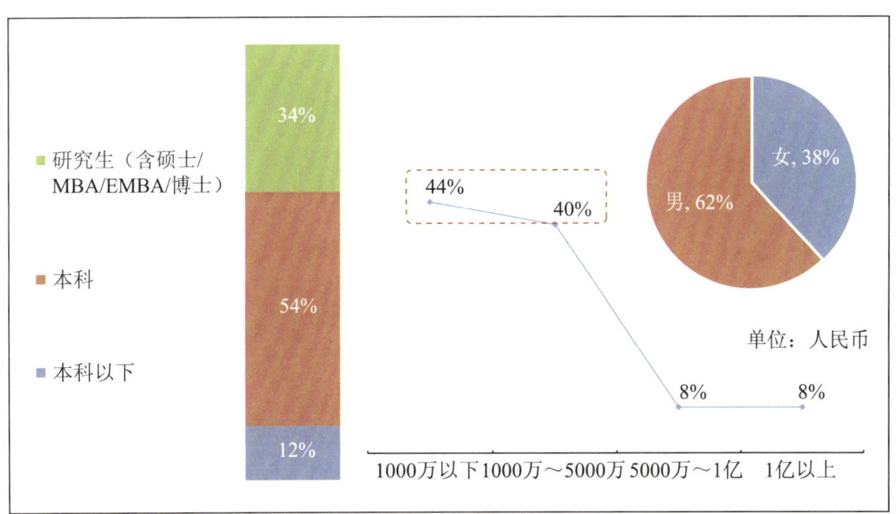

图 2－13　30～40 岁的中国奢侈品消费者的主要特征

注:30～40 岁的奢侈品消费者男性居多,多具有高学历,资产主要集中在 5000 万人民币以下。

■ 40～50 岁的奢侈品消费者

性别:男性消费者偏多(75%),是女性消费者(25%)的三倍(见图 2－14)。

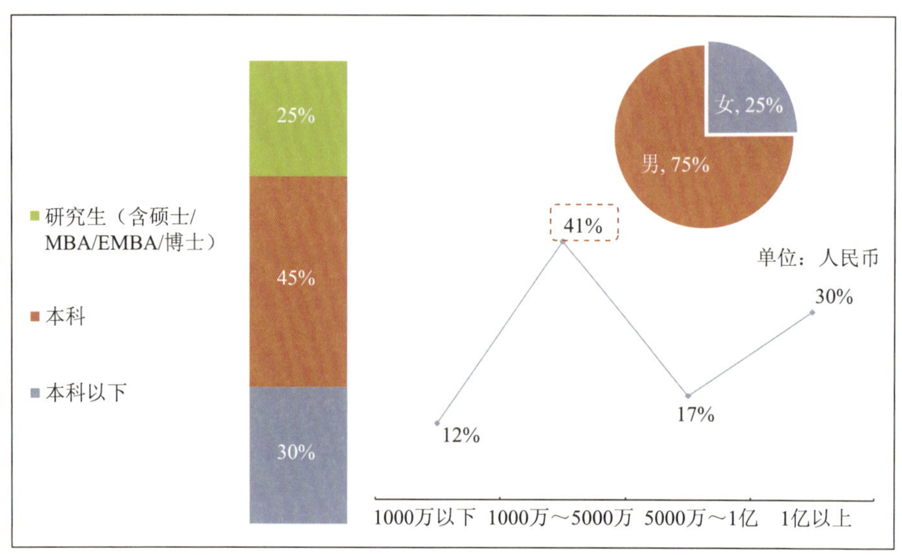

图 2－14　40～50 岁的中国奢侈品消费者的主要特征

注:40～50 岁的奢侈品消费者多为本科学历,以富豪人群为主。

教育水平:这一年龄段的消费者受教育程度相对较低,低学历所占比重较之前的年龄分布偏高,但仍以本科为主,研究生人群(含硕士、MBA、EMBA 及博士)所占比重为 25%(见图 2－14)。

资产状况:主要集中在 1000 万～5000 万人民币(41%)及 5000 万人民币以上的高资产类消费者(47%)(见图 2－14)。

■ 50 岁以上的奢侈品消费者

性别:男性消费者偏多(82%),为女性消费者(18%)的四倍以上(见图 2－15)。

受教育程度:这个年龄阶段受教育程度较低,以本科以下学历(38%)为主,但也有 31% 的消费者拥有研究生学历(含硕士、MBA、EMBA 及博士)(见图 2－15)。

资产状况:一半以上的消费者资产过亿(58%)(见图 2－15)。

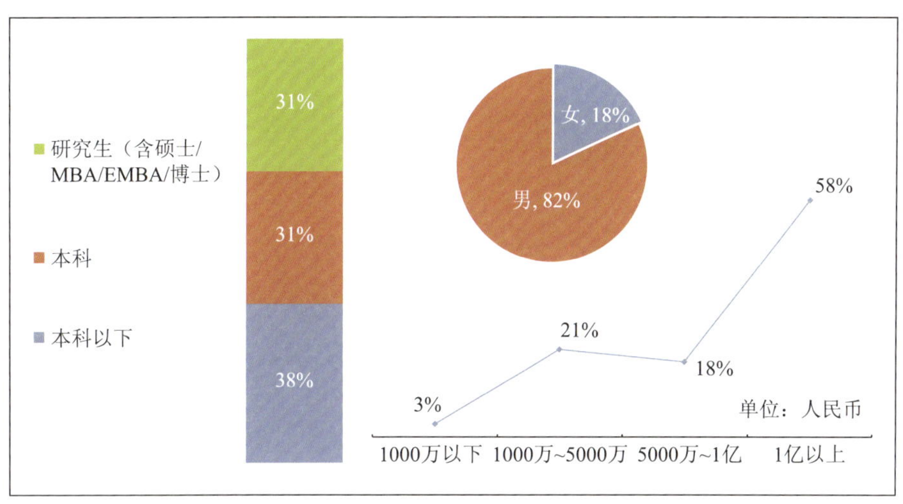

图 2－15　50 岁以上的中国奢侈品消费者的主要特征

注:50 岁以上的奢侈品消费者男性偏多,多为大富豪及超级富豪。

大多数消费者对网购奢侈品持积极态度

近 80% 的奢侈品消费者对通过网络购买奢侈品持积极态度,其中一半以上的奢侈品消费者表示“愿意尝试”(52%),20% 的奢侈品消

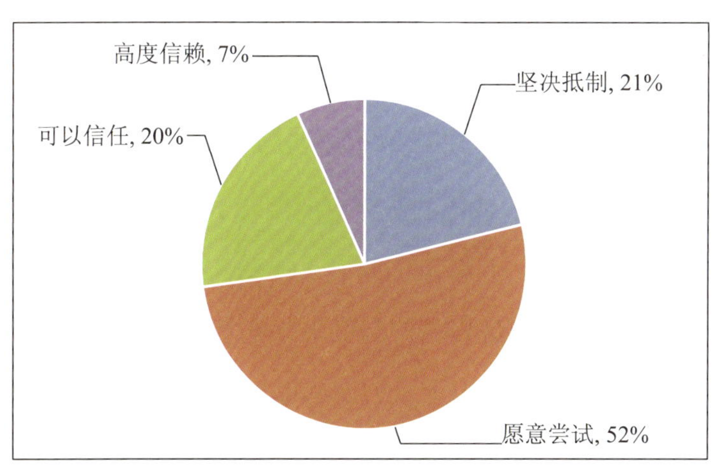

图 2－16　中国奢侈品消费者网购奢侈品的态度

费者认为网购奢侈品“可以信任”,还有7%的奢侈品消费者表示对网购奢侈品“高度信赖”。仅有21%的奢侈品消费者对网购奢侈品“坚决抵制”(见图2－16)。可见,中国奢侈品消费者对网购奢侈品还是比较信赖的。

■ 相对于男性消费者,女性消费者对网购奢侈品的态度更为积极

调研发现,女性消费者(83%)对网购奢侈品的态度明显比男性消费者(76%)更积极,表示“坚决抵制”网购奢侈品的比例(17%)也低于男性消费者(24%)(见图2－17),这说明女性消费者更容易加入到网购奢侈品的行列。

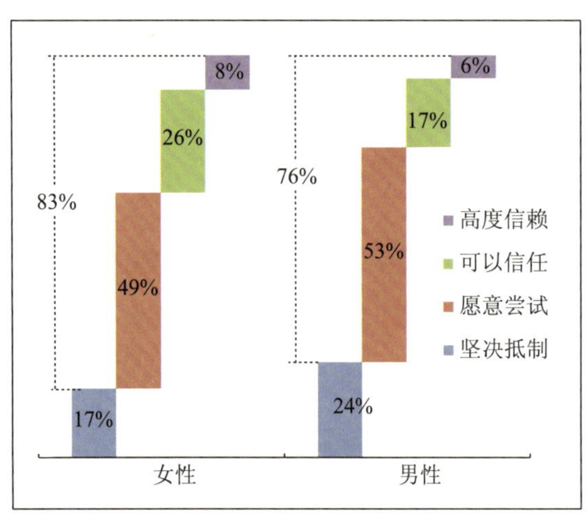

图2－17　不同性别的消费者网购奢侈品的态度

■ 一线城市的消费者比二线城市的消费者更倾向于网购奢侈品

从地区来看,北京、上海及广州三大一线城市的消费者比其他二线城市的消费者对网购奢侈品的态度更为积极,其中北京的消费者对网购奢侈品“坚决抵制”(10%)的比例最小,但是倾向于“愿意尝试”(62%)的比例最高(见图2－18)。之所以出现这样的差异主要是由于一线城市比二线城市经济更发达,文化更开放,消费者更容易接受网购奢侈品这一新颖的购物形式。

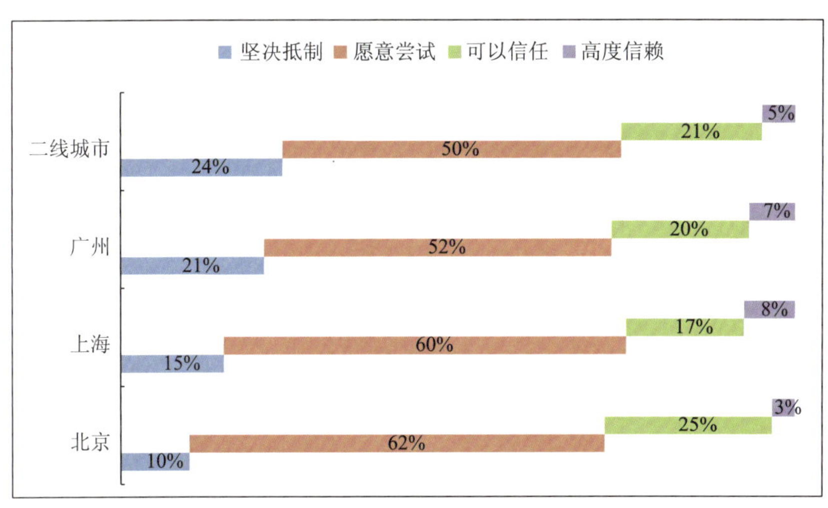

图 2－18　不同城市的消费者网购奢侈品的态度

■ 相对年轻的消费者对网购奢侈品的态度更积极

调研发现，随着年龄的增长，消费者对网购奢侈品的态度越来越保守。其中，年龄在 20～30 岁之间的“80 后”消费者对网购奢侈品的态度最积极，表示“坚决抵制”网购奢侈品的比例最小（13%）（见图 2－19）。这主要是因为“80 后”的奢侈品消费群体不仅熟悉网络，而且乐于接受新事物。随着该群体财富实力不断增长，培养他们成为网购奢侈品的忠实客户，将会是未来网购奢侈品消费的主要力量。

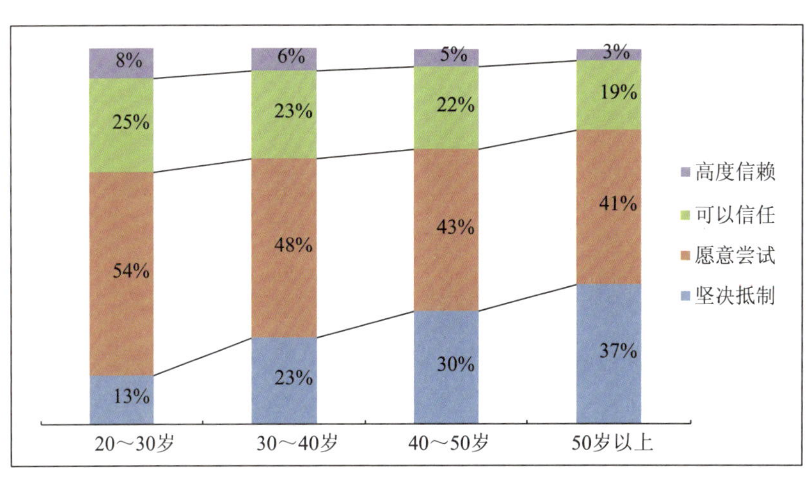

图 2－19　不同年龄的消费者网购奢侈品的态度

■ 资产越高的消费者对网购奢侈品的态度越不积极

随着资产状况的提高,消费者对网购奢侈品的态度反而不积极。资产在1000万人民币以下的消费者“坚决抵制”网购奢侈品的比例最小,“愿意尝试”网购奢侈品的比例最大,达到58%;而资产在1亿人民币以上的奢侈品消费者有40%表示“坚决抵制”网购奢侈品(见图2－20)。

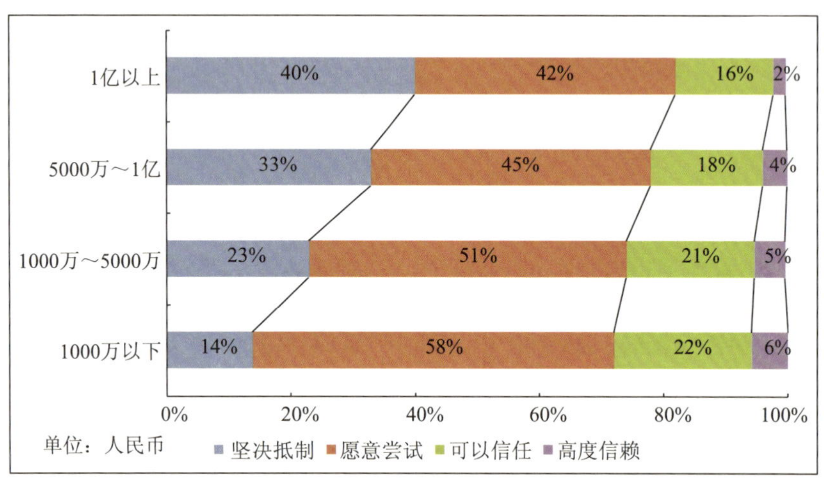

图2－20　不同资产状况的消费者网购奢侈品的态度

中国奢侈品消费人群具有层次性,普通白领或者对工作环境有特殊要求的人群也会购买奢侈品,这部分消费者限于财力但又有奢侈品的消费热情,价格折扣就会对其产生极大的吸引力,这也是中国大多数奢侈品网站所关注的重点人群之一。而那些资产丰厚的消费者一般对价格不敏感,他们更看重的是品牌价值及客户体验,网购推出的“折扣”策略并不能引起他们的购买兴趣。因为目标人群细分不够准确,奢侈品网站就容易出现亲民的大众时尚品,而不是真正的奢侈品,从而降低奢侈品网购的档次。

■ 中国高学历消费者对网购奢侈品的态度比较积极

调研显示，受教育水平越高的消费者对网购奢侈品的态度越积极，其中研究生学历（含硕士、MBA、EMBA 及博士）的消费者最“愿意尝试”网购奢侈品，比例达到55%，明显高于本科以下学历的消费者（41%）。而表示“坚决抵制”网购奢侈品的消费者中，本科以下学历的消费者份额最大（39%）（见图 2－21）。

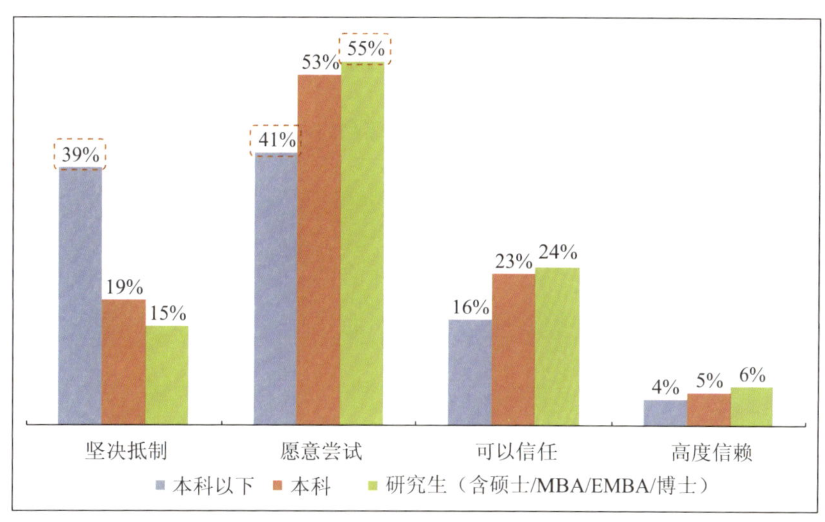

图 2－21　不同学历的消费者网购奢侈品的态度

便利性是奢侈品消费者认为网购奢侈品最重要的优势

■ 奢侈品消费者认为网购奢侈品的主要优势 TOP4：节省时间、价格便宜、送货上门及品种多

中国奢侈品消费者认为通过网络购买奢侈品的首要优势为“节省时间（31%）”，其次为“价格便宜（23%）”，“送货上门（20%）”以及“品种多（16%）”则是中国奢侈品消费者认为网购奢侈品的其他两个重要优势（见图 2－22）。

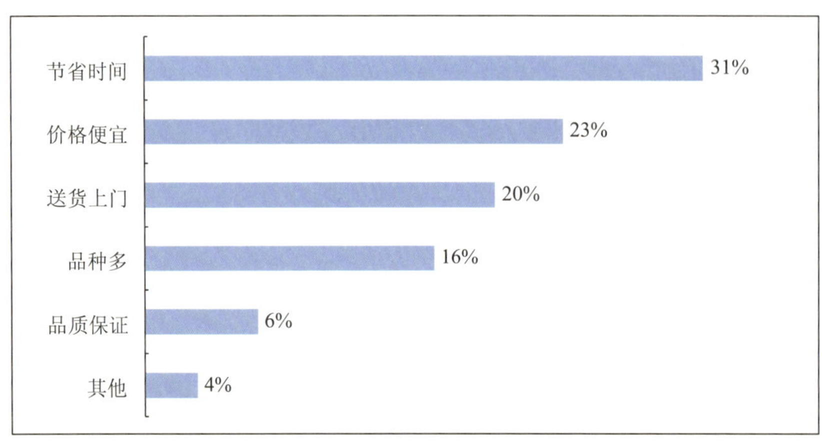

图 2－22　中国消费者对奢侈品网购优势的态度

■ 女性消费者侧重“价格便宜”，男性消费者看重“节省时间”

调研显示，女性消费者认为网购奢侈品的首要优势是“价格便宜”（28%），而男性消费者更看重“节省时间”（33%）（见图 2－23）。

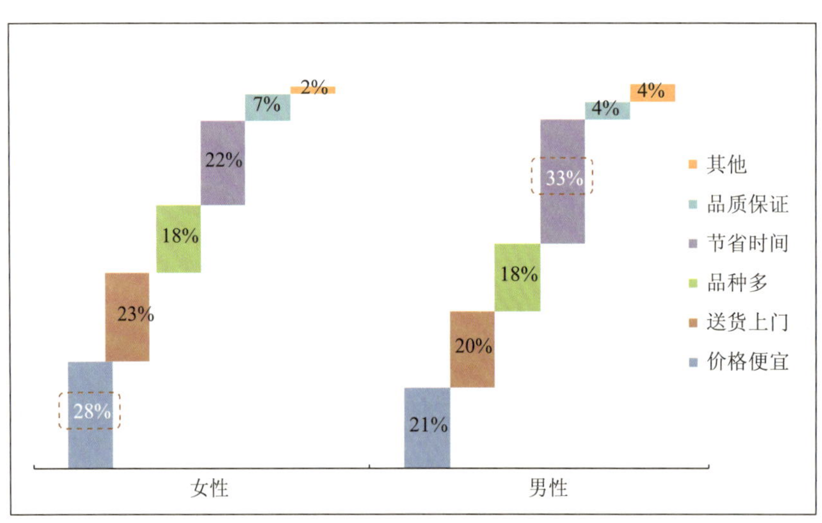

图 2－23　不同性别的消费者对奢侈品网购优势的态度

■ 北京、上海、广州的消费者对网购奢侈品优势的态度各不相同

北京消费者认为“价格便宜”是最主要的网购奢侈品优势（36%），“节省时间”居于第二位（22%），“送货上门”则是另一个主

要优势(21%)(见图2-24)。北京的消费者对网购奢侈品的价格较敏感。

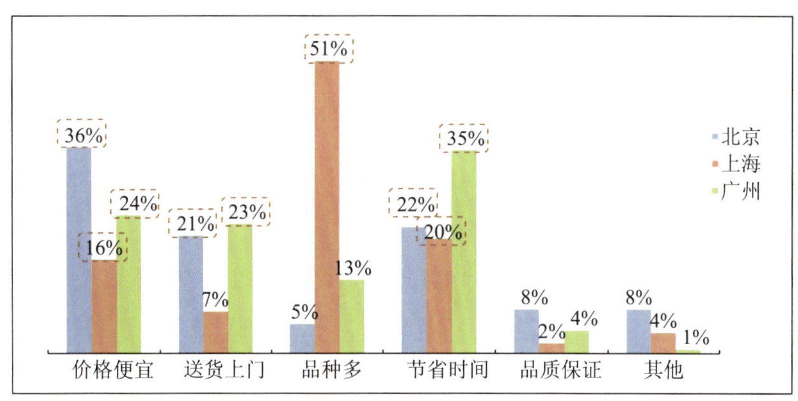

图2-24　不同城市的消费者对奢侈品网购优势的态度

上海消费者认为“品种多”是网购奢侈品的绝对优势(51%),其次是“节省时间”(20%),第三则才是“价格便宜”(16%)(见图2-24)。上海的消费者更注重网购奢侈品的多样性与体验。

广州消费者认为“节省时间”是最主要的网购奢侈品优势(35%),“价格便宜”居于其次(24%),“送货上门”是第三个主要优势(23%)(见图2-24)。广州的消费者更偏重网购奢侈品所带来的便利性。

■ 年龄越大,消费者越认为“节省时间”是网购奢侈品的主要优势

随着年龄的增长,消费者越来越注重网购奢侈品“节省时间”的优势。其中,年龄在“50岁以上”的消费者最认可这一点(42%)(见图2-25),这部分消费者的资产多集中在1亿人民币以上,时间成本比网购奢侈品的“折扣”更重要。

另外,受收入的局限性,“价格便宜”(32%)(见图2-25)对年龄在20~30岁之间的“80后”消费者很具有吸引力。

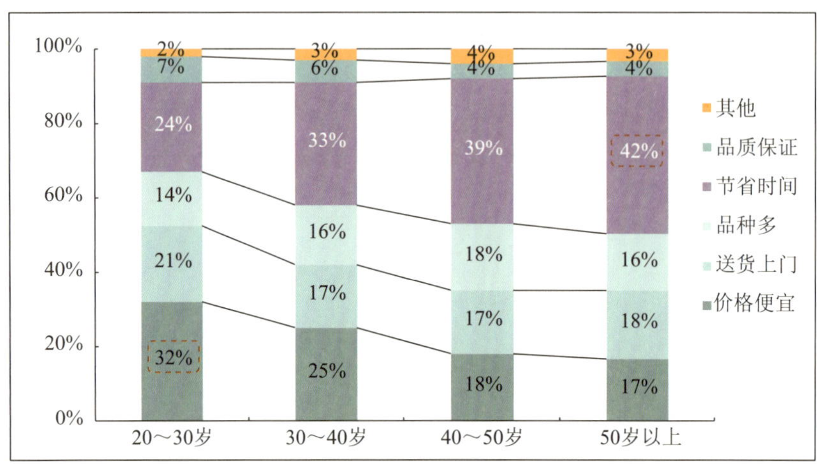

图2－25　不同年龄的消费者对奢侈品网购优势的态度

■ 资产状况越高,网购奢侈品“价格便宜”的优势对消费者越没有吸引力,“节省时间”反而越来越重要

不同资产状况的消费者均认为“节省时间”是网购奢侈品的主要优势,且随着资产的增加,这种认识愈加明显,其中资产过亿的消费者视其为最重要的网购优势(41%)。“价格便宜”的优势反而对高资产类的消费者没有吸引力,资产在1000万人民币以下的消费者反而认为“价格便宜”是网购奢侈品最主要的优势(26%)(见图2－26)。

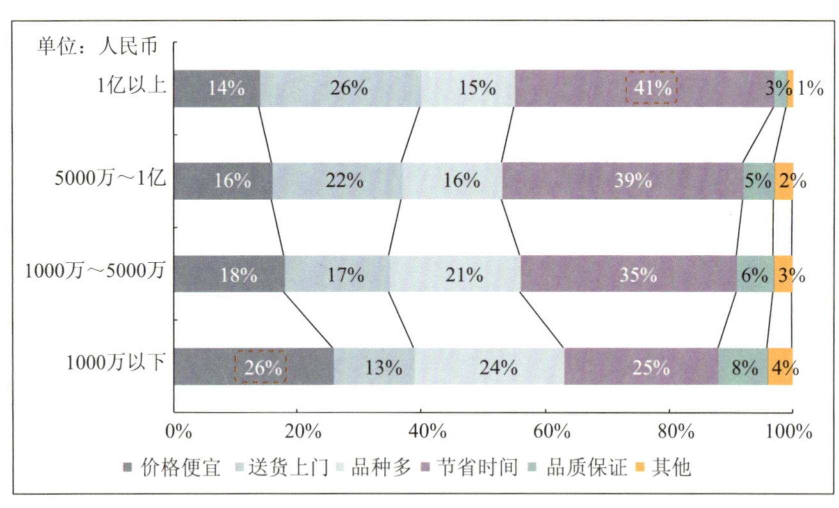

图2－26　不同资产状况的消费者对奢侈品网购优势的态度

产品真伪成为中国消费者网购奢侈品的主要顾虑

调研显示，在网购奢侈品的所有顾虑中，“产品的真伪”是中国消费者最关注的问题（50%），其次是“产品的质量问题”（24%）、“售后服务”（10%）与“配送安全”（8%）（见图2－27）。

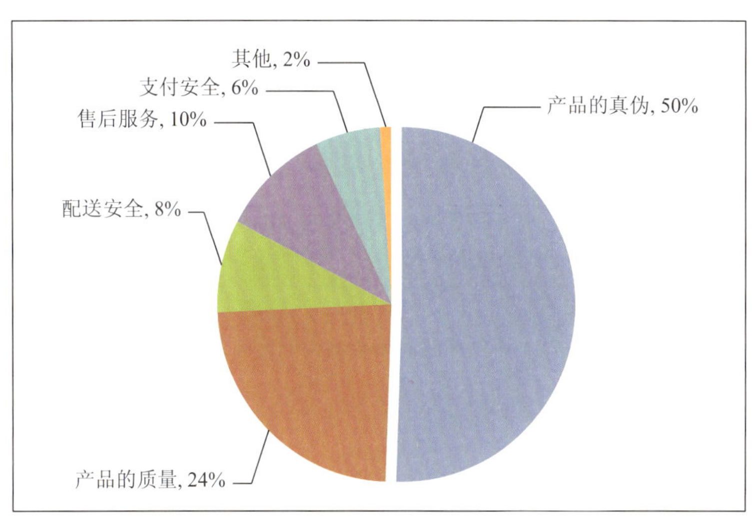

图2－27　中国消费者网购奢侈品的顾虑

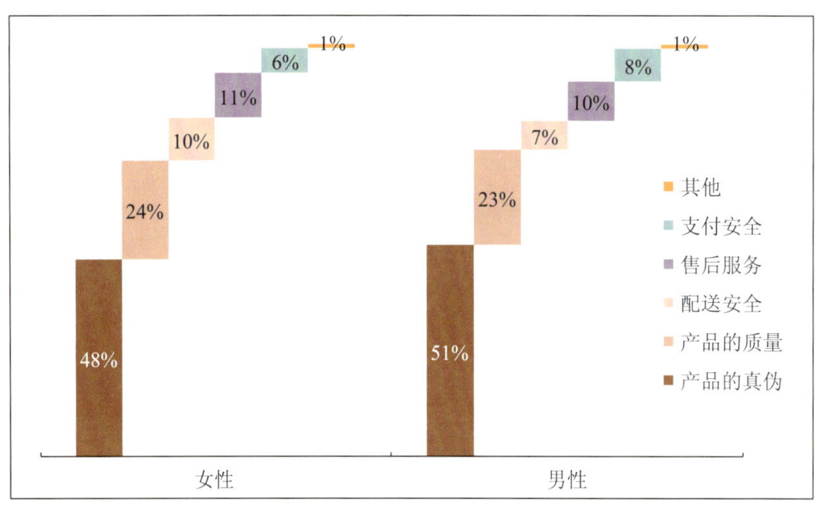

图2－28　不同性别的消费者网购奢侈品的顾虑

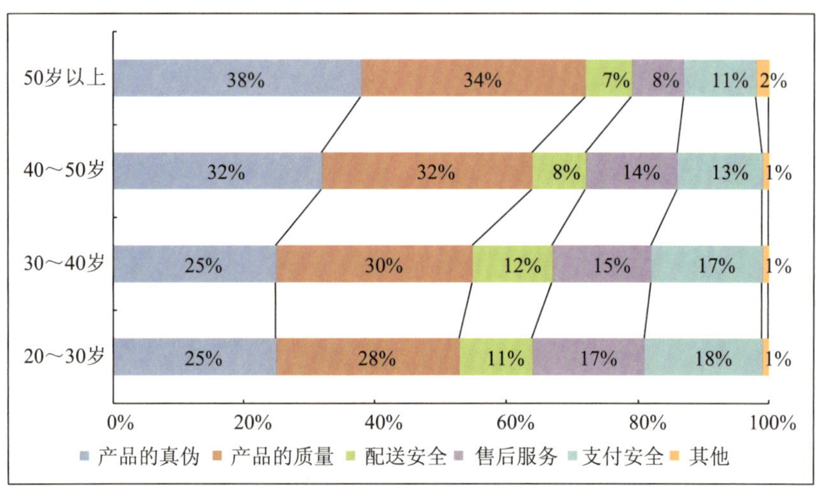

图 2－29　不同年龄的消费者网购奢侈品的顾虑

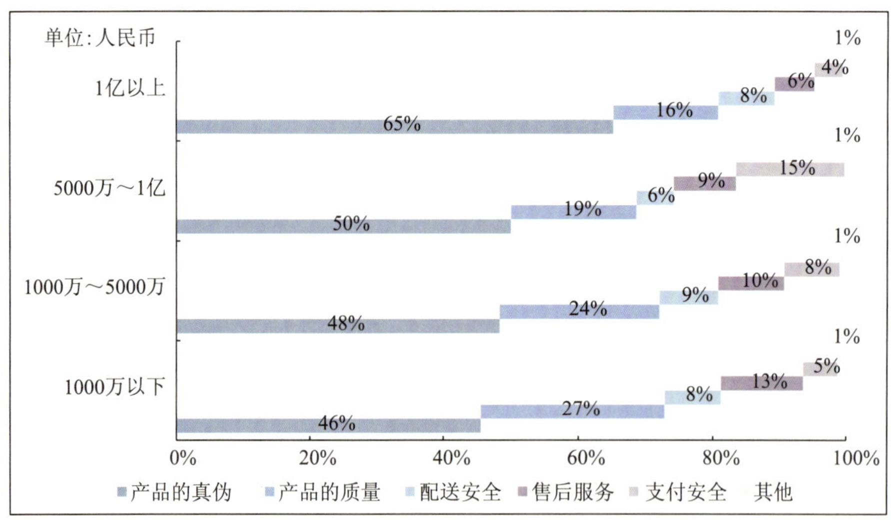

图 2－30　不同资产状况的消费者网购奢侈品的顾虑

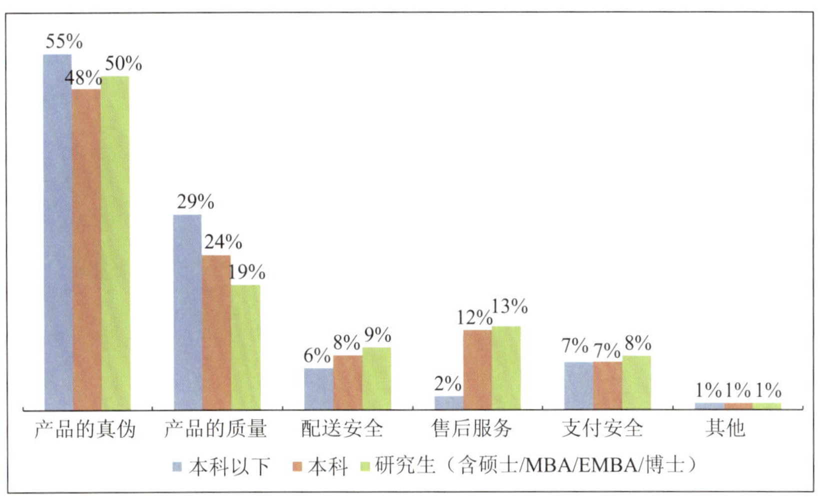

图 2-31　不同学历的消费者网购奢侈品的顾虑

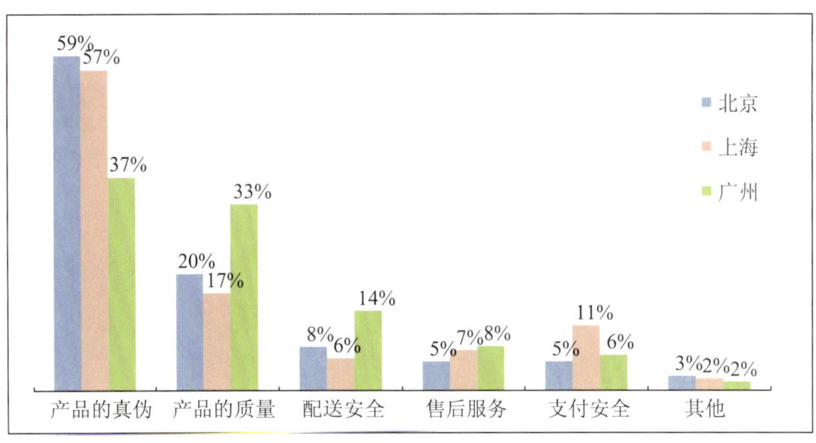

图 2-32　不同城市的消费者网购奢侈品的顾虑

消费者担忧产品真伪与产品质量是必然的，这主要是因为电子商务虽然能突破时间和地域的限制，但是缺乏直观性和体验性，信息传达单一，容易让消费者在网购奢侈品时对产品真伪及产品质量产生怀疑。

售后服务（10%）是奢侈品消费者网购奢侈品时的第三大主要顾虑。这主要是奢侈品作为特殊商品，具有稀缺性，满足的是少数人的梦想，走低价折扣路线的网络销售模式似乎很难体现奢侈品的价值。消费者购买奢侈品，除了看重其自身价值，更在乎的是奢侈品附带的其他价值，比如顾客体验和售后服务等，这正是网购奢侈品最为缺乏的环节，所以消费者有时候更愿意去实体店亲自感触和试用，享受奢侈品带来的特殊服务，从而获得效用最大化。

配送安全（8%）是奢侈品消费者网购奢侈品时的第四大顾虑。这主要是因为奢侈品网站在初创期大多采用物流外包的方式，但是中国并没有完备的高端物流配送体系，在配送的过程中一旦发生物品丢失、损坏或者磨损的状况，就容易引起消费者、物流公司及奢侈品电商三者之间的纠纷。随着中国高端消费者需求的不断增加，高端物流配送体系的缺失已经是限制奢侈品网站发展的短板，越来越成为奢侈品网站发展的重大阻碍，降低顾客的消费体验。

调查显示，随着年龄的增长，消费者越来越认为网购奢侈品时最应该担忧的问题是“产品的真伪”，其中50岁以上中国消费者网购奢侈品时的最大顾虑（38%）（见图2-29），是所有年龄段中最突出的。这主要是因为年长的消费者资产丰厚，相对谨慎和保守，习惯于传统的购物方式，再加上对网络不熟悉，担忧产品真伪问题在情理之中。

启示

随着中国奢侈品消费者消费心理的日益成熟化、多元化，寄卖、免税与电子商务成为中国奢侈品市场的三大新兴通路。尤其是在经济形势不明朗、国家宏观政策收紧的当下，寄卖的变现优势、免税的价格优势以及电子商务的便捷优势都使其成为中国消费者奢侈品消费的崭新增长点，值得奢侈品市场的各类经营者进行深入市场调研。

第三篇　网络·互动·个人媒体

媒体助力奢侈品牌在华推广

任何品牌的成长、推广都离不开媒体的助力。国际奢侈品牌登陆中国市场以来,从最初的不为人知到如今的声名赫赫,除归因于品牌自身的知名度、优秀品质、独特设计等因素外,媒体扮演了重要角色。媒介的支持、媒体的助力极大地推动了奢侈品牌在华的发展。

2011 中国奢侈品报告对中国市场的 121 家媒体展开调研,以北京、上海为代表的一线城市为核心,涵盖了包括电视、杂志、报纸、广播、网络、户外广告、移动媒体在内的中国主流高端传媒。本次调研立足于中国消费者的媒体选择及信息获取偏好,比较品牌选择媒体及媒体助力品牌的异同之处,帮助国际奢侈品牌精准使用媒介,成功营销。

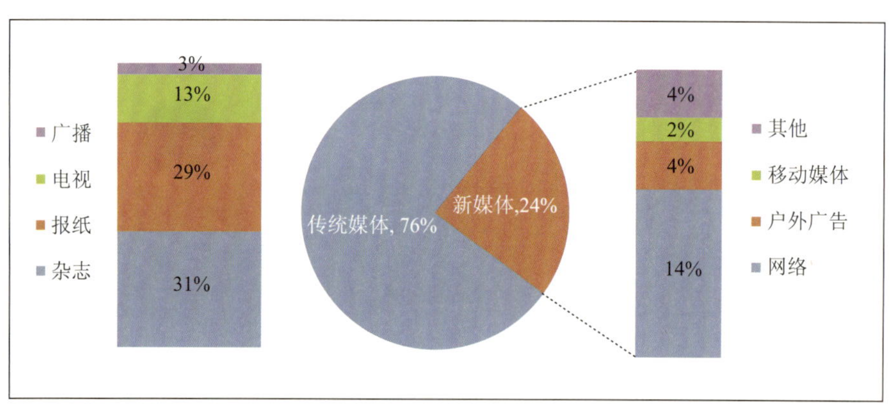

图 3-1　中国奢侈品报告调研媒体类型分布

奢侈品牌在华媒体推广现状

广告为主、公关活动为辅是奢侈品牌在华的主要推广方式

广告(58%)(见图3-2)仍是国际奢侈品牌在华采取的主要推广方式。为了更好贴近消费者,品牌考虑了中西方文化差异,根据中国消费者更注重情感的心理特点,在投放广告的形式上进行了一定调整。调研显示,软广告占42%,比硬广告投放量多出3%,直邮广告仅占19%。关于奢侈品牌在华公关活动具体举办情况,将在下面的消费者获取信息渠道部分一同分析。

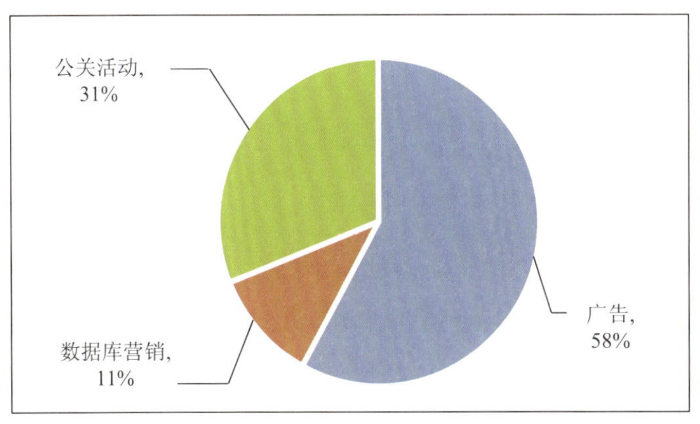

图3-2 奢侈品牌在华的主要推广渠道

奢侈品牌在华广告投放行业显示出高集中度

调研显示，奢侈品牌广告投放主要集中在四大行业：服装及配饰、腕表/钟表、珠宝以及汽车行业。其中，服装及配饰是国际奢侈品牌在华广告投放最多的行业，在所有行业中占13%；腕表/钟表与珠宝各占12%，并列第二；豪车占11%（见图3－3），紧随其后。

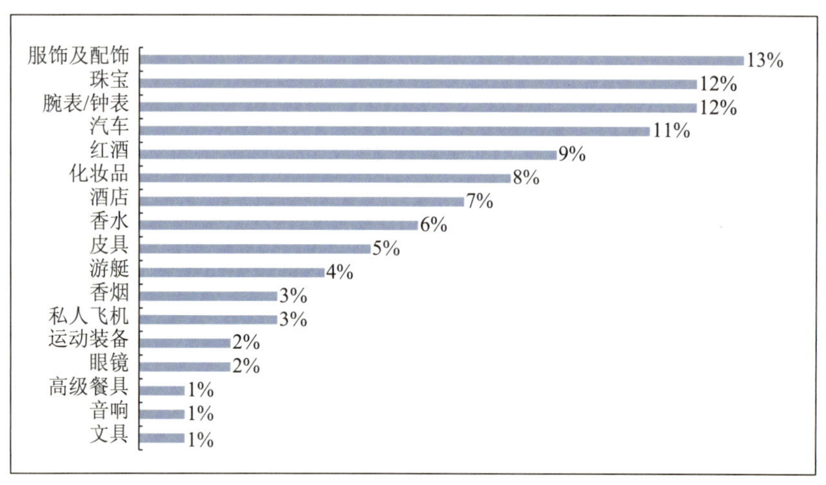

图3－3 奢侈品牌在华广告投放的行业分布

奢侈品牌在华推广媒介选择特点：杂志领跑、网络凸显、广播居多

杂志是奢侈品牌在华推广时采用的主要媒介（25%），网络居第二（20%）。受众质量（34%）及内容定位（27%）是品牌选择媒介时考虑的主要因素。为更好地接近高资产人群，品牌首选在高端杂志及网站推广。同时，品牌在华推广时还主要采用了广播（18%）、户外广告（15%）及报纸（12%），而电视（6%）与移动媒体（4%）使用较少（见图3－4）。

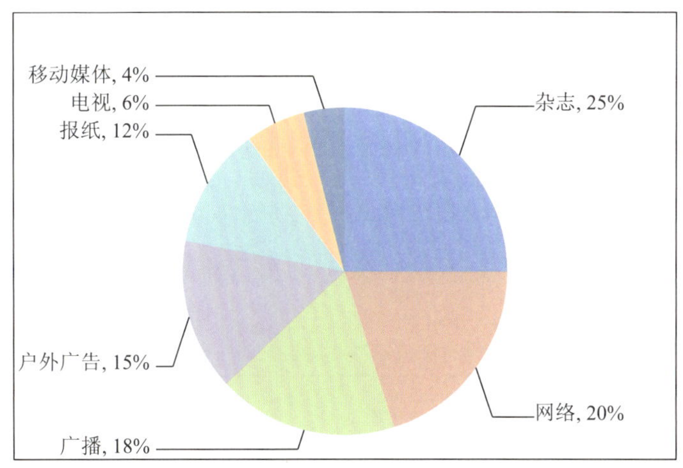

图 3－4　奢侈品牌在华推广的媒介选择

媒体助力奢侈品牌在华推广

新品发布会是媒体协助奢侈品牌在华推广最主要的活动方式

媒体在华协助奢侈品牌推广的主要公关活动为新品发布会（30%），鉴赏或体验活动居第二位（22%）。媒体还常协助品牌举办各种形式的公益活动（12%），客户联谊活动也比较常见（11%），而产品特卖会则很少举办（7%）（见表 3－1）。

表 3－1　奢侈品牌在华推广的活动方式

活动方式	比重
新品发布会	30%
鉴赏或体验活动	22%
公益活动	12%
客户联谊活动	11%
产品特产	7%
其他	18%
合计	100%

广告收入压力是目前媒体所面临的最大压力

媒体目前面临的最大压力来自于广告收入（38%），其次是内容采编（25%），另外读者质量也是媒体压力较大的一个方面（13%），同时，媒体还面临举办公关活动（9%）与发行渠道的压力（8%）（见图3－5）。

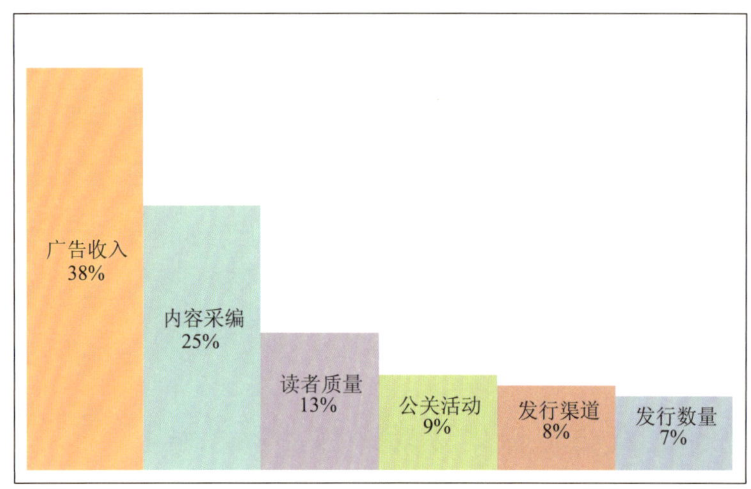

图3－5　媒体面临的主要压力分布

许多媒体的收入主要来自广告收入。数据显示，在所有调研媒体中，来自于奢侈品牌的广告收入平均占其广告总收入的38%，最低者占到5%，最高者的全部广告收入均来自于奢侈品牌广告。通过与媒体负责人一对一访谈发现，迫于广告收入及市场发展的压力，一些大众媒体也开始重视奢侈品牌的广告客户。

受众质量与内容定位是评价高端杂志的最重要因素

■ 媒体视角——受众质量与内容定位并重

调查显示，在媒体人眼中，受众质量是评价一家高端杂志的首要因素（28%），内容定位则是第二大因素（27%）。受众质量体现了杂志的定位，而内容定位则反映了一家杂志的品位和深度，二者对媒体人而言是评判杂志高端程度的两个重要标准。同时，广告环境是媒体评价高端杂志的第三个主要因素（12%），受众黏性（11%）与线下活动能力（9%）也是媒体考虑较多的因素。媒体较少考虑投资回报率（3%）与媒体第三方监测数据（2%）（见图3－6）。

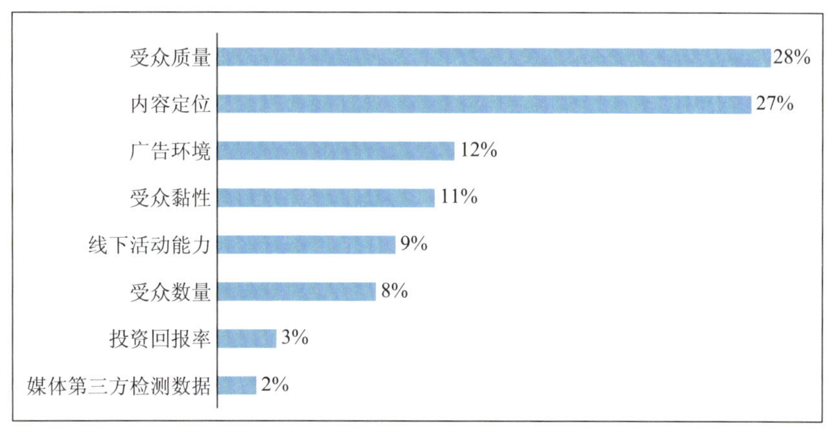

图3－6　媒体人评价高端杂志的主要因素

■ 奢侈品牌视角——受众质量领跑

奢侈品牌视角下，受众质量领跑所有标准，是奢侈品牌评价一家杂志的首要因素（34%）。同时，内容定位（27%）、公关活动（13%）和发行数量（11%）也是品牌评价一家杂志时主要考虑的因素（见图3－7）。

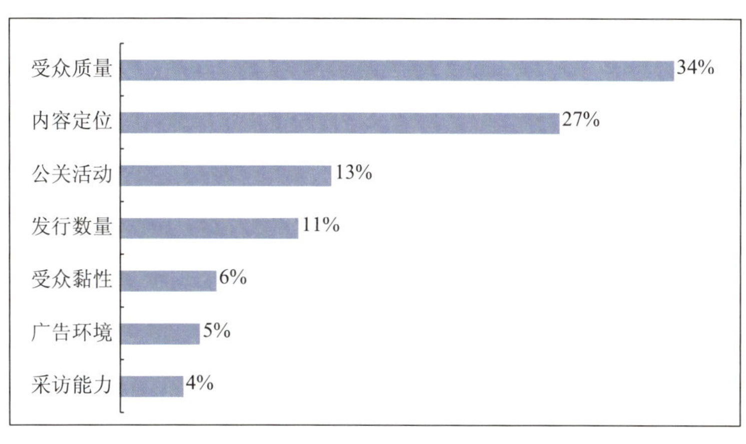

图3－7　奢侈品牌评价高端杂志的主要因素

比较而言，品牌和媒体评价杂志的主要因素均为受众质量和内容定位，但品牌比较看重公关能力，而媒体则相对注重广告环境。

中国消费者奢侈品信息获取渠道及媒介选择特点

传播渠道由单向传播向互动传播转变

■ 奢侈品信息获取传统渠道——广告仍为主力

在中国市场，广告作为传统奢侈品信息获取渠道，具有受众面广、目的性强、传播频次高等特点，是中国消费者获取奢侈品信息的重要来源（30%）（见图3－8）。

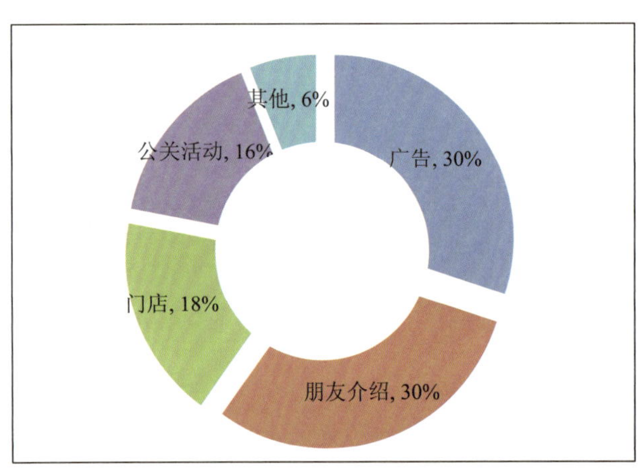

图3－8　中国消费者获取奢侈品信息的主要渠道

■ 互动式奢侈品信息传播方式日趋重要

1. 朋友介绍与广告并重

调查数据显示，朋友介绍与广告并行（30%）（见图3－8），已成为中国消费者最主要的奢侈品信息获取途径。中国奢侈品市场目前处于发展初期，许多消费者对很多奢侈品牌并不了解，品牌认知度较低，广告并不足以满足消费者对相关产品信息的需求，同时消费者也缺乏对广告的信任度，因此经常通过周围朋友的介绍获取一些品牌信息，经朋友推荐而去关注、认识一些品牌。这使得朋友介绍与广告并重，成为中国消费者获取奢侈品信息的主要渠道。

2. 门店信息获取同受青睐

一对一访谈调研发现，资产超过5000万人民币的超高资产类消费者对于直接从门店获取奢侈品信息非常青睐，尤其是男性消费者。他们通常公务繁忙，很少有时间翻阅广告，也较少有机会与朋友深入探讨奢侈品动态信息，在自我需求产生时喜欢直接前往门店，通过向店面销售人员征询意见建议获取相关奢侈品信息。这与我们在奢侈品消费者产品选择决策中谈到的“超高资产消费者易受销售人员影响”观点有一致性。

3. 公关活动的互动性更易增强品牌与消费者之间的情感沟通

一方面，中国消费者公关活动需求日益增加，且偏好多样化。中国奢侈品消费者日益喜爱参加公关活动，25%的人出于社交需要，有24%的消费者则是受朋友邀请，还有部分消费者出于商务目的（17%）、休闲娱乐（17%）和接触新信息的需要（17%）。

调研显示，中国奢侈品消费者最喜欢参加的公关活动是新品发布会（15%）和鉴赏或体验活动（15%），社交类活动也是消费者比较喜欢的活动（14%），同时，产品特卖会也颇受欢迎（13%）。此外，中国奢侈品消费者还比较热衷公益活动（12%）和私人活动（12%）（见表3－2）。

另一方面，奢侈品牌在华公关活动选择集中化，比较单一。在中国进行市场推广时，鉴赏或体验活动是品牌的首选（32%），社交活动位列第二（25%），其中客户联谊会是其主要举办形式，新品发布会排在第三(22%)(见表3-2)。

表3-2 中国奢侈品消费者与奢侈品牌对公关活动的偏好差异

项目	中国奢侈品消费者公关活动偏好	奢侈品牌在华公关活动选择
新品发布会	15%	22%
产品特卖会	13%	8%
客户服务活动	10%	1%
公益活动	12%	9%
鉴赏或体验活动	15%	32%
社交活动	14%	25%
财政论坛峰会	9%	N. A
私人活动	12%	2%
其他	N. A	1%
合计	100%	100%

其他形式的活动均举办较少。公益活动占9%,产品特卖会仅占8%;私人活动及客户服务活动更是微乎其微,与消费者的期望存在较大差距,也是提醒品牌可针对实际市场需求进行公关活动形式的调整(见表3-2)。

奢侈品牌在华推广过程中应加大公关活动开展力度及广度,不局限于鉴赏或体验活动、新品发布会及社交活动几种形式。对于中国奢侈品消费者比较热衷的公益活动、产品特卖会和私人活动等多予开展,同时发挥创意,以吸引更多的消费者,拉近品牌与大众的距离,增加品牌认知度和忠诚度。

媒介选择多样化,出现由高端媒体向大众媒体的转变趋势

■ 杂志仍是中国高资产人群获取奢侈品信息的主要媒介

中国高资产人群主要通过杂志获取奢侈品相关信息(40%)(见图3-9)。消费者通过阅读一些高端时尚、财富类杂志对相关奢侈品

牌进行了解。调研显示，赠阅是这些高端消费者获取高品质杂志的主要方式（35%）。

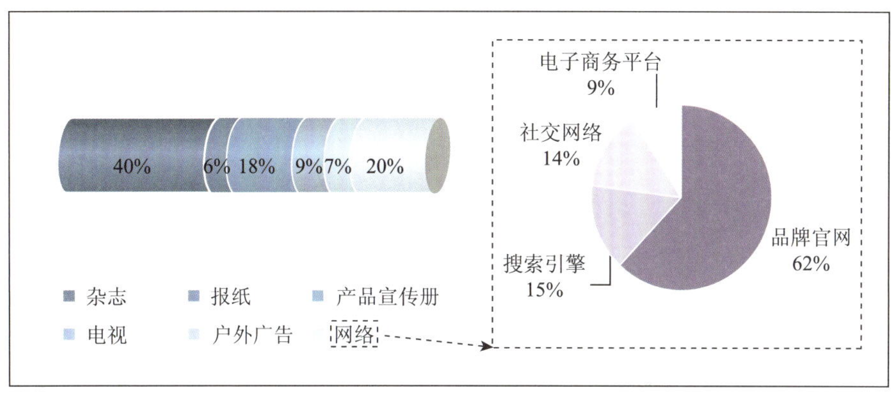

图 3－9　中国高资产类消费者获取奢侈品信息的主要媒介

■ 新媒体的应用成为奢侈品信息传播的重要渠道

网络是继杂志之后中国消费者获取奢侈品信息的第二大媒介（20%）（见图 3－9）。随着中国奢侈品消费者愈加年轻化，以及高资产人群时间少、工作繁忙、工作节奏快等特点，这种趋势愈加明显。调研显示，绝大多数的中国消费者通过奢侈品牌的官方网站了解产品信息及动态（62%），搜索引擎（15%）和社交网络（14%）也扮演了重要角色，同时，有 9% 的消费者通过电子商务网站了解奢侈品相关信息（见图3－9）。

图 3－10　最受中国消费者青睐的奢侈品信息网站

■ 个人媒体成为中国媒体市场的新媒介

以论坛、社交网站、博客、微博为代表的“个人媒体”后来居上，成为中国奢侈品消费人群获取奢侈品信息的主要来源。其中，口碑传播类个人在年纪较大的奢侈品客户群体里作用明显，各类社交类个人媒体在年轻消费者群体中作用明显。在个人媒体时代，人人都可以成为信息传播体，借助社交活动或者网络平台发表个人对奢侈品的解读。这种以个人为中心的媒体平台，既区别于传统媒介品牌推广中消费者被动式的信息接受，具有强烈互动性，又不同于普通的传统媒体，具有影响范围广、传播速度快、目标人群集中的特点。

我们认为，新媒体时代下的个人媒体将在未来奢侈品信息传播中具有更加深远的影响。

■ 信息传播媒介出现大众化趋势

本次调研中，与大众媒体的深度访谈发现，中国的大众媒体也开始重视奢侈品牌的广告客户。数家综合类媒体负责人均表示，尽管目前奢侈品广告仅占整体广告收入的5%左右，但该类广告能较好地提升媒体的对外形象，反映媒体定位。同时，受访的品牌负责人也表示会加大对大众媒体的广告投放力度，拉近与中国消费者的距离，扩大品牌知名度，同时也能降低广告成本。

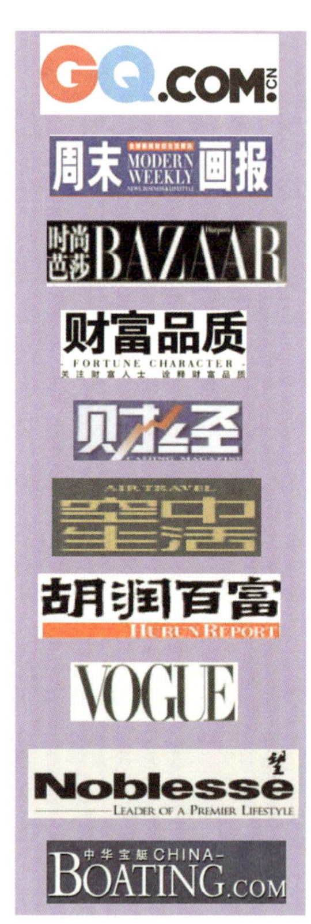

图3-11　媒体眼中对奢侈品最有价值的平面媒体

这主要源于三个原因，一是随着经济发展，更多的消费者进入奢侈品消费的行列，奢侈品消费正逐渐出现大众化趋势；二是品牌为了市场和利润，也努力开发了很多适合更多人消费的大众化奢侈品；三是中国消费者消费心理不成熟，往往认为知名度就等于品牌。高端媒体可以让品牌拥有高端品味，获得直接有效客户，但是大众媒体更容易让品牌获得知名度。这些都导致品牌在兼顾高端媒体的同时，不得不考虑大众媒体的广告投放。

■ 高资产人群青睐通过杂志与产品宣传册媒介获取奢侈品信息

1. 资产低于1000万人民币的普通资产类消费者获取奢侈品信息媒介首选TOP3：杂志、网络、户外广告

杂志是这一群体获取奢侈品信息的首选媒介（37%），同时网络也是其经常选择的媒介（27%），户外广告也比较受青睐（11%）（见图3-12）。在这四个细分市场中，资产低于1000万人民币的中国奢侈品消费者使用网络、户外广告最多，这一群体中多为一些年轻消费者，年龄集中在20~30岁（53%），多是本科（60%）及硕士研究生（18%）学历。他们时尚、前卫，互联网知识丰富、技能娴熟，休闲时间比较多，喜欢外出逛街。报纸是其获取奢侈品信息最少使用的媒介（7%）。

2. 杂志与网络仍是中国1000万人民币以上的高资产类消费者获取奢侈品信息的主要媒介，但产品宣传册成为其第三大主要获取奢侈品信息媒介

资产在1000万~5000万人民币的中国高资产消费者首选杂志作为获取奢侈品相关信息的媒介（41%），网络居于第二（19%），奢侈品产品宣传册也比较受青睐（18%）。他们不常通过报纸获取相关奢侈品信息（6%）（见图3-12）。

杂志（42%）与奢侈品产品宣传册（23%）是资产在5000万~1亿人民币的中国富豪群体获取奢侈品信息的主要媒介，网络则为其获取奢侈品信息的第三媒介（13%），利用度明显低于上面两个群体。户外广告也是比较受欢迎的媒介（9%），高于电视（7%）和报纸（6%）（见图3-12）。

资产超过1亿人民币的大富豪与超级富豪群体比较青睐高端杂志

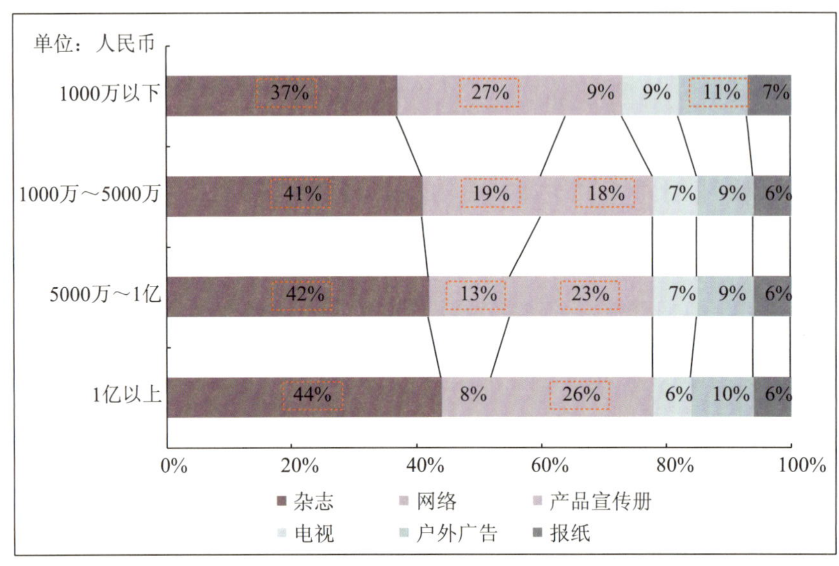

图3－12　高资产类消费者获取奢侈品信息的主要媒介

（44%）及精美全面的产品宣传册（26%），他们很少利用网络获取信息（8%），是四个细分人群中利用网络最少的人群（见图3－12）。这一群体年龄集中在40岁以上，事业有成，平日工作繁忙，休闲时间很少。对于网络新媒体并不热衷，在网络上，也主要通过奢侈品牌的官网获取信息（57%），其次是搜索引擎（21%），对于其他来源的网络信息并不是很信任。

■ 年轻消费者偏好网络，50岁以上的消费者青睐产品宣传册

30岁以下的消费者最喜欢通过网络获取奢侈品信息（29%）。随着年龄递增，网络利用率明显递减，50岁以上的奢侈品消费者很少通过网络获取奢侈品信息（5%）；同时，50岁以上的消费者热衷通过商家产品宣传册（39%）获取奢侈品信息，甚至超过其对杂志的利用程度（37%）。在30岁以下奢侈品消费者获取奢侈品信息的所有媒介中，产品宣传册是最不常用的媒介（8%）（见图3－13）。

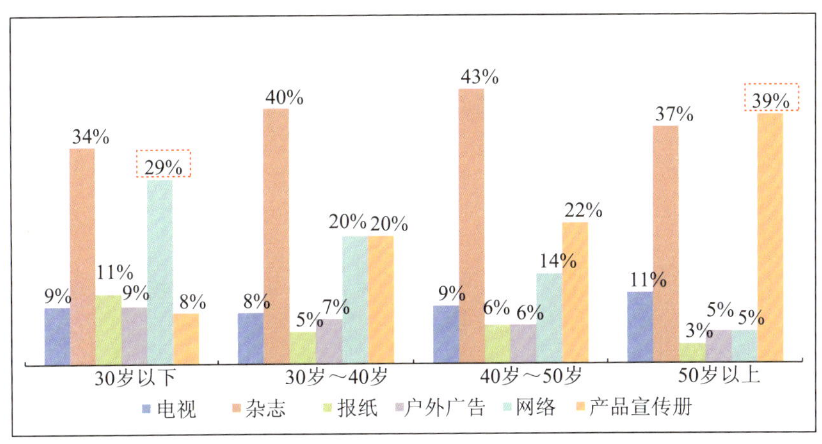

图 3－13　不同年龄的消费者获取奢侈品信息的主要媒介

■ 男性消费者更偏爱杂志，女性消费者更关注网络

中国男性消费者与女性消费者在获取奢侈品信息时，首选媒介依次均为杂志、网络、产品宣传册，这三者在两类消费者获取奢侈品信息中占有比重最大。但男性对杂志的偏好（42%）高于女性（37%），同时女性通过网络获取奢侈品信息（23%）的比例高于男性（17%）。女性比男性更喜欢从电视上获取奢侈品信息，男性通过报纸媒介获取奢侈品信息（7%）略高于女性（6%）（见图 3－14）。

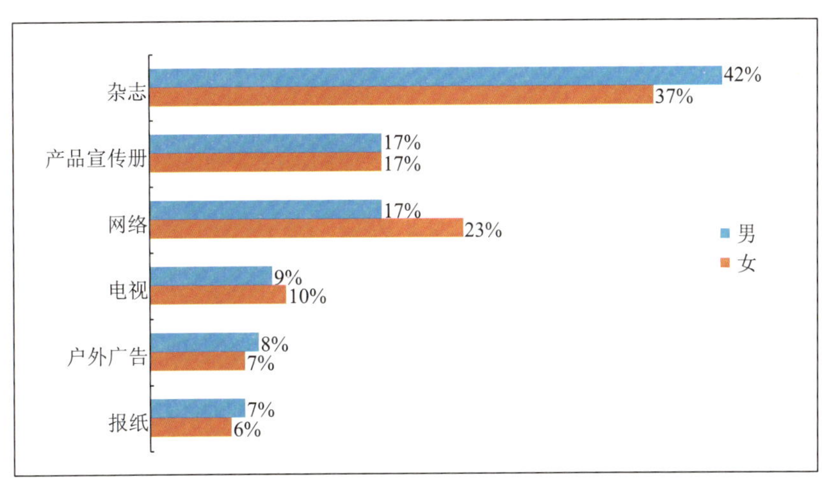

图 3－14　不同性别的消费者获取奢侈品信息的主要媒介

■ 中国不同学历的消费者获取奢侈品信息主要媒介 TOP3：杂志、网络、产品宣传册

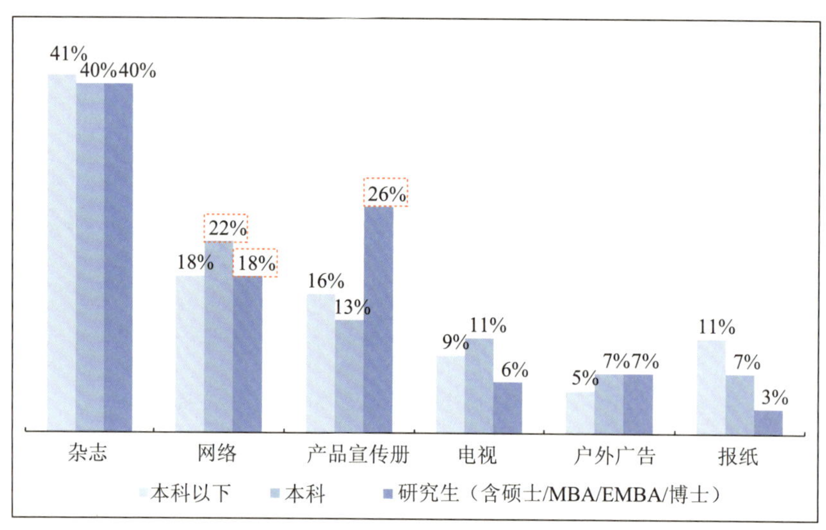

图 3－15　不同学历的消费者获取奢侈品信息的主要媒介

研究生学历（含硕士/MBA/EMBA/博士）的消费者在获取奢侈品信息时，选择产品宣传册（26%）超过网络（18%），并且是三类消费者中最偏爱产品宣传册的群体。本科学历消费者比较青睐通过网络媒介获取奢侈品信息（22%）（见图 3－15）。但是，中国高学历消费者对报纸重视度较低，而低学历消费者青睐通过报纸获取奢侈品信息。

2012 年奢侈品牌在华媒体投放预算增加

调研显示，23% 的国际奢侈品牌每年在华做一次媒体投放，17% 的品牌则选择一个季度做一次，11% 的品牌选择一个月投放一次。同时，将近一半的品牌对于媒体投放的具体频率并不确定（见

图3－16）。

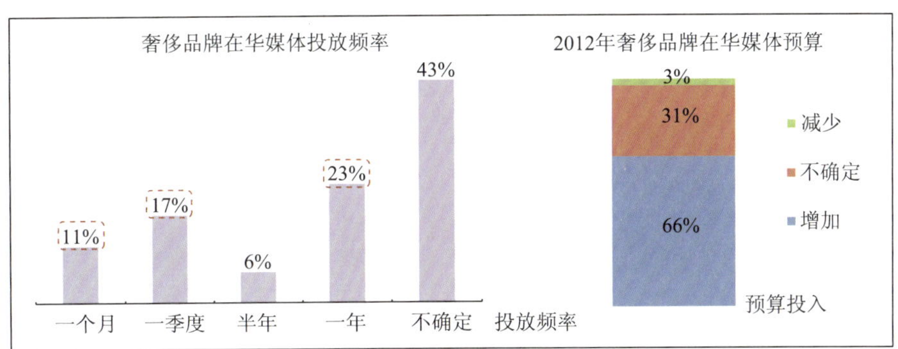

图 3－16　奢侈品牌在华媒体的投放频率及 2012 年的媒体投入预算

66%的品牌表示 2012 年会增加媒体投放预算，只有 3%的品牌减少媒体投放预算。有趣的是还有相当比例的品牌持观望态度（31%）（见图 3－16），目前并不确定是否增加媒体投放。通过与相关品牌负责人沟通发现，2012 年鉴于中国经济的不确定性，其在进行媒体投放时将会比较谨慎。

启示

从总体来看，对于中国媒体行业的福音是，随着中国奢侈品消费市场的不断扩大以及深入发展，国际奢侈品牌在中国借助媒体的推广力度会加大。但我们不得不正视的一个现实是，由于中国经济发展的不确定性以及收紧的宏观调控政策，国际品牌对于2012年的中国奢侈品市场持谨慎与观望态度，投放广告与活动推广的预算有限且态度谨慎。

第四篇　沟通·转型·客户维护

奢侈品牌的自我提升与品牌表现力

调研对象:137 位国际奢侈品牌负责人

教育背景:受教育程度较高,多具有高学历,以本科居多(66%),13%的品牌负责人拥有硕士研究生学历,3%的品牌负责人拥有博士研究生学历(见图4-1)。

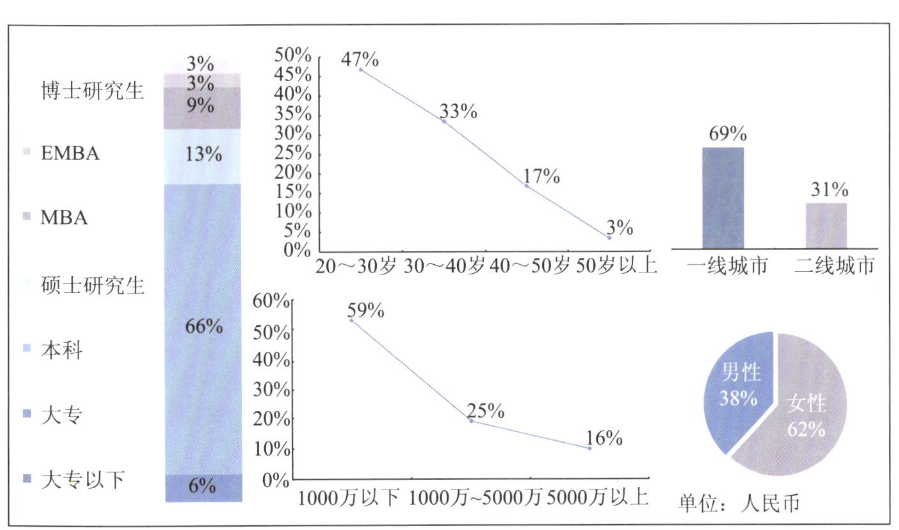

图4-1　被调研的国际奢侈品牌负责人的主要特征

资产状况:调研对象中,资产在1000万人民币以下的品牌负责人居多(59%),5000万人民币以上的品牌负责人相对较少(16%)(见图

4－1)。

年龄分布:近一半的品牌负责人年龄集中在20～30岁的“80后”,相对年轻,另有33%的品牌负责人年龄分布在30～40岁(见图4－1)。

性别比例:女性(62%)多于男性(38%)(见图4－1)。

所处城市:调研对象中,有69%的品牌负责人来自北京、上海、广州、深圳四大一线城市(见图4－1)。

在华奢侈品牌的基本特征

主营产品集中在珠宝、化妆品、服装及配饰、腕表/钟表及皮具

调查发现,在华的奢侈品品类丰富,基本和国际同步,经营的产品主要集中在珠宝、化妆品、服装及配饰、腕表/钟表及皮具,也有一些奢侈品牌以私人飞机、豪车、游艇及高级酒店为主营产品(见图4－2)。随着中国高端消费人群的不断增长,奢侈品牌在华经营的产品日益多样化。

在华经营的时间不长

■ 在华经营时间和中国宏观的经济发展形势直接相关

调研发现,奢侈品牌在华经营时间集中在5年之内(54%)和5～10年之间(24%),在华经营时间超过16年的品牌只占10%(见图4－3),这一结果基本与中国经济发展趋势一致。中国经济高速发展与中国奢侈品消费人群的成长,促使很多奢侈品牌纷纷进驻中国市场,扩大在华经营范围。

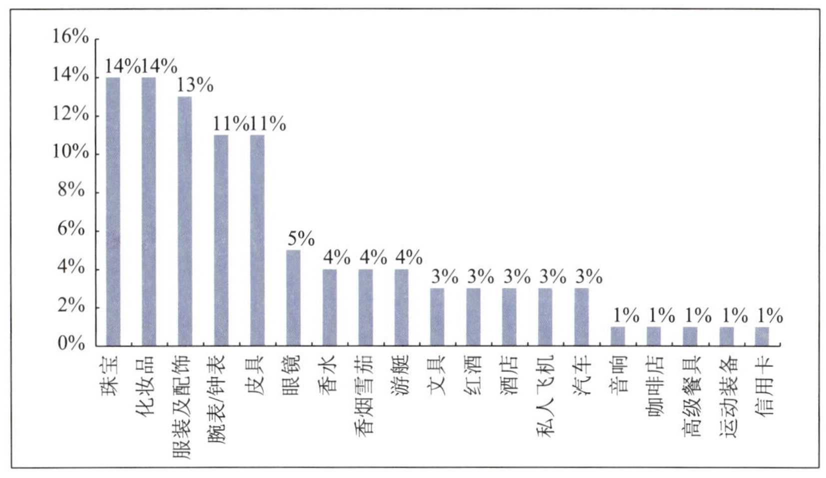

图4-2　奢侈品牌在华经营的主要产品

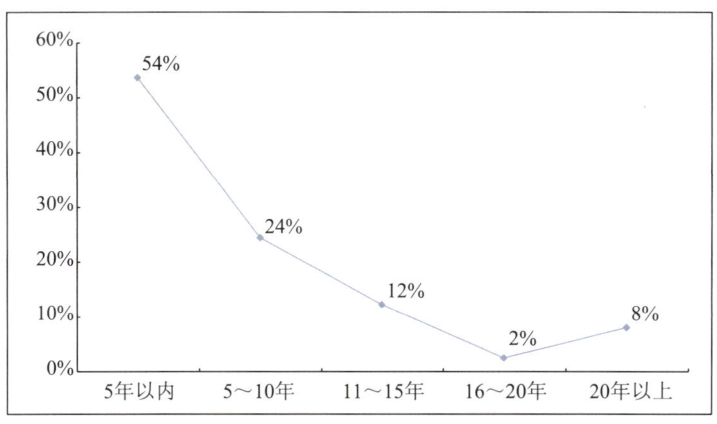

图4-3　奢侈品牌在华经营的时间

■ 在华经营时间短暂，可能会导致水土不服

54%的奢侈品牌在华经营时间不到5年，最长的也不过20余年（见图4-3），这可能会使其在华经营期间遇到种种困难，比如对政策解读有误、对中国奢侈品消费者的消费习惯不了解、中西文化的碰撞等。

■ 随着中国经济继续保持高速增长，在华拓展的奢侈品牌会越来越多

越来越多的国际奢侈品牌进驻中国，一方面会加剧中国市场的竞争，另一方面也会促使中国奢侈品市场更成熟更规范，奢侈品消费会更趋向理性。

拥有的直营店铺数目不多

■ 奢侈品牌在华拥有的直营店铺数目不多,规模不大

调查发现,80%以上的奢侈品牌在华拥有的直营店铺数目为20间以下,其中63%的奢侈品牌在华只拥有不到5间的直营店铺(见图4-4)。这说明多数奢侈品牌在华经营处于刚刚起步阶段,规模不大。店铺数目在20间以上的奢侈品牌大多在华经营已经初具规模,市场占有率比较高。

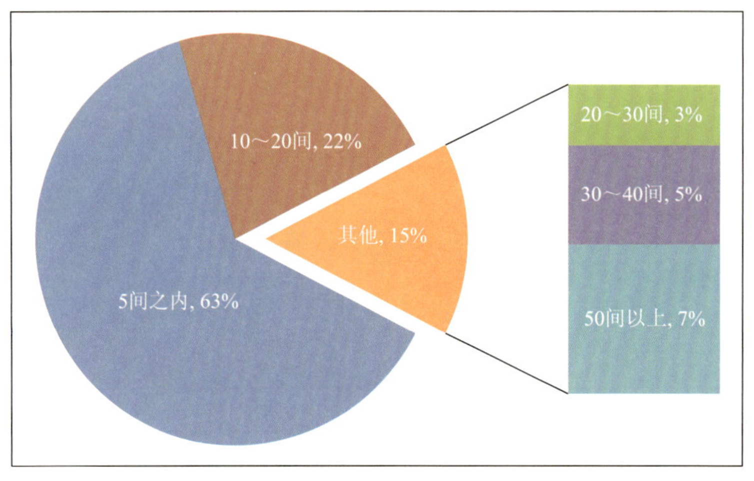

图4-4　奢侈品牌在华拥有的直营店铺数

■ 奢侈品牌的店铺一半集中在一线城市,随着规模的扩大,将向二三线城市延伸

奢侈品牌进入中国市场的路径一般是:首先在北京、上海、广州和深圳四大一线城市开设店铺,随着市场运作的成熟,一步步向二三线城市扩张,店铺数量也随之增加,从而扩大市场占有率。

在华销售最好的城市集中在北京和上海，二线城市中杭州和沈阳优势明显

■ 一线城市北京的奢侈品销售最好，上海其次，广州差距较大

上海是奢侈品牌在中国的总部聚集地，市场竞争激烈，奢侈品市场成熟度较高。随着上海奢侈品市场的饱和，北京成为奢侈品牌另一重要市场的选择。北京是中国的政治经济文化中心，聚集着大量隐性的富豪，具有非常大的市场开发空间，且对中国北方市场具有较大的辐射及带动作用（见图4－5）。

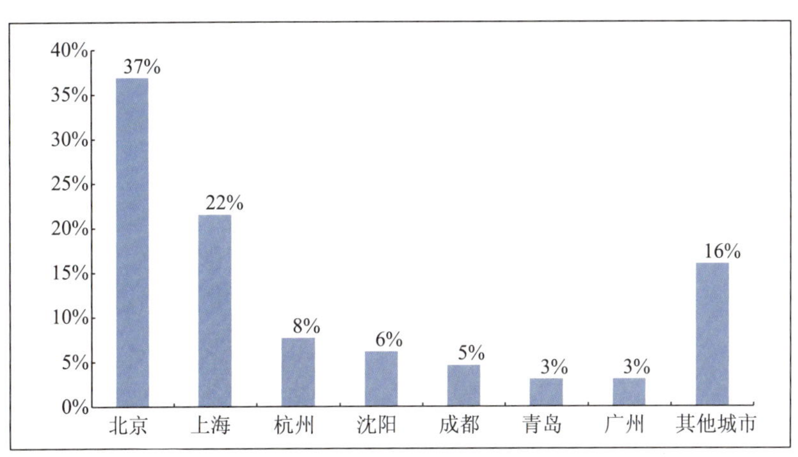

图4－5　奢侈品牌在华销售最好的城市分布

调研发现，一线城市广州并不是奢侈品牌销售较好的城市，这主要与其地理位置有关，因距离香港较近，奢侈品消费者更愿意选择去香港购买奢侈品。

■ 奢侈品牌在二线城市杭州、沈阳、成都、青岛的销售表现优异

由于奢侈品牌在一线城市竞争激烈，市场开发比较充分，市场成熟度高，越来越多的奢侈品牌转战二线城市，杭州（8%）、沈阳（6%）、成都（5%）和青岛（3%）成为奢侈品牌未来关注和加大投入的市场（见图4－5）。

越来越多的奢侈品牌以直销作为在华销售的主要途径

调查发现，超过一半的奢侈品牌在华销售的主要途径是直销。采取直销方式一方面有利于维护奢侈品牌市场定位，保持服务的一致性，便于向中国奢侈品消费者传达奢侈品牌的内涵和精髓；另一方面可以直接了解中国市场和消费者，便于进行准确的市场判断。而有些奢侈品牌也会采取其他三种方式：代理制、特许经营和连锁加盟，主要是出自减少风险、初试中国市场的考虑，但同时也会出现品牌形象受损、与代理商之间的利益博弈等问题（见图4－6）。

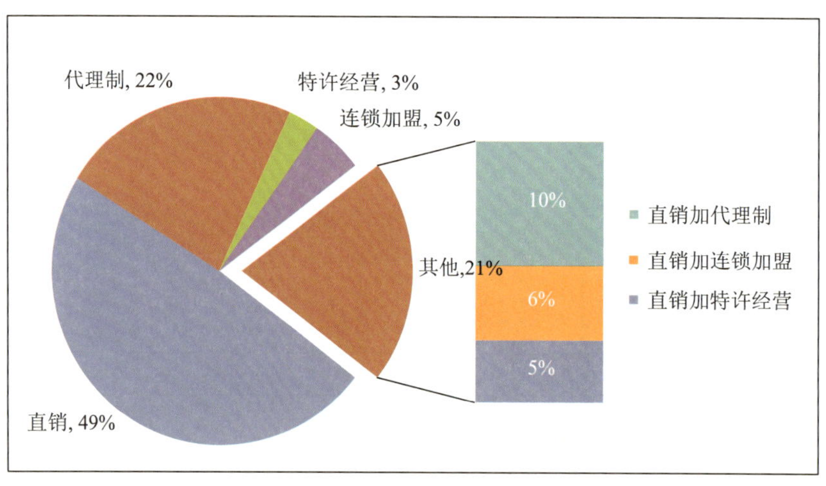

图4－6　奢侈品牌在华销售的主要途径

调查发现，接近80%的奢侈品牌只采取一种销售途径，只有22%的奢侈品牌采取两种及两种以上的销售途径，其中主要是以直销方式为主，并结合其他方式进行多种方式的销售。其中，特许经营和连锁加盟的销售方式所占比重甚小，不到10%（见图4－6）。而代理制作为仅次于直销的方式，一般是刚刚进入中国市场的奢侈品牌最初的选择。

奢侈品牌在华成功经营的主要优势

调查发现，优秀的客户关系能力（19%）、有效的营销渠道（17%）、充分了解中国市场及中国消费者（15%）和借助本土媒体进行产品宣传（13%）是奢侈品牌在华成功经营的四大优势，但奢侈品牌在环境保护方面的意识明显不足，只有2%（见图4－7）。

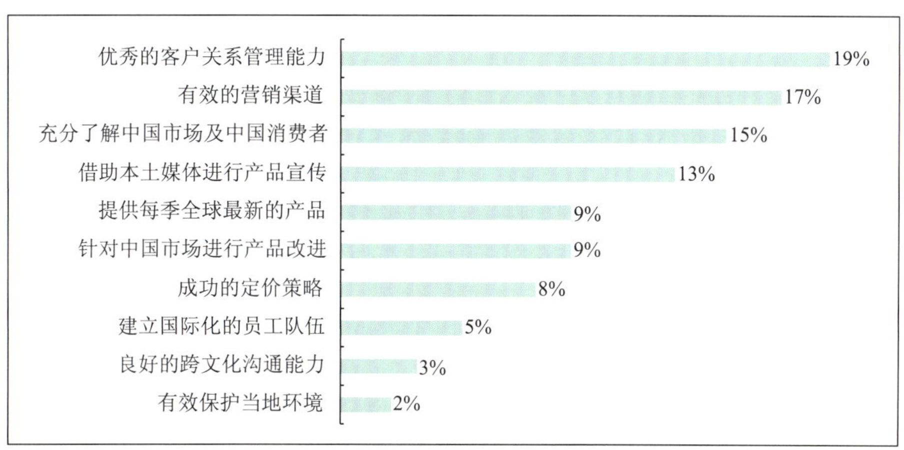

图4－7 奢侈品牌在华成功经营的关键能力

Relationship：优秀的客户关系管理是奢侈品牌在华成功运营的第一要素

调查发现，优秀的客户关系管理能力是奢侈品牌在华运营成功的第一要素（19%）。建立并维护一个有价值、忠实、稳定、有竞争力的客户关系管理体系，才是奢侈品牌持续赢利的关键。这是因为优秀的客户关系管理会带来客户份额的增加，提高品牌的利润创造力。

此外，奢侈品牌优秀的客户关系能力能够维持与客户之间长期稳定的关系,增强客户对品牌的满意度和忠诚度,形成对品牌的依赖,降低市场扰动对品牌的冲击,大大减少经营风险。奢侈品牌在客户关系管理方面有着丰富的经验,优势明显。

Place:有效的销售渠道是奢侈品牌在华成功运营的第二大关键能力

有效的销售渠道能保证产品及时准确的供应,减少物流和运输成本,在一定程度上缩短产品周期,17%的奢侈品牌认为销售渠道方面的优势是其在华成功运营的关键能力之一。

奢侈品牌在华选择的销售渠道主要由品牌的发展状况决定。一般化妆品、服装及腕表等奢侈品牌首先会选择在百货商店、五星级酒店设立专柜,这也是奢侈品牌进入中国市场最初考虑的销售渠道。随着市场运作的发展,奢侈品牌一般会在一线城市以及重要的二线城市开立专卖店和旗舰店。另外,服装和化妆品类的奢侈品牌也会选择品牌折扣店和机场免税店作为销售渠道。有效的销售渠道是奢侈品牌在华运营的立足点,多种销售渠道有效的组合不仅能降低销售成本,而且能够扩大市场占有率,增强品牌的市场竞争力。

Customer:充分了解中国市场及中国消费者是奢侈品牌在华运营的第三种关键能力

中国经济发展不平衡,各地经济状况迥异,消费者对奢侈品的偏好也存在地区差异,再加上文化因素的影响,使得中国的奢侈品市场存在"中国特色"。中国的奢侈品消费者也有不同于西方国家的特征,奢侈品牌在华运营必须充分了解中国市场的状况,细化中国消费者在奢侈品消费方面的习惯,抓住中国奢侈品消费者的特征,才能在中国市场上做到游刃有余，快速准确地把握市场信息，作出准确判断。

Promotion：媒体宣传助力奢侈品牌在华的销售与推广

奢侈品牌在华进行品牌推广的有效方法是公关活动和广告相结合，这两种方式相辅相成，缺一不可。能否有效地借助本土媒体进行产品宣传是奢侈品牌在华运营能否成功的关键要素之一。调查显示，13%的奢侈品牌认为其在媒体宣传方面具有优势。奢侈品牌服务的对象是高端消费人群，这与高端媒体所对应的读者群具有一致性。一般来说，奢侈品牌通常和媒体保持良好的关系，以使客户资源得到共享与开发。

Product：产品的供应与改进使得中国奢侈品市场与世界同步

为了更好地迎合中国奢侈品消费者的偏好，奢侈品牌近年来特别推出了针对中国市场的多款产品，并提供每季全球最新产品，以保证其在中国市场的销售。调查显示，9%的奢侈品牌认为可以专门为中国消费者设计产品。通过走访法国、意大利、瑞士以及英国的奢侈品专卖店及高端百货商店，我们发现目前中国市场的奢侈品品类非常丰富，甚至单店的品类丰富程度高于欧洲，与国际同步。

Communication：奢侈品牌需要进一步完善国际化员工队伍的建设，增强跨文化沟通能力

奢侈品牌在华经营，国际化员工队伍的建设及跨文化沟通能力是重要保障。员工直接与顾客沟通，员工的素质和质量直接影响顾客对品牌的印象和看法。这要求奢侈品牌必须在人员管理与人员培训方

面建立完备的人力资源体系。员工沟通能力的强弱与职业素质的高低直接影响到品牌价值的传达，调研显示，奢侈品牌负责人认为在中国的销售团队能力有限，员工素质有待提高。

Environment：奢侈品牌在环境保护方面的工作还有待加强

随着生产方式的转变，环境的重要性也日益提高，能否有效地保护当地环境是奢侈品牌面临的一个重大问题。但是，大多数奢侈品牌在有效保护环境方面的优势并不十分明显，相关评论将在本报告第五篇详述。

奢侈品牌在华的客户关系管理

客户关系管理的一个重要环节是提高奢侈品消费者的满意度，满意度不仅仅体现在对奢侈品本身品质及服务的满意，还包括客户的追踪以及售后服务。其中奢侈品消费者对售后服务的满意度更是直接反映了奢侈品牌对于细节及客户关系的把握。

奢侈品消费者对奢侈品售后服务基本满意

■ 90%以上的奢侈品消费者对奢侈品售后服务基本满意

根据调查，中国消费者对奢侈品售后服务“很满意”所占比重比较小，“基本满意”与“比较满意”所占比重非常大，这说明奢侈品牌在售后服务方面虽然基本得到了消费者的认可，但是还存在提升空间。此外，仍有6%的奢侈品消费者对售后服务不满意（见图4-8）。

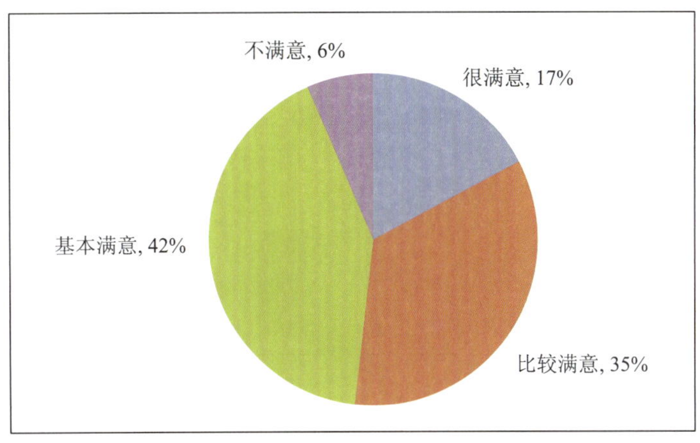

图 4-8　中国消费者对奢侈品牌的售后满意度调查

■ 售后服务的满意度决定消费者的回头率

高的客户满意度不仅能够增强对品牌的忠诚度，还会增加消费者的重复购买率，直接影响其销售情况。“基本满意”和“比较满意”的奢侈品消费者有可能会在同等情况下选择售后服务更好的品牌。因此，奢侈品牌还需要更加注重售后服务的细节与质量。

■ 男性消费者对奢侈品售后服务满意度高，女性消费者则正好相反

调研发现，男性消费者对奢侈品牌售后服务的满意度（94%）比女性消费者（87%）高，此外，男性消费者“不满意”奢侈品牌售后服务的比重（6%）大大低于女性消费者（13%）（见图 4-9），这主要是因为女性消费者更注重购物与服务过程中的心理感受，对售后服务的细节要求更高。

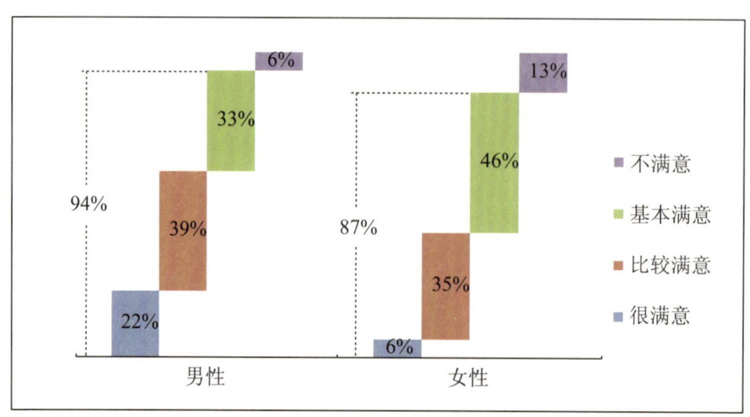

图 4－9　不同性别的消费者对奢侈品牌售后服务的满意度

■ 资产越高的消费者对奢侈品售后服务的满意度也越高

调研发现，资产在 1000 万人民币以下的消费者对奢侈品牌售后服务的满意度最低，以“基本满意”（50%）为主，另有 11% 的消费者表示“不满意”。随着奢侈品消费者资产水平的提高，其对奢侈品牌售后服务的满意度也随之提高。资产在 1 亿人民币以上的大富豪与超级富豪对奢侈品牌售后服务表示“很满意”（30%）与“比较满意”的比重最高（43%）（见图 4－10）。

调研人员实地走访一些消费者发现，店面以及导购的状态直接影响消费者的心态，不容忽视。中国消费者对于奢侈品牌店的店面导购人员的服务态度与服务语气存在严重不满，对其根据外表与收入区别对待的歧视性做法表示气愤，并因此而降低了对品牌形象的评价。事实上，这类消费者中有相当一部分是品牌的“潜在客户”，也是未来奢侈品消费的主力。在现阶段就流失掉一部分“潜在客户”，需要品牌正视对客户的服务细节。

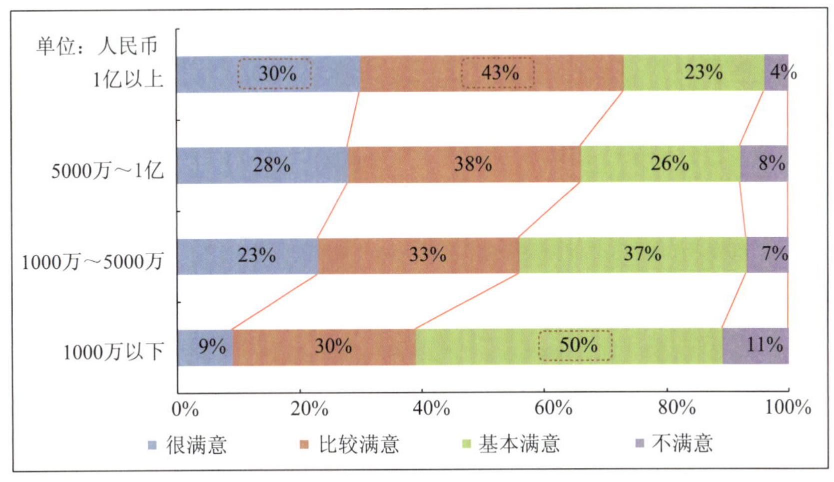

图4－10　不同资产状况的奢侈品消费者对奢侈品牌售后服务的满意度

奢侈品牌最有待改善的服务项目TOP3：降低维修服务价格、增加产品维修点及缩短产品维修时间

调研发现，69%的消费者认为降低维修服务价格、增加产品维修点和缩短产品维修时间是奢侈品牌最有待改善的服务项目（见图4－11），这就说明奢侈品牌在客户关系管理方面存在着很大的提升空间。客户管理的目标是消费者满意最大化，奢侈品牌除了要以消费者为中心外，还应该在以下三个方面采取措施积极改善，以提高奢侈品消费者的满意度。

■ TOP1：降低维修服务价格

调查显示，25%的奢侈品消费者认为奢侈品牌的维修服务价格过高。尽管奢侈品消费者一般来说属于价格不敏感的群体，但是服务价格过高，会影响消费者的心理感受，造成负面情绪。因此，奢侈品牌需要制定合理的维修服务价格，以提高消费者对品牌的满意度。

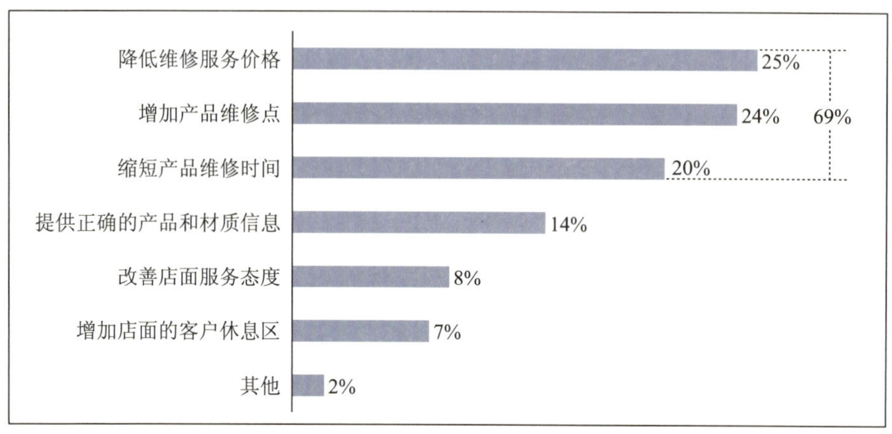

图 4－11　奢侈品牌最有待改善的服务项目

■ TOP2：增加产品维修点

产品维修点不足会增加奢侈品消费者的交通与时间成本，降低消费者对品牌的满意度，使消费者的品牌体验降低，并对其高品质的质量产生怀疑。调查显示，24% 的奢侈品消费者认为奢侈品牌应该增加产品维修点，这是奢侈品牌售后服务第二大要改善的项目。

■ TOP3：缩短产品维修时间

调查显示，20% 的奢侈品消费者认为奢侈品牌的产品维修时间过长，奢侈品牌应该采取有效的措施缩短产品的维修时间。这主要是因为中国消费者不喜欢等待，希望以最短的时间、最快的速度享受到服务，等待时间过长会使得中国消费者对品牌的印象大大降低。

奢侈品牌在华经营面临的九大压力

奢侈品牌在华经营面临的压力既有内部因素，比如文化冲突及国际化沟通等问题，也有外部因素，比如政府限制及关税压力，缺乏相关的管理人才等。本报告采用李克特 5 分制量表，根据 137 位奢侈品牌负责人对9项压力从“没有压力到压力非常大”的评分结果，进行均值计算并排序，最后得出图4－12中的结果。

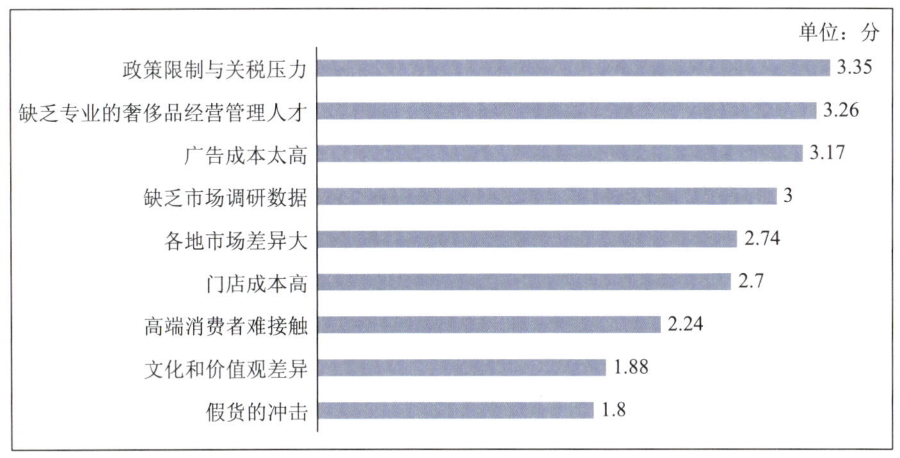

图4－12　奢侈品牌在华经营的主要压力

本次调研发现，政策限制与关税压力（3.35）、经营管理人才缺乏（3.26）与广告成本太高（3.17）是奢侈品牌在华经营面临的最主要压力，而文化和价值观差异（1.88）和假货冲击（1.8）所面临的压力相对最小（见图4－12）。

■ TOP1：政府限制及关税压力

本次调研发现，与其他压力相比，政策限制及关税压力是在华奢侈品牌面临的最大压力，使其经营成本大大提高。具体来看，超过一半的奢侈品牌在政策限制及关税方面面临较大压力，其中29%的奢侈品牌感觉压力最大（见图4－13）。

■ TOP2：奢侈品经营管理人才严重缺乏

调研发现，中国奢侈品经营管理人才严重缺乏，是奢侈品牌在华经营面临的第二大压力（见图4－14）。这主要是因为一方面中国奢侈品市场起步较晚，相关从业人员较少，此外经营管理的经验也不丰富；另一方面，中国有关奢侈品管理的人才培养几乎空白，有关奢侈品管理的教育缺失,使得奢侈品行业存在严重的人力资源短缺。这就需要奢侈品牌建立完备的人员培训体系,提高奢侈品管理人员的能力和素质。

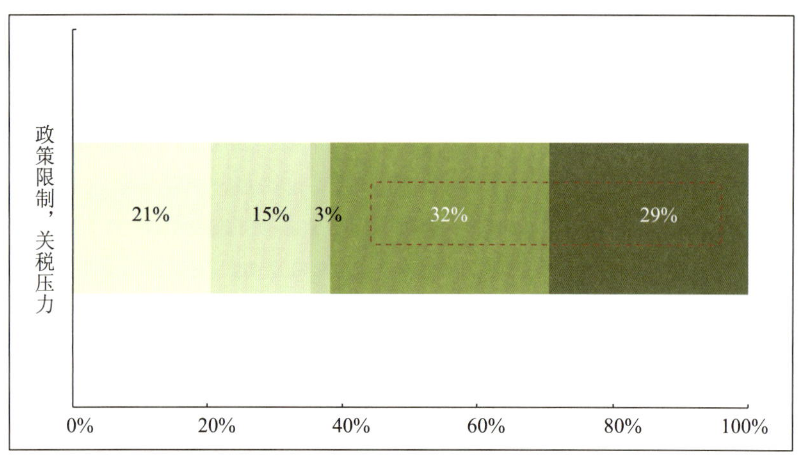

图4-13　奢侈品牌在华面临的压力1:政府限制及关税压力

注:从左到右,压力依次强度增大。

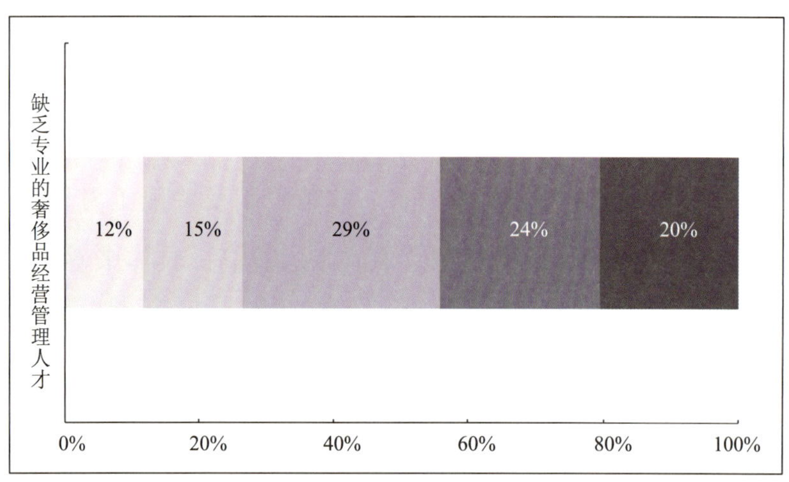

图4-14　奢侈品牌在华面临的压力2:经营管理人才缺乏

注:从左到右,压力依次强度增大。

■ TOP3：广告成本太高

调研显示，奢侈品牌在华经营面临的第三大压力是广告成本过大，将近70%的奢侈品牌认为在广告投入方面花费巨大，压力强度大（见图4－15）。奢侈品牌在华经营投放的广告媒介主要集中在高端杂志、橱窗展示和植入式广告等方面。但是广告具有时效性，因此需要保证一定的投放时间和投放频率，才能把品牌价值准确及时地传递给消费者。奢侈品牌前期投入大量资金，但广告效应往往具有时间的滞后性，这就使得奢侈品牌很难在两者之间找到平衡。

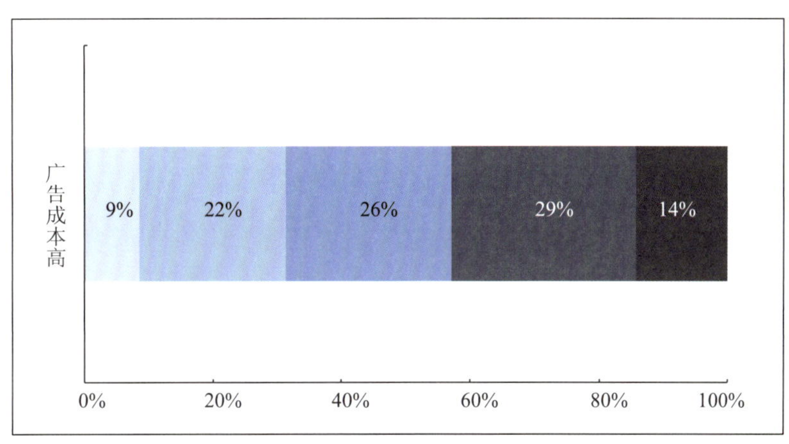

图4－15 奢侈品牌在华面临的压力3：广告成本太高

注：从左到右，压力依次强度增大。

■ TOP4：针对高端人群的市场调研数据十分缺乏

中国奢侈品市场刚刚起步，相关的市场调研不充分也不全面，其中针对高端消费人群的专业市场调研尤为缺乏。调研发现：超过一半的奢侈品牌认为因为缺乏专业性的市场调研数据，使得其在市场决策上面临很大压力（见图4－16）。

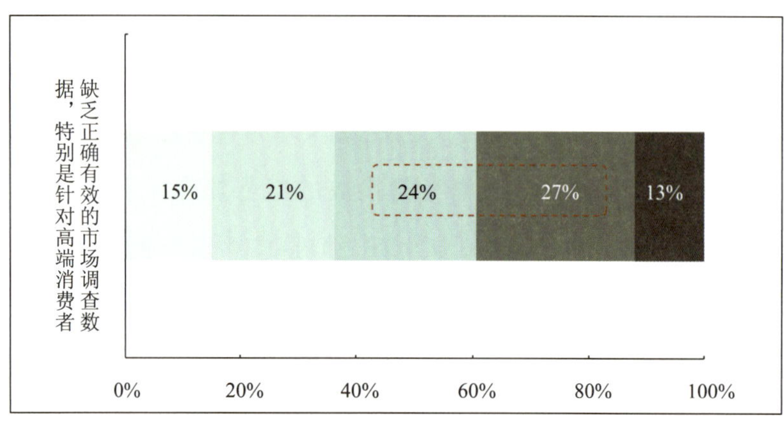

图 4－16　奢侈品牌在华面临的压力 4：市场调研数据缺乏

注：从左到右压力强度依次增大。

■ TOP5：中国幅员辽阔，各地存在市场差异

调查发现，各地市场差异是奢侈品牌在华经营面临的第五大压力（见图 4－17）。中国幅员辽阔，经济发展不平衡，各地消费者的消费习惯及偏好存在差异，这在一定程度上就加大了市场运作的难度。北京、上海、广州及深圳四大一线城市奢侈品牌相对集中，奢侈品消费者对奢侈品的理解和认知，相比二三线城市的消费者来说更为成熟和理

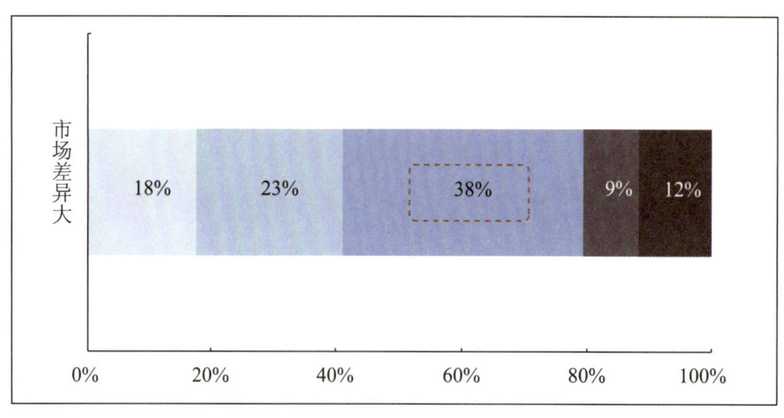

图 4－17　奢侈品牌在华面临的压力 5：中国幅员辽阔，市场差异大

注：从左到右压力强度依次增大。

性。随着中国一线市场的饱和,越来越多的奢侈品牌开始向二三线城市延伸,这就需要深入了解分析二三线城市高端消费者的特点。

■ TOP6:优质门店难找,成本很高

调研发现,各个奢侈品牌在选择门店方面面临的压力状态各不相同,这是由奢侈品牌在华经营的规模和市场表现决定的(见图4-18)。进入中国市场较早且经营状况比较好的奢侈品牌在门店选址方面感到压力强度较小,而那些在华经营时间不长,品牌知名度比较小众的奢侈品牌在市场开拓方面就感到压力巨大。

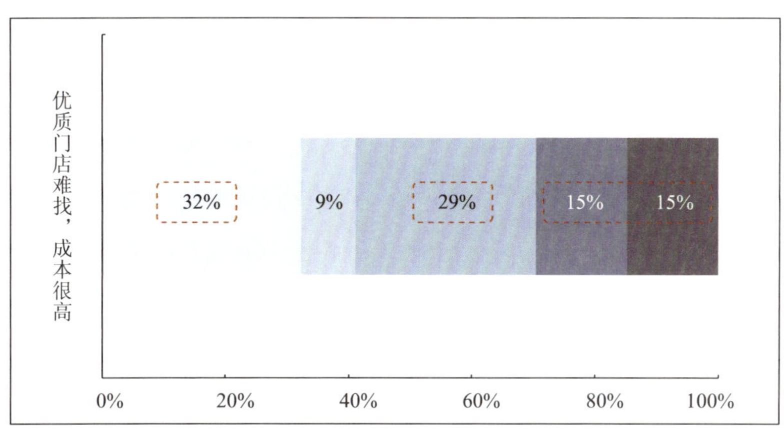

图4-18　奢侈品牌在华面临的压力6:优质门店难找,成本很高

注:从左到右压力强度依次增大。

■ TOP7:中国高端消费者难接触

随着中国经济的发展,中国的奢侈品消费人群不断壮大,其中高端消费者也随之越来越多,如何接触到这些高端消费人群并使之成为品牌的客户,这是每个奢侈品牌面临的重要问题(见图4-19)。但是对于那些较早进入中国,品牌知名度较高及客户资源积累较好的公司,在这方面面临的压力则相对较小。

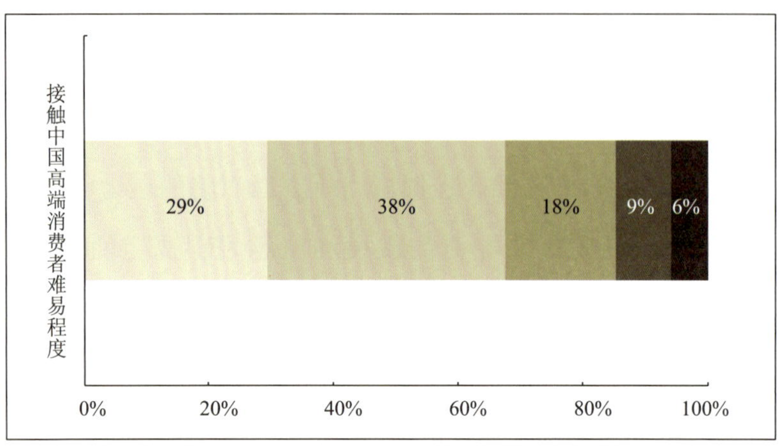

图4-19　奢侈品牌在华面临的压力7:接触中国高端消费者的难易程度

注:①从左到右压力强度依次增大。②一半以上的奢侈品牌认为中国高端消费者比较好接触。

■ TOP8:文化和价值观差异

调研显示,文化冲突和价值观差异并不是影响奢侈品牌在华经营的主要因素,超过一半的奢侈品牌认为来自这方面的压力较小(见图4-20)。这主要有以下几个原因:从宏观方面来看,全球化的经营使

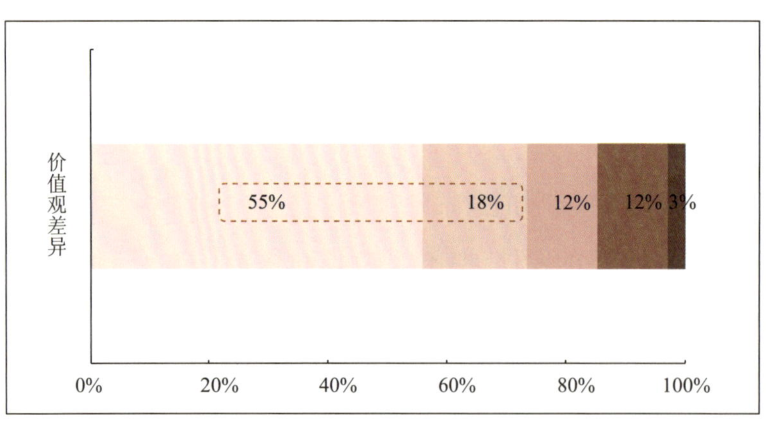

图4-20　奢侈品牌在华面临的压力8:文化和价值观存在差异

注:①从左到右压力强度依次增大。②74%的奢侈品牌表示"不熟悉中国人的社会和文化,价值观差异"方面压力相对较小。

市场更加开放和多元化，国际交流进一步促进了多种文化之间的相互理解。在微观方面，中国多数奢侈品消费者拥有出国经历，容易接受奢侈品牌的国际理念，而奢侈品牌在华经营多采取本土化的人才策略，员工多数为中国人，这就使得交流和沟通更加容易。

■ TOP9：假货的冲击

中国产权保护制度不完善，使得奢侈品牌的山寨现象十分普遍。但是调查发现，超过3/4的奢侈品牌在“山寨”对其品牌的冲击方面并不如想象的大（见图4－21）。通过访谈，有品牌负责人无奈地表示，“山寨”奢侈品牌可以扩大品牌知名度，这在一定程度上减少了品牌的推广成本；此外，购买“山寨奢侈品”的消费者一旦具有经济实力，最有可能购买“货真价实”的奢侈品，由“山寨”消费者转变为实际消费者。

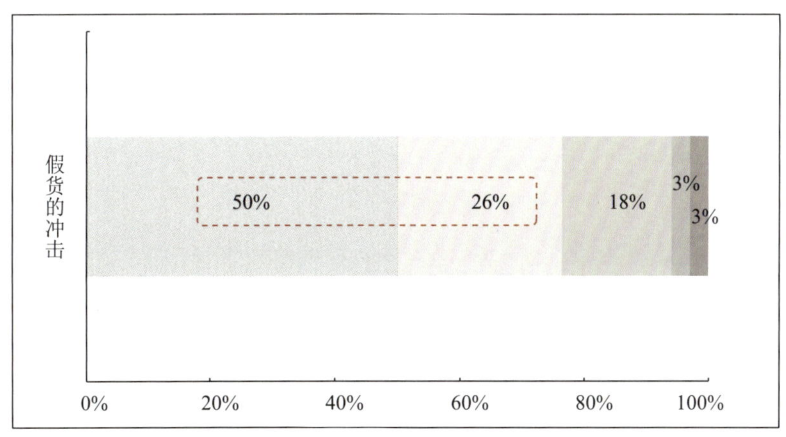

图4－21　奢侈品牌在华面临的压力9：假货的冲击

注：从左到右压力强度依次增大。

启示

随着中国奢侈品市场的不断壮大，在华奢侈品牌的竞争会越来越激烈，未来的竞争将不仅仅停留在吸引新客户层面上，而更多的是要留住老客户，这其中以客户关系管理为核心的在华经营战略全面整合势在必行。只有那些能够抓住机遇，积极应对压力的奢侈品企业才能最终在中国奢侈品市场获得成功。

第五篇　绿色·责任·可持续发展

国际奢侈品牌的“洗绿革命”与中国绿色足迹

进入21世纪以来，随着人类社会经济的飞速发展，以及工业文明的不断进步，大量不可再生资源被消耗，自然环境逐步恶化，人类共同面对的一个灾难就是“温室气体的排放，全球气候的变暖”。于是，低碳经济成为各国政府以及企业共同探讨的主题。

在全球“低碳化”的大趋势下，奢侈品行业作为人类经济发展中的一类特殊产业一直饱受社会特别是环保人士的诟病。在大众眼中，让奢侈品行业去讲究环保、实现低碳是一件天方夜谭的事。在他们眼中，奢侈与浪费同义，对珍稀原材料的追逐，对大量自然资源的消耗、对劳工血汗的残酷压榨、以高代价为基础的逐利本性等，奢侈品行业站在了环境保护以及人类可持续发展的对立面。著名作家尤瑟纳尔就曾尖锐指出：“对于超越正常价值之上的奢华的追逐，直接造成了对自然和人类整体的罪恶。”

人们在付出了艰辛的劳动之后，想尽可能地享受富足的生活方式，这种行为本身无可厚非。但是需要指出的是，这种建立在资源过度消耗、生态环境过分破坏基础上的寅吃卯粮的消费方式是不可持续的。在过去的百余年中，奢侈品行业所代表的铺张浪费的消费观及其在生产制造过程中存在的负面做法带来了消极的社会形象，并在一定程度上对自然资源以及社会资源带来过度消耗，但我们并不能因此就否定整个行业以及这个行业在人类社会与经济发展进程中所作出的贡献。

面对争议，无论在环境危机面前，还是经济危机面前，各大奢侈品牌需要重新定位，为保护环境、维护人类的可持续发展应承担的社会责任，调整发展战略并贯彻于企业的生产、流通、营销以及服务的整个过程。事实上，许多奢侈品牌已经在为之努力并成功地付诸实践，以低碳为特征的绿色发展模式走在了许多其他行业企业的前列，这将改变社会对奢侈品的定义，重新树立奢侈品牌的正面社会形象，促使人们重新审视奢侈品牌对人类社会以及经济可持续发展的贡献。但是，奢侈品牌的绿色战略与可持续发展路径是怎样的轨迹？特别是在中国这个“极富潜力的奢侈品消费市场”，奢侈品牌的绿色表现如何？消费者对奢侈品牌的绿色认可度有多高？绿色给奢侈品牌的价值究竟带来怎样的结果？谁是中国市场的绿色奢侈品牌？如何客观审视并定义奢侈品行业的发展轨迹以及未来趋势？

奢侈品牌绿色战略选择的推动力

准确地说，奢侈品行业并不是一个完全独立的行业，它其实代表了一种高端的发展水平和理念、先进的生产技术和商业模式，自诞生之日起就一直走在世界经济的风口浪尖上，承受着赞誉也经历着批评。如今，奢侈品行业对于绿色环保的探讨和努力更为积极与兴奋，一股“洗绿”风潮在行业内弥漫，任何品牌都不甘示弱。从环境保护和慈善事业，到人权和男女平等，再到医疗保健和疾病预防，以及文化艺术和体育事业的发展，各大奢侈品牌都试图把奢侈品与企业社会责任、环境保护以及企业与人类的共同可持续发展统一起来，也就是说他们要在新的经济发展模式下重新定义奢侈品的内涵，重塑奢侈品行业在世界经济发展进程中的地位和作用。在这个日渐宽容和多元化的世界里，把奢侈品与高价标签等同起来不再是一个可行的定义，它不再意味着放纵与挥霍、等级与特权，而是建立在“品牌和社会的长远关系之上的富足与幸福”。奢侈品行业走在了“绿色”的前面，奢侈品的定义也同步发生了根本性的变化。

在低碳经济发展模式被广泛推崇的今天，奢侈品的内涵也涵盖了：

- 在绿色环保的环境中充分享受健康生活带来的乐趣；
- 引导人们开展有意识的、积极的绿色消费；
- 把个人消费、行业发展与人类的可持续发展紧密结合在一起；
- 关心人权的平等、物种的尊严，用包容、客观、理性的心态珍惜自然对人类的回馈以及人与人的和谐共存。

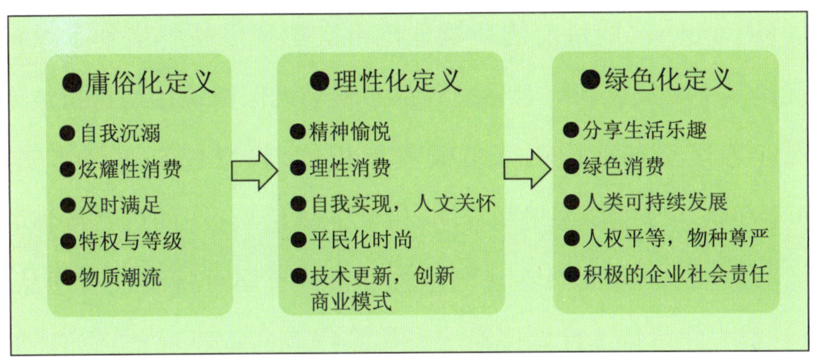

图 5－1　奢侈品概念的历史演进

奢侈品牌"洗绿革命"的六大驱动力

奢侈品牌选择绿色战略并付诸实践的原因，既有外部压力，也有内部驱动。总体而言，六大驱动力构成了其在低碳经济的趋势下进行绿色战略选择的主要原因。

顺应全球可持续发展的趋势

奢侈品牌的核心是创造富有吸引力但非为必需品的商品和服务，但是把奢侈品与可持续发展统一起来，似乎有些荒谬。消费者对于保护地球、物种的生存与延续、不可再生资源的节约以及尊重人类遗产的心态如何展现在奢侈品上,一直是各大品牌商、生产商、媒体、消费者争论不休的话题。众所周知,作为一个高端产业,奢侈品行业能够引领社会消费的品位、风格、需求和行为,人们自然关注可持续发展对于奢侈品牌的重要性。事实上,可持续性与奢侈品行业并不抵触。可持续性实践一直都是一些具有悠久历史的顶级品牌的惯例,如路易威登(LV)、古驰(Gucci),同时也是一些新奢侈品牌的核心内容,比如Stella McCartney。而目前的环境危机再次把奢侈品牌推到了风口浪尖,无论是主要或是新兴奢侈品牌都必须毫无保留地接纳可持续发展理念,在奢侈品行业内引入低碳发展模式,将绿色真正付诸实践。2009 年 3 月在印度新德里举行的《国际先驱论坛报》的可持续性奢侈品会议以及 2009 年 5 月在法国巴黎举行的首届可持续性奢侈品展,向全社会告知可持续性发展对于奢侈品行业的重要意义,他们“愿意为了环保和社会责任改变商业构想”。

迫于下滑的经济形势和萎缩的市场

2008 年开始的全球性经济衰退为奢侈品行业的持续发展带来了挑战,该行业将面临快速发展 15 年来的首次衰退,很多品牌已经放缓店面的扩张速度,通过降低价格和削减广告开支来降低运营成本。例如,2009 年上半年,英国著名奢侈品集团巴宝莉(Burberry)实行成本削减计划,裁员 1000 多人,但在上半个财年,税前利润仍比 2008 年同期下降 19.6%。瑞士历峰集团在 2009 年 4—9 月,销售额也比 2008 年同期下降了 16%。其在美洲、欧洲和日本市场的销售额,分别下降了 36%、22% 和 7%。为中国消费者所熟悉的法国最大的奢侈品集团 LVMH,2009 年上半年净利润下降了 23%;德国胡戈·波士(Hugo Boss)截止到2009 年二季度亏损额已经扩大到了 1590 万欧元。不过,这已经是较幸运的情况了。公开报道还显示,2009 年 3 月,美国高级配饰品牌 Lambertson Truex 宣告破产,后被蒂芙妮(Tiffany)公司收购;2009 年 6 月,号称代表法国巴黎时尚顶级水平之一的克里斯汀·拉克鲁瓦(Christian Lacroix)也宣告破产;同年 8 月,德国艾斯卡达(Escada)在 8 月 13 日申请破产保护。“失之东隅,收之桑榆。”下滑的经济形势加速了奢侈品行业绿色环保事业的发展。以 LVMH 集团为首的诸多奢侈品牌纷纷投身于公益以及环保事业,加快了绿色环保产品的推出速度,“洗绿”的结果是奢侈品牌的经营不仅没有受到经济形势的影响,反而赢得了更多消费者的青睐以及更高的利润。

绿色消费需求的推动

奢侈品牌曾经可以通过优秀的设计、先进的技术和顶级的服务来赢得顾客,但是目前他们正在为老化的核心顾客群展开竞争。随着长达十年的快速发展,即使是奢侈品牌的忠实顾客对其需求也在慢慢下降。事实上,目前更为年轻的奢侈品消费者比传统消费者更加注重其生存环境以及人与环境之间的关系,重视奢侈品的环保特征以及企业应承担的社会责任。波士顿的 Cone LLC 市场营销机构 2009 年进行的一项调查发现,美国 18 至 24 岁青少年中有一半的人表示,自己对企业在经济低迷时能够制造和销售环保产品的期待非常高。无独有偶,纽约的奢侈品协会于 2009 年 1 月,就金融危机如何影响消费者对环境友好型商品消费态度的问题,针对 1087 名成人展开在线调查,结果显示:大部分消费者在危机之后转变了以往的消费理念,转而将视线投向了环境友好型商品的消费。此外,该研究还发现,年轻和富裕的消费者比年长的和不太富裕的消费者更注重奢侈品牌的社会责任。用该机构的首席执行官米尔顿·佩德拉萨的话来说就是——年轻的消费者相信关注环境保护可以帮助自己创造一个更有意义的人生。因此，消费者观念的改变也是推动奢侈品牌推行绿色战略的主要原因之一。

提升品牌的内在价值

长期以来，奢侈品牌在其品牌建设过程中特别注意维护和维持自身的品牌形象。继续依赖原有的竞争优势，对品牌价值的提升日益乏力，不断暴露的行业内的负面新闻也极大损害了品牌的社会形象。没有一个品牌是完美的，但是一个品牌有责任使公众不失望。在新的历史时期，迫于舆论压力，出于对自身公益形象和可持续发展的考虑，许多奢侈品牌首先主动更新了奢侈品的定义，启发自身以及社会重新审视整个行业的核心价值观——“奢侈品不再意味着放纵与挥霍，而是建立在品牌和社会的长远关系之上的富足与幸福”。识别并实现个人价值观才是目前最大的奢侈，而享受这种奢侈无需牺牲舒适和愉悦，也无需丧失与人分享这种舒适与愉悦的能力。其次就是将环保题材引入品牌建设，品牌中的绿色因素将使其与众不同，它将奢侈品由观赏性、收藏性推向了功能性，并增加了其稀缺性在新的经济形势下的附加值，即绿色价值，关注不可再生资源的循环再利用。

对企业社会责任的勇于担当

企业社会责任的概念是基于商业运作必须符合可持续发展的想法，企业除了考虑自身的财政和经营状况外，也要加入其对社会和自然环境所造成的影响的考量，使企业的运营方式达到或超越道德、法律及公众要求的标准，同时也考虑到对各相关利益者所造成的影响。然而一直以来，奢侈品行业内不断曝光的大量的负面新闻让公众认为，奢侈品牌不仅是社会责任的逃避者，更是不惜以牺牲环境以及人类健康与尊严为代价谋求暴利的危害者。继续维持“高碳”的赢利和发展模式只能使企业走向穷途末路。包括奢侈品牌在内的诸多企业的CEO越来越了解，其业务决策对我们的地球非常重要。在过去四年间，CEO对环境因素的重视程度提高了一倍。关于能源和环境政策、程序和实践的期望正不断发生变化：80%的CEO认为可持续发展会影响品牌价值。咨询公司麦肯锡的一项全球调查表明，82%的高级主管期望五年内公司所在国家颁布某种形式的气候变化法规，而60%的高级主管认为气候变化对其总体业务战略非常重要。因此，探索一种符合企业自身状况的低碳环保的发展模式，也是奢侈品牌勇于承担社会责任的重要体现。创造绿色奢侈品对可持续发展的贡献并不意味着确保未来的利润，而是一种对社会进行的更广泛的承诺。如今，在国际三大奢侈品巨头路易酩轩（LVMH）、法国巴黎春天百货集团（PPR）、瑞士历峰集团（Richemont）的年报中，关于企业社会责任的相关介绍也占据了越来越多的篇幅，这也从一个侧面反映了奢侈品行业对企业社会责任的日益关注。

公司治理的迫切需要

20世纪80年代，人们普遍认为政府对环境的管制会对企业竞争力产生负面影响，因此，环境保护与企业竞争力目标构成了一种两难局面。1991年，哈佛商学院著名教授迈克尔·波特提出了不同看法，他认为恰当的环境管制可以激发被管制企业的创新，产生效率受益，并导致相对其他企业的竞争优势。事实表明，当今具有国际竞争力的不再是那些成本最低或者规模最大的企业，而是具有持续的改进和创新能力的企业。波特认为，竞争优势不是依赖于静态效率和固定约束下的最优化行为，而是依赖于变动约束条件下的改进和创新。[①] 正是基于对竞争力的动态理解，波特认为应该把环境规制作为提高企业竞争力的来源，而非简单的成本项目。

在低碳革命的大环境下，低碳经济所催生出来的“碳风险”打破了原有的相对平衡的竞争格局，最新适应环境改变并化解风险的企业将获得新的竞争优势，而那些没有通过碳足迹验证，以及碳排放量过高的企业将被淘汰出局。当我们沿着“碳足迹”重新考虑奢侈品的企业竞争力与公司治理时，他们代表了一种高端的行业和市场发展水平，维持竞争优势的动力来源于他们的持续创新能力。而这种创新能力在低碳经济下有了新的战略目标和含义，这主要体现在两个方面，一是通过技术手段建立一条以节能减排为目标的贯穿生产、供应链到营销全过程的绿色产品链，并通过碳标签沿着供应链自下而上追溯，把原料供应商、制造商以及物流商联系在一起，共同承担减排责任；二是通过公司的内部治理，建立一条有效率的绿色管理机制，包括办公管理、员工管理、店面管理、物流管理、客户服务等，进一步降低能耗以及管理成本，提高企业的运行效率。

奢侈品牌的中国绿色足迹与绿色表现力

针对中国市场，本报告深度分析了国际奢侈品集团/品牌五年的绿色足迹，首次综合评价出各大奢侈品牌在中国的绿色表现力。

---

① 迈克尔·波特．竞争优势［M］．北京：华夏出版社，1997．

资料来源

研究人员采集了2006—2010年五年间国际奢侈品牌在中国的有关信息，包括：是否以及怎样对外披露环境影响问题，是否有过具体的措施为可持续发展和环境保护作贡献，是否勇于担当企业社会责任和参与社会公益活动，以及是否与社会上其他机构合作从而提升绿色表现力。

• 公司年度报告（Annual Report），即公司整个会计年度的财务报告及其他相关文件。

• 公司企业社会责任（CSR，Corporate Social Responsibility）报告。

• 全球永续性报告协会所提供的永续性报告（GRI，The Global Reporting Initiative），涵盖了永续性之不同层面的经济冲击、环境冲击与社会冲击，目前全球已有超过400家的跨国企业应用了2002年版的GRI纲领，编撰报告书，为企业社会责任报告提供规范性框架。

• 公司关于绿色表现力方面的认证信息（例如ISO 14001等），以及官方网站、有影响力的媒体信息和相关期刊上发布的信息等。

指标体系

调查数据涉及十二家上市的国际奢侈品集团/品牌。

本研究建立了一套评价指标体系，主要涉及环境保护、为可持续发展作出的贡献、企业社会公益活动和与非政府组织以及媒体的合作状况等四个重要的绿色领域，共38个指标（见图5－2）。

评估方法

本研究报告为保证评估指标体系的科学性与可靠性，邀请了50位国际奢侈品牌负责人、环保及低碳领域的专家和学者进行了可信度评估，并对每项指标赋予适当的权重。

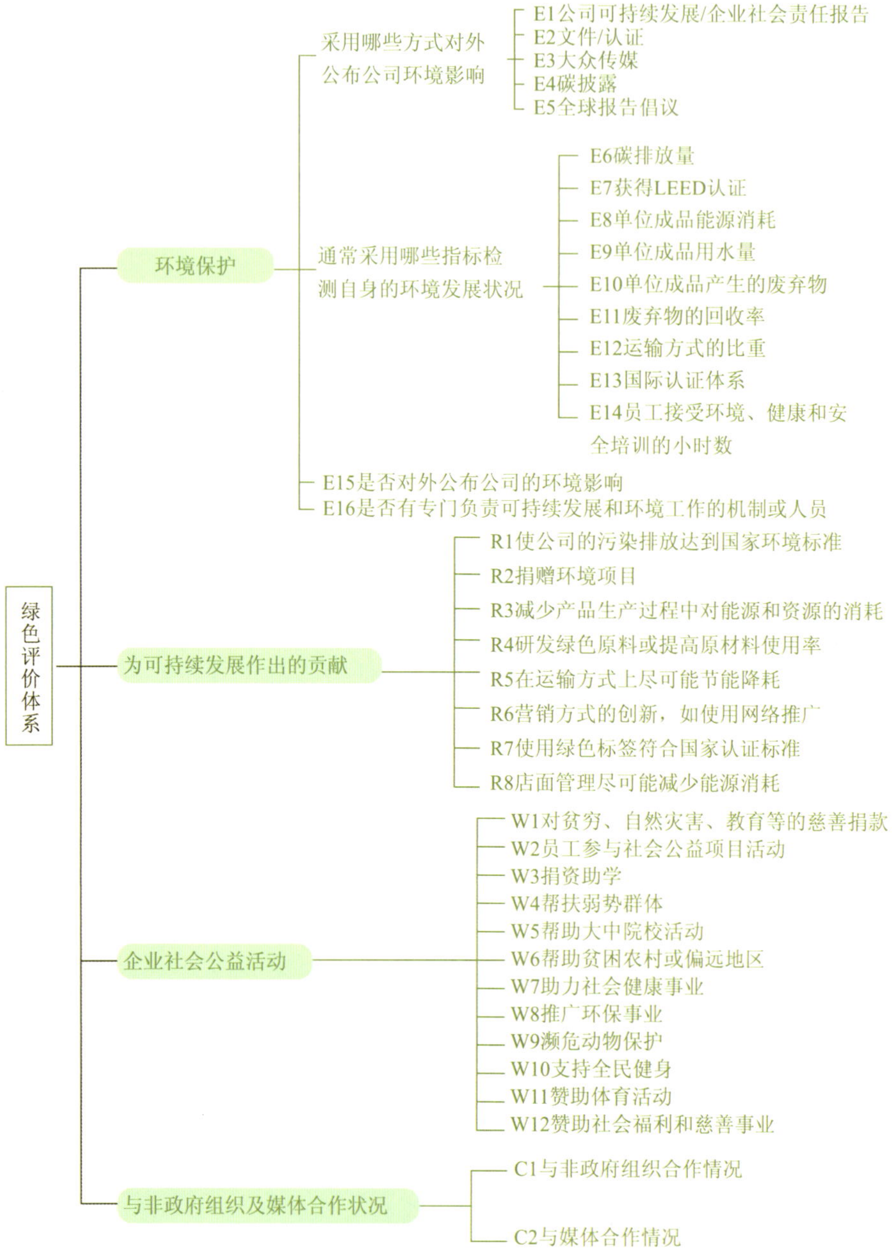

- 绿色评价体系
  - 环境保护
    - 采用哪些方式对外公布公司环境影响
      - E1公司可持续发展/企业社会责任报告
      - E2文件/认证
      - E3大众传媒
      - E4碳披露
      - E5全球报告倡议
    - 通常采用哪些指标检测自身的环境发展状况
      - E6碳排放量
      - E7获得LEED认证
      - E8单位成品能源消耗
      - E9单位成品用水量
      - E10单位成品产生的废弃物
      - E11废弃物的回收率
      - E12运输方式的比重
      - E13国际认证体系
      - E14员工接受环境、健康和安全培训的小时数
    - E15是否对外公布公司的环境影响
    - E16是否有专门负责可持续发展和环境工作的机制或人员
  - 为可持续发展作出的贡献
    - R1使公司的污染排放达到国家环境标准
    - R2捐赠环境项目
    - R3减少产品生产过程中对能源和资源的消耗
    - R4研发绿色原料或提高原材料使用率
    - R5在运输方式上尽可能节能降耗
    - R6营销方式的创新，如使用网络推广
    - R7使用绿色标签符合国家认证标准
    - R8店面管理尽可能减少能源消耗
  - 企业社会公益活动
    - W1对贫穷、自然灾害、教育等的慈善捐款
    - W2员工参与社会公益项目活动
    - W3捐资助学
    - W4帮扶弱势群体
    - W5帮助大中院校活动
    - W6帮助贫困农村或偏远地区
    - W7助力社会健康事业
    - W8推广环保事业
    - W9濒危动物保护
    - W10支持全民健身
    - W11赞助体育活动
    - W12赞助社会福利和慈善事业
  - 与非政府组织及媒体合作状况
    - C1与非政府组织合作情况
    - C2与媒体合作情况

图5－2　奢侈品牌绿色表现力评价指标体系

这份绿色表现力评价结果从时间的跨度上纵向反映了奢侈品牌“洗绿革命”的进程，并利用最新的时点数据横向地分析了“洗绿革命”的最新进展情况。

本报告为每家奢侈品集团/品牌建立了中国绿色发展档案，给出了详细的来源备注，确保有据可查。

评估结果

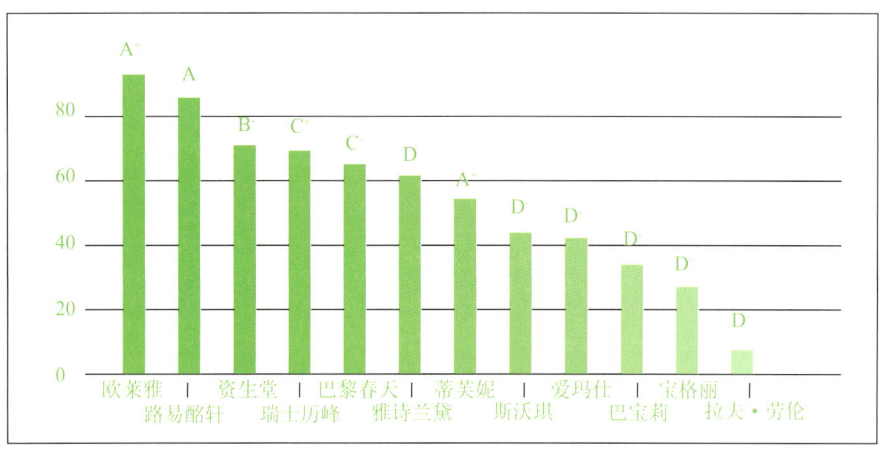

图5－3　国际奢侈品集团/品牌中国绿色表现力排名

等级	分数	等级	分数
A+	90—100	C+	67—69
A	85—89	C	63—66
A-	80—84	C-	60—62
B+	77—79	D+	55—59
B	73—76	D	50—54
B-	70—72	D-	0—49

图5－4　记分卡与等级细分图示

表 5－1　国际奢侈品集团/品牌绿色表现力评估结果

指标	选项	欧莱雅（L'OREAL）					路易酩轩（LVMH）					资生堂（SHISEIDO）					瑞士历峰集团（RICHEMONT）					法国巴黎春天（PPR）					雅诗兰黛（Estée Lauder）				
		2006	2007	2008	2009	2010	2006	2007	2008	2009	2010	2006	2007	2008	2009	2010	2006	2007	2008	2009	2010	2006	2007	2008	2009	2010	2006	2007	2008	2009	2010
对外公布公司的环境影响	A 是	★	★	★	★	★	★	★	★	★	★	★	★	★	★	★	★	★	★	★	★		★	★	★	★	★	★	★	★	★
	B 不是																														
采用哪些方式对外公布公司环境影响	A 公司可持续发展/企业社会责任报告	★	★	★	★	★	★	★	★	★	★	★	★	★	★	★	★	★	★	★	★		★	★	★	★	★	★	★	★	★
	B 文件/认证	★	★	★	★	★	★	★	★	★	★	★	★	★	★	★							★	★	★	★					
	C 大众传媒	★	★	★	★	★	★	★	★	★	★	★	★	★	★	★							★	★	★	★	★	★	★	★	★
	D 碳披露	★	★	★	★	★	★	★	★	★	★	★	★	★	★	★	★	★	★	★	★		★	★	★	★	★	★	★	★	★
	E 全球报告倡议	★	★	★	★	★	★	★	★	★	★	★	★	★	★	★	★	★	★	★	★		★	★	★	★					
	F 其他											★	★	★	★	★															
专门负责可持续发展和环境工作的机制或人员	A 有	★	★	★	★	★	★	★	★	★	★	★	★	★	★	★	★	★	★	★	★		★	★	★	★	★	★	★	★	★
	B 没有																														

续表

指标	选项	欧莱雅（L'OREAL）					路易酩轩（LVMH）					资生堂（SHISEIDO）					瑞士历峰集团（RICHEMONT）					法国巴黎春天（PPR）					雅诗兰黛（Estée Lauder）				
		2006	2007	2008	2009	2010	2006	2007	2008	2009	2010	2006	2007	2008	2009	2010	2006	2007	2008	2009	2010	2006	2007	2008	2009	2010	2006	2007	2008	2009	2010
为可持续发展和企业社会责任目标曾做过的工作	A 对贫穷、自然灾害、教育等的慈善捐款	★	★	★	★	★			★			★	★	★	★	★								★	★	★	★	★	★	★	★
	B 员工参与社会公益项目活动	★	★	★	★	★			★		★		★		★	★								★	★	★	★	★	★	★	★
	C 使公司的污染排放达到国家环境标准	★	★	★	★	★	★	★	★	★	★	★	★	★	★	★	★	★	★	★	★		★	★	★	★	★	★	★	★	★
	D 捐赠环境项目			★										★																	
	E 减少产品生产过程中对能源资源的消耗	★	★	★	★	★	★	★	★	★	★	★	★	★	★	★	★	★	★	★	★		★	★	★	★	★	★	★	★	★
	F 研发绿色原料或提高原材料使用率	★	★	★	★	★	★	★	★	★	★	★	★	★	★	★	★	★	★	★	★		★	★	★	★					
	G 在运输方式上尽可能节能降耗	★	★	★	★	★	★		★	★	★	★	★	★	★	★	★	★	★	★	★		★	★	★	★					
	H 营销方式的创新，如使用网络推广	★	★	★	★	★	★	★	★	★	★	★	★	★	★	★	★	★	★	★	★		★	★	★	★	★	★	★	★	★
	I 使用绿色标签符合国家认证标准	★	★	★	★	★	★	★	★	★	★	★	★	★	★	★	★	★	★	★	★		★	★	★	★	★	★	★	★	★
	J 店面管理尽可能减少能源消耗	★	★	★	★	★	★	★	★	★	★												★	★	★	★					
	K 其他				★																										

续表

指标	选项	欧莱雅（L'OREAL）					路易酩轩（LVMH）					资生堂（SHISEIDO）					瑞士历峰集团（RICHEMONT）					法国巴黎春天（PPR）					雅诗兰黛（Estée Lauder）				
		2006	2007	2008	2009	2010	2006	2007	2008	2009	2010	2006	2007	2008	2009	2010	2006	2007	2008	2009	2010	2006	2007	2008	2009	2010	2006	2007	2008	2009	2010
通常采用哪些指标检测自身的环保发展状况	A 碳排放量	★	★	★	★	★	★	★	★	★	★	★	★	★	★	★	★	★	★	★	★		★	★	★	★	★	★	★	★	★
	B 获得 LEED 认证					★			★	★	★													★	★	★					
	C 单位成品能源消耗	★	★	★	★	★	★	★	★	★	★							★	★	★	★										
	D 单位成品用水量	★	★	★	★	★	★	★	★	★	★				★	★		★	★	★	★						★	★	★	★	★
	E 单位成品产生的废弃物	★	★	★	★	★	★	★	★	★	★				★	★															
	F 废弃物的回收率	★	★	★	★	★		★	★	★	★				★	★							★	★	★	★					
	G 运输方式的比重，如空运或海运	★	★	★	★	★	★	★		★	★												★	★	★	★					
	H 国际认证体系	★	★	★	★	★	★	★	★	★	★	★	★	★	★	★	★	★	★	★	★		★	★	★	★	★	★	★	★	★
	I 员工接受环境、健康和安全培训的时数	★	★	★	★	★	★	★	★	★	★	★	★	★	★	★	★	★	★	★	★		★	★	★	★					
	J 年公益慈善事业的捐款额及增长率	★	★	★	★	★																					★	★	★	★	★
	K 其他																														

续表

指标	选项	欧莱雅（L'OREAL）					路易酩轩（LVMH）					资生堂（SHISEIDO）					瑞士历峰集团（RICHEMONT）					法国巴黎春天（PPR）					雅诗兰黛（Estée Lauder）				
		2006	2007	2008	2009	2010	2006	2007	2008	2009	2010	2006	2007	2008	2009	2010	2006	2007	2008	2009	2010	2006	2007	2008	2009	2010	2006	2007	2008	2009	2010
资助过哪些类型的公益活动	A 捐资助学	★	★	★	★	★	★	★	★	★	★	★	★		★		★	★	★	★	★		★	★	★	★					
	B 帮扶弱势群体	★	★	★	★	★	★	★	★	★	★						★	★	★	★	★		★	★	★	★		★			
	C 帮助大中院校活动	★	★	★	★	★	★	★	★	★	★					★							★		★	★					
	D 帮助贫困农村或偏远地区	★	★	★	★	★			★		★													★	★	★					
	E 助力社会健康事业	★	★	★	★	★	★	★	★	★	★		★				★	★	★	★	★			★	★	★	★	★	★	★	★
	F 推广环保事业	★	★	★	★	★	★	★	★	★	★			★	★	★									★	★	★	★	★	★	★
	G 濒危动物保护	★						★						★		★	★	★	★	★	★										
	H 支持全民健身					★																									
	I 赞助体育活动		★				★		★		★						★	★	★	★	★					★					
	J 赞助社会福利和慈善事业	★	★	★	★	★	★	★	★	★	★				★	★	★	★	★	★	★		★	★	★	★			★		
	K 其他											★	★	★	★	★															★
与环保非政府机构或媒体进行环保方面的合作	A 有，请指出合作机构名称	★	★	★	★	★	★	★	★	★	★	★	★	★	★	★	★	★	★	★	★		★	★	★	★	★	★	★	★	★
	B 没有																														
绿色指标评分结果		92.4					85.6					70					69.2					64.4					61.2				

续表

指标	选项	蒂芙尼（TIFFANY & CO）					斯沃琪（SWATCH）					爱玛仕（HERMÈS）					巴宝莉（BURBERRY）					宝格丽（BVLGARI）					拉夫·劳伦（POLO RALPH LAUREN）				
		2006	2007	2008	2009	2010	2006	2007	2008	2009	2010	2006	2007	2008	2009	2010	2006	2007	2008	2009	2010	2006	2007	2008	2009	2010	2006	2007	2008	2009	2010
对外公布公司的环境影响	A 是	★	★	★	★	★	★	★	★	★	★	★		★	★	★	★	★	★	★	★	★	★	★	★	★					
	B 不是																														
采用哪些方式对外公布公司环境影响	A 公司可持续发展/企业社会责任报告	★	★	★	★	★						★		★	★	★	★	★	★	★	★										
	B 文件/认证	★	★	★	★	★	★	★	★	★	★	★		★	★	★															
	C 大众传媒	★	★	★	★	★						★		★	★	★				★											
	D 碳披露	★	★	★	★	★	★	★	★	★	★	★		★	★	★															
	E 全球报告倡议	★	★	★	★	★						★		★	★	★															
	F 其他	★	★	★	★	★	★	★	★	★	★											★	★	★	★	★					
专门负责可持续发展和环境工作的机制或人员	A 有	★	★	★	★	★	★	★	★	★	★	★		★	★	★	★	★	★	★	★	★	★	★	★	★	★	★	★	★	★
	B 没有																														

续表

指标	选项	蒂芙妮（TIFFANY & CO）					斯沃琪（SWATCH）					爱玛仕（HERMÈS）					巴宝莉（BURBERRY）					宝格丽（BVLGARI）					拉夫・劳伦（POLO RALPH LAUREN）				
		2006	2007	2008	2009	2010	2006	2007	2008	2009	2010	2006	2007	2008	2009	2010	2006	2007	2008	2009	2010	2006	2007	2008	2009	2010	2006	2007	2008	2009	2010
为可持续发展和企业社会责任目标曾做过的工作	A 对贫穷、自然灾害、教育等的慈善捐款													★	★						★		★	★	★	★					
	B 员工参与社会公益项目活动		★	★	★	★								★									★	★	★	★					
	C 使公司的污染排放达到国家环境标准						★	★	★	★	★	★		★	★	★															
	D 捐赠环境项目	★	★	★	★	★																									
	E 减少产品生产过程中对能源资源的消耗						★	★	★	★	★	★		★	★	★		★	★	★											
	F 研发绿色原料或提高原材料使用率						★	★	★	★	★	★		★	★	★				★		★	★	★	★	★					
	G 在运输方式上尽可能节能降耗													★	★		★	★	★	★											
	H 营销方式的创新，如使用网络推广	★	★	★	★	★						★		★	★	★															
	I 使用绿色标签符合国家认证标准											★		★	★																
	J 店面管理尽可能减少能源消耗											★			★		★														
	K 其他	★	★	★	★	★											★	★	★												

续表

指标	选项	蒂芙妮（TIFFANY & CO）					斯沃琪（SWATCH）					爱玛仕（HERMÈS）					巴宝莉（BURBERRY）					宝格丽（BVLGARI）					拉夫·劳伦（POLO RALPH LAUREN）				
		2006	2007	2008	2009	2010	2006	2007	2008	2009	2010	2006	2007	2008	2009	2010	2006	2007	2008	2009	2010	2006	2007	2008	2009	2010	2006	2007	2008	2009	2010
通常采用哪些指标检测自身的环保发展状况	A 碳排放量						★	★	★	★	★	★		★	★	★	★	★	★	★	★										
	B 获得 LEED 认证																														
	C 单位成品能源消耗						★	★	★	★	★						★	★	★												
	D 单位成品用水量						★	★	★	★	★																				
	E 单位成品产生的废弃物						★	★	★	★	★						★	★	★												
	F 废弃物的回收率						★	★	★	★	★	★		★	★	★			★	★											
	G 运输方式的比重，如空运或海运																														
	H 国际认证体系	★	★	★	★	★						★		★	★																
	I 员工接受环境．健康和安全培训的时数													★	★			★													
	J 年公益慈善事业的捐款额及增长率																														
	K 其他	★	★	★	★	★		★	★	★	★								★	★											

续表

指标	选项	蒂芙妮（TIFFANY & CO）					斯沃琪（SWATCH）					爱玛仕（HERMÈS）					巴宝莉（BURBERRY）					宝格丽（BVLGARI）					拉夫·劳伦（POLO RALPH LAUREN）				
		2006	2007	2008	2009	2010	2006	2007	2008	2009	2010	2006	2007	2008	2009	2010	2006	2007	2008	2009	2010	2006	2007	2008	2009	2010	2006	2007	2008	2009	2010
资助过哪些类型的公益活动	A 捐资助学													★												★					
	B 帮扶弱势群体													★	★																
	C 帮助大中院校活动																														
	D 帮助贫困农村或偏远地区													★	★																
	E 助力社会健康事业																		★												
	F 推广环保事业													★																	
	G 濒危动物保护	★	★	★	★	★																									
	H 支持全民健身																														
	I 赞助体育活动																														
	J 赞助社会福利和慈善事业													★	★																
	K 其他					★												★	★	★											
与环保非政府机构或媒体进行环保方面的合作	A 有，请指出合作机构名称	★	★	★	★	★																									
	B 没有																														
绿色指标评分结果		54					43.6					42.8					35.6					27.6					10				

集团品牌	总分	排名	等级
欧莱雅	92.4	1	A+
路易酩轩	85.6	2	A
资生堂	70	3	B-
瑞士历峰	69.2	4	C+
巴黎春天	64.4	5	C-
雅诗兰黛	61.2	6	D
蒂芙妮	54	7	D-
斯沃琪	43.6	8	D-
爱玛仕	42.8	9	D-
巴宝莉	35.6	10	D-
宝格丽	27.6	11	D-
拉夫·劳伦	10	12	D-

图 5－5　国际奢侈品集团/品牌的绿色表现力排名

作为知名度最高、历史最为悠久的国际化妆品集团，欧莱雅集团（L′OREAL）多年来一直秉承绿色管理战略来完成其全球化运营——通过当地化生产不仅与当地居民共同分享经济发展的成果，而且在此过程中也一直恪守其内部制定的《商业道德准则》（Code of Business Ethics）。欧莱雅集团在本次评估的过程中绿色信息最充分，在四大领域中的中国绿色足迹非常丰富，在所有被评估的集团/品牌中位列榜首。

路易酩轩（LVMH）集团在环保领域、社会公益活动领域和与其他组织合作领域中的绿色表现力仅次于欧莱雅（L′OREAL）公司，但在承担企业社会责任方面略有欠缺，指标 W1、W2 和 R2 有待提升。

资生堂（SHISEIDO）则非常热衷于中国经济与社会的可持续发展并为之而不懈努力，绿色表现力在本次评估中位列第三，在环保以及与非政府组织、媒体之间的合作也有相对充分的表现。对于公益活动尽管做得不错，但是仍有努力的空间。

值得一提的是，尽管在其他三个领域表现结果欠佳较低，瑞士历峰（RICHEMONT）集团在企业社会公益活动充分的绿色表现使它跻身于前四名。巴黎春天(PPR)集团可能由于信息披露的不充分,在与其他非政府组织和媒体合作方面欠缺可使用的具体信息,而直接导致它在该领域有绿色表现但是结果不是满分;它在可持续发展、公益活动方面相对突出的表现使它居于综合排名第五位。

另外,拉夫·劳伦(Polo Ralph Lauren)除了在环保领域有较弱的表现力,在其他三个领域的绿色足迹几乎没有出现;宝格丽(Bvlgari)、巴宝莉(Burberry)、爱玛仕(Hermès)以及斯沃琪(Swatch)集团在与非政府组织及媒体合作领域均无作为;斯沃琪(Swatch)集团在举行公益活动方面也没有具体的表现。出现上面几种情况的原因可能有:这几家奢侈品公司集中于在某个领域深化绿色足迹,而无暇扩展到其他领域;从公开的可供查询的报告中确实无迹可寻,但是不排除公司已经把绿色足迹多领域化,但是由于某种原因没有公开;确实有些集团/品牌没有进行该领域的“洗绿革命”活动。

绿色足迹体现着奢侈品公司对社会价值的关注,不仅体现着对消费者身心健康的关爱,也体现着对资源环境的保护和可持续发展的具体行动。公司这种在满足消费者需要和环境资源友好型的基础上谋取自身经济利益的行为,就是将绿色足迹延伸的行为。

奢侈品牌必须更多着眼于实践品牌的绿色足迹,将市场价值、客户利益和环境效益完美地统一起来,才能更好地推动社会经济的可持续发展,促进公司经营的良性循环。

启示

低碳经济的发展趋势不仅使奢侈品行业面临碳风险的挑战，更催生了更多的商业机会。面对全球的可持续发展、经济形势的低迷、绿色消费需求的压力以及品牌价值的提升、企业社会责任的承担以及公司治理的内在驱动，奢侈品牌发起了一股强有力的“洗绿”风潮，适应低碳经济的发展模式进行战略转型，重新确立了绿色发展战略，并将这一战略通过“绿色产品链”得以实施并取得了成功。奢侈品行业代表了高端的市场水平，再次通过实践说明其有能力重树社会以及消费者对其的信任，重新定位奢侈品行业在人类发展进程中的作用，勇于承担社会责任，倡导绿色时尚以及绿色奢侈生活方式。对广大的奢侈品牌而言：绿色不仅是一个概念，更是一种行为；绿色不仅是企业的生产力，更是企业的生命力；绿色不仅是企业的社会责任，更是企业的发展战略。

第六篇　机遇·传承· 创新

中国奢侈品牌的国际化道路任重道远

中国宏观经济的稳定发展，强劲的奢侈品消费热情，促使很多国际奢侈品牌进驻中国，中国俨然成为奢侈品牌激烈争夺的新大陆。可是中国本土品牌何时才能成长为真正意义上的国际知名奢侈品牌，哪些本土品牌具有这样的潜质，这些问题很值得关注。为此，本次调查采用开放式问答的形式，调研了中国奢侈品消费人群以及媒体的态度。

本土奢侈品消费者普遍悲观:中国本土不可能产生国际奢侈品牌

令我们惊讶的是,通过访谈发现,超过 2/3 的中国奢侈品消费者认为中国不可能产生奢侈品牌,只有近 1/3 的奢侈品消费者认为中国具有产生本土奢侈品牌的可能性(见图 6－1)。

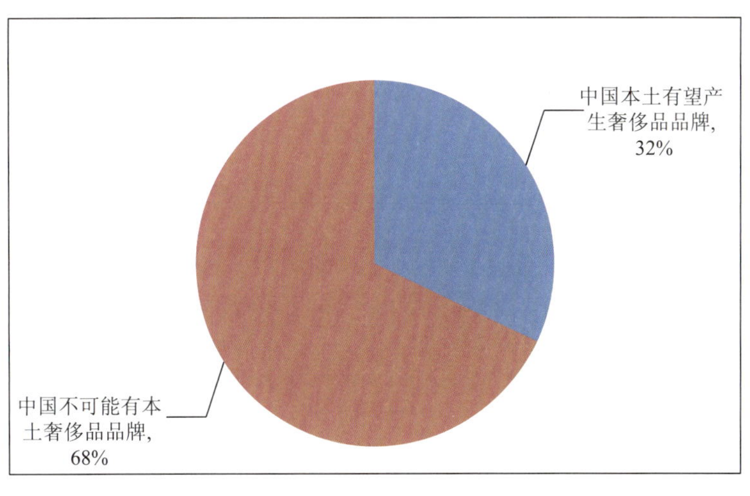

图 6－1　中国奢侈品消费者对中国本土能否产生奢侈品牌的态度

媒体眼中仍存希望：庞大的市场消费基础是中国本土产生国际奢侈品牌的最有利条件

超过一半的奢侈品消费者认为中国本土不可能产生国际奢侈品牌，但是中国本土不乏产生奢侈品牌的潜在优势，其中最重要的是：中国庞大的市场消费基础（31%）、悠久的品牌历史与文化（19%）以及中国文化对全球人的深刻影响力（14%）（见图6－2）。但是中国在其他软实力方面存在明显不足，特别是缺乏优秀的设计师及奢侈品经营管理人才，而人才的短缺在短时间内并不能得到有效解决，这在一定程度上影响了中国奢侈品牌国际化的进程。

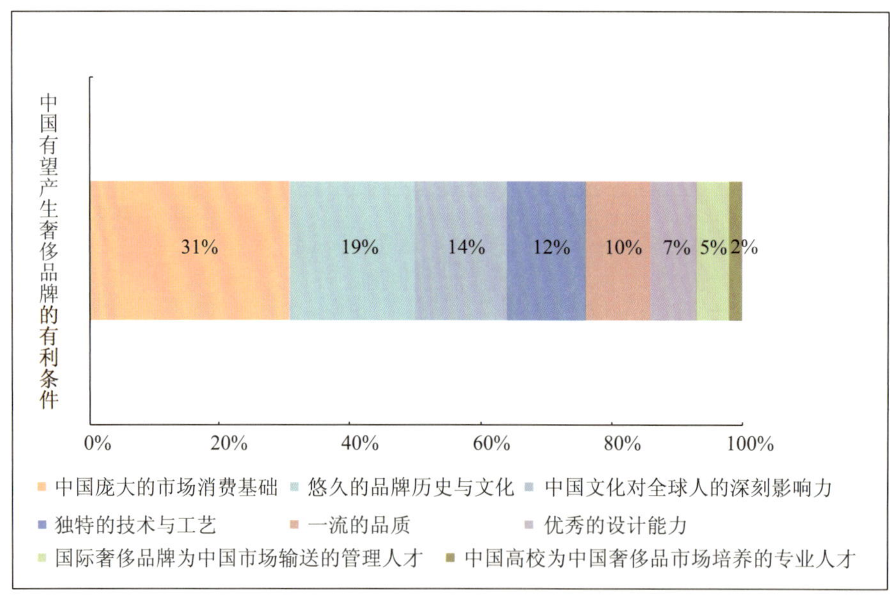

图6－2　中国本土有望产生奢侈品牌的有利条件

中国庞大的市场消费是奢侈品牌最有利的成长基础

调研显示,31%的媒体认为中国庞大的市场消费基础是中国本土品牌成长为国际奢侈品牌的最有利条件。中国经济飞速发展,奢侈品消费人群不断增长所带来的强劲奢侈品消费需求,一方面会吸引更多的国际奢侈品牌进驻中国,另一方面也为中国品牌提供了成长的机遇和挑战。激烈的市场竞争会促使其汲取先进的市场经验,以较小的成本学习到更优秀的管理方法,从而扬长避短,走向国际。

中国在品牌历史、技术与工艺及文化影响力方面具有很大的优势

悠久的品牌历史与文化(19%)是被调研的媒体认为中国培育本土奢侈品牌的第二重要因素。灿烂的中华文明留下了非常宝贵的财富,这是孕育奢侈品牌的良好土壤。中国很多品牌本身就有很悠久的历史与文化,国酒茅台的品牌故事,国人都熟知一二,这些故事本身就是奢侈品牌价值的关键所在。

14%的媒体认为中国文化对全球人的深刻影响力是中国产生奢侈品牌的有利因素。华人遍布全球,中华文化也在世界各地传播,比如武术、瓷器、书法等,把中国元素运用到品牌当中,并从文化的角度去诠释品牌历史与品牌内涵,中国文化的精髓就会走向世界。只有民族的才是世界的,任何一个品牌都不能脱离文化的土壤而单独存在。

独特技术与工艺(12%)是中国培育本土奢侈品牌的另一种优势。中国不乏独特的技术与工艺,比如刺绣、制瓷、酿酒。把这些独特的工艺与技术创新性地运用到产品当中,并作为其优势进行市场运作,让消费者认可其独特的产品价值,是塑造奢侈品牌的一个很重要的环节。

专业人才是中国奢侈品牌发展的最大软肋

调查结果表明，无论是品牌建设、品质管理、产品设计等方面，其实，最大的障碍归根结底都是人的问题，而人才正成为中国奢侈品牌发展的最大软肋。

一流的品质是奢侈品的一个重要特征，特别强调对细节的把握。中国品牌要想真正成为顶级的国际奢侈品牌，高品质是第一步。没有高品质，奢侈品的高昂价格基础就不复存在，而这正是中国品牌的薄弱环节。有两类人影响了中国奢侈品的品质：一类是急功近利的企业家，另一类是不专业的品质管理人员。企业家要改变心态，懂得坚持；品质管理人员要认真负责，学习并借鉴国际先进标准和经验，我们才有可能产生有国际顶级品牌品质标准的产品。

对于奢侈品牌来说，优秀的设计师永远是品牌的灵魂所在。一名优秀的设计师不仅可以主导流行风尚，更可以改变一个品牌的兴衰。中国虽然各个层面都在努力培养具有中国气质和文化的优秀设计师，但是，整体环境仍很难产生一批拥有独特气质和个性，并且愿意也能够坚持的设计师。往往在未成名时具有才气，而一旦成名，往往受到商业利益的影响，失去了一个设计师的独特灵魂。

随着中国奢侈品市场的不断扩大，进驻中国市场的国际奢侈品牌也越来越多，虽然行业的快速发展也同时带来了巨大的人才压力，但是，毕竟国际奢侈品牌帮助中国培养了一批专业人才。可是这些人才对庞大的中国奢侈品市场和数量众多的发展中的中国奢侈品牌来说仍是杯水车薪。很多奢侈品牌的拥有者希望中国的大学可以帮助培养一些奢侈品行业的专业人才，然而，中国奢侈品行业的相关教育还只是处于起步阶段，任重而道远。

中国奢侈品牌，正顶着压力在机遇下前行。

高端白酒、高级成衣、香烟、茶叶、瓷器以及珠宝是最有潜质产生中国本土奢侈品牌的领域

虽然多数奢侈品消费者认为中国不可能产生本土奢侈品牌，但是中国品牌不会就此停止其国际化的道路，还是有一部分消费者对某些中国品牌充满信心。调查发现，媒体和一部分的奢侈品消费者共列举了近 300 个中国品牌，涉及白酒、服饰、腕表、珠宝、香烟、茶叶、瓷器、香化、家居、工艺品等 20 多个品类（见图 6－3）。

图 6－3　中国消费者眼中最有奢侈品潜质的中国十大品牌

白酒品牌最有潜力，尤其是国酒茅台

调查发现，不论是媒体还是被调研的中国奢侈品消费者，都认为中国的高端白酒品牌最有潜质成为奢侈品牌，其中国酒茅台被寄予最高的期待，它被调研对象提及最多，荣登榜单的首位。此外五粮液（第二位）与郎酒（第八位）也是中国消费者倾注期望最高的国内品牌。

以上中国高端白酒品牌不仅具有悠久的酿造工艺和浓厚的饮酒文化、得天独厚的地域优势，而且品质精良、价格高昂，市场地位和口

碑毋庸置疑，当仁不让成为最有潜质成为奢侈品牌的中国品牌。

化妆品牌东方特质浓郁

中国本土的化妆品牌多具有东方特质，最具有代表性的本土香化品牌当属羽西与双妹。这两个化妆品牌作为化妆品市场上最受美誉的中国实力品牌，以传统美容养颜方法为基础，专为中国女性的美丽需求研发独特产品。但是本土化妆品牌的品牌定位易被解读为“只适合东方女性的化妆品”，缺失西方消费者认可的美丽要求，这使得化妆品牌走向国际的道路十分困难。

其中，羽西以个人品牌带动一个产品品牌的做法，值得借鉴；双妹挖掘老品牌并注入新生命的做法也值得效法和学习。

香烟品牌走向国际有希望

香烟作为一个特殊产业，政府对其管理有着严格的管制，使得中国大部分的香烟品牌具有地方特色，或者只在局部地区生产和流通。中华烟作为中国知名的高档卷烟品牌，是中国消费者心目中最有潜质成为国际知名香烟品牌的代表。调研访谈发现，媒体和中国奢侈品消费者都认为中华烟可以在国际化道路上进行突破。

珠宝品牌有待突破性的市场运作

中国不乏出名且历史悠久的珠宝品牌，但是本次调研中，澜珠宝成为中国奢侈品消费者最青睐的并且能够成为国际奢侈品牌的珠宝品牌，而一致被看好的老凤祥、老庙黄金等百年品牌却很少被人提起。可见，市场推广对品牌的成长影响巨大，也进一步验证名人和品牌的相得益彰。珠宝行业具有产生中国本土奢侈品牌的潜质，但更多的中国珠宝品牌想要发展为奢侈品牌,必须在市场定位和市场细分方面准确定位,并开展积极有效的品牌推广,才有可能获得成功。

服饰领域特别是高级成衣品牌是另一最有希望产生国际奢侈品牌的领域

中国奢侈品消费者在服饰领域最青睐的两个品牌是东北虎及上海滩。两个品牌作为知名高级成衣品牌的代表,从品牌成立之初,就致力于国际奢侈品牌的道路,并且已经在国际上崭露头角,其高级成衣把传统的中国元素进行创新设计,既保留民族特色,同时不失国际水准。

茶叶品类繁多,但缺乏统一的代表品牌

茶叶是中国特色,茶工艺和茶文化有着上千年的历史沉淀,茶叶理所当然是最有潜质成为国际奢侈品牌的品类。但是中国茶叶生产和茶文化因地而异,品类繁多,使得消费者对茶叶的偏好也各不相同,而且重产地轻品质。调研发现,竹叶青被广泛认为是茶叶品牌的代表,最有潜质成为国际奢侈品牌。

启示

中国经济的持续发展和强劲的奢侈品消费热情是中国本土产生国际奢侈品牌的重要基础，此外中国不乏孕育奢侈品牌的文化土壤，各领域的特色产品非常丰富，这为中国本土产生国际奢侈品牌提供了非常有利的条件。但是从实际状况分析，中国各个品类品牌发展参差不齐，在品牌包装和品牌推广方面缺乏市场经验，这就使得很多本土品牌固守中国市场，无法走向国际，完成“奢侈品牌”的华丽转身。目前来看，奢侈品消费者对中国本土产生奢侈品牌普遍抱有悲观情绪，中国本土产生奢侈品牌的国际化道路任重道远。

附 录

表 1 奢侈品行业最佳媒体人

排序	奢侈品行业最佳媒体人	相关媒体	获奖词
1	刘江	时尚集团	如果时尚也是奢侈,那时尚集团不仅是先行者,更是集大成者
2	袁岳	头脑风暴	具有名流气质的企业家和优秀媒体人
3	何刚	财经	没有胡舒立的《财经》,还是《财经》吗? 何刚给你的答案是确定的
4	杨松	空中生活	激情智慧和美丽,成就独特魅力和气质,所以这样的媒体人只坐头等舱
5	胡润	胡润百富	第一个在中国为奢侈品牌评奖的媒体人
6	邵忠	现代传媒	用一本非刊非报的纸质媒体创造传媒奇迹的媒体人
7	姚士锋	财富品质	富豪媒体经营模式的创新者,媒体实业化和产业化的探索者
8	苏芒	时尚芭莎	奢侈品品牌都知道的媒体人,当然,明星也都知道她
9	王珲	心理月刊	影响富豪夫妻感情的"第三者",做一本富豪夫妻一起看的杂志
10	王屹	新浪	正让新浪尚品成为中国领先的奢侈品门户网站

表 2 奢侈品行业最优操盘手

排序	奢侈品行业最优操盘手	职位	获奖词
1	郑津兰	劳斯莱斯大中华区总裁	劳斯莱斯永远是劳斯莱斯
2	韦一	路易十三 品牌大使	个人和品牌的完美结合
3	施安德	Louis Vuitton 中国区总裁	被仿造的永远是最好的
4	高峰	Bottega Veneta 中国区总经理	以低调行为赢得高调尊重
5	简雅汶	卡地亚华东区总经理	让卡地亚拥有"中国故事"
6	雷荣发	爱马仕中国区总裁	让品牌成为富和贵的完美结合
7	柏涵慕	保时捷中国区总裁	高价与销量的完美结合
8	季克良	茅台集团董事长	成就中国第一个奢侈品品牌
9	张瑜平	新宇亨得利董事局主席	中国名表市场的缔造者和集大成者
10	高 虹	百达翡丽中国区品牌经理	在中国延续百达翡丽传奇

表3　奢侈品牌排行榜

排序	最能体现消费者品味的品牌	财富新贵最爱购买的品牌	最能体现消费者身份的品牌	媒体眼中营销最成功的品牌
1	Hermès	Louis Vuitton	Hermès	Louis Vuitton
2	Chanel	BMW	Rolls－Royce	GUCCI
3	Bottega Veneta	GUCCI	Louis Vuitton	OMEGA
4	Vacheron Constantin	Rolex	Cartier	Cartier
5	Van Cleef&Arpels	DIOR	Patek Philippe	Hermès
6	Bentley	Hermès	Rolex	DIOR
7	Bvlgari	Armani	Mont Blanc	Lafite
8	Cartier	Cartier	Chanel	Rolls－Royce
9	Patek Philippe	Prada	Bentley	Chanel
10	Chopard	Porsche	VanCleef&Arpels	Porsche

英文版

ENGLISH EDITION

TAPPING INTO LUXURY MARKET IN CHINA

After three decades of rapid economic development, millions of "new wealthy" consumers have been born in China's luxury market, which has been experiencing the most overwhelming and impressive growth over the past ten years. Particularly under present impacts of financial woes, in contrast to stagnation in European and American luxury market, the rise of the China's luxury market has become the New World for the future development of international luxury companies.

However, does that mean that all luxury operators could plunge into China's luxury market and get huge profits with ease?

That view couldn't be more wrong.

In fact, although Chinese high-end consumers aspire to western luxury experiences, their specific cultural backgrounds make them show different consumption behaviors compared with their western counterparts. To make the phenomenon more complex, with the development and maturation of the luxury market in China, various luxury consumption behaviors are emerging together with changing consumption patterns and diversified luxury consumers. In addition, current high-end market in China has been taken up by luxury tycoons, thus it's worth thinking about how to further dip into China's luxury market and what is the development potential for China's luxury market in the coming decade.

If the two decades between 1990 and 2009 could be considered as the trial period for luxury companies to tap into China's market, the next decades will offer not only opportunities but also increasing challenges in a crowded marketplace.

To better understand China's luxury market, Luxury Marketing Council, the *Research Center for Luxury Goods and Service*, *University of International Business and Economics* (UIBE), and *Fortune Character* jointly developed the *China Luxury Report* (*2011*), covering interviews with 2005 Chinese luxury consumers, 137 heads of luxury brands in China and executives of 121 Chinese high-end media and advertising companies.

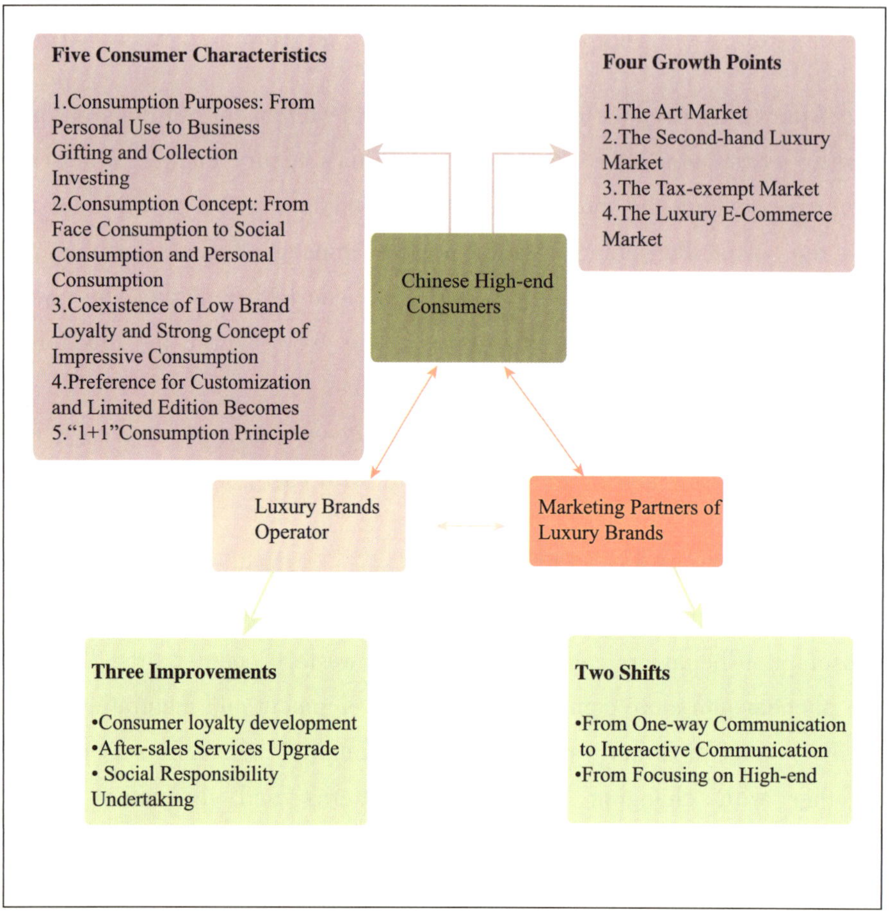

Five Consumer Characteristics

1.Consumption Purposes: From Personal Use to Business Gifting and Collection Investing
2.Consumption Concept: From Face Consumption to Social Consumption and Personal Consumption
3.Coexistence of Low Brand Loyalty and Strong Concept of Impressive Consumption
4.Preference for Customization and Limited Edition Becomes
5."1+1"Consumption Principle

Four Growth Points

1.The Art Market
2.The Second-hand Luxury Market
3.The Tax-exempt Market
4.The Luxury E-Commerce Market

Chinese High-end Consumers

Luxury Brands Operator

Marketing Partners of Luxury Brands

Three Improvements

•Consumer loyalty development
•After-sales Services Upgrade
• Social Responsibility Undertaking

Two Shifts

•From One-way Communication to Interactive Communication
•From Focusing on High-end

Figure 1 Research Structure of China Luxury Report (2011)

Our Research Methods

The *China Luxury Report (2011)* primarily focuses on four first-tier cities—Beijing, Shanghai, Guangzhou and Shenzhen—as its research core, in addition the second-tier and third-tier cities will also be researched, including Chengdu, Shenyang, Wenzhou and Jinan as well as Hong Kong, Macao and Taiwan. To ensure the credibility and authenticity of research results, one-to-one in-depth interviews and extensive questionnaires were employed. A total of 3000 questionnaires were issued, of which 2263 were valid, the effective response rate was 75.4 percent. The in-depth interviews, which were conducted with 278 people, made up 12.3 percent of the total research.

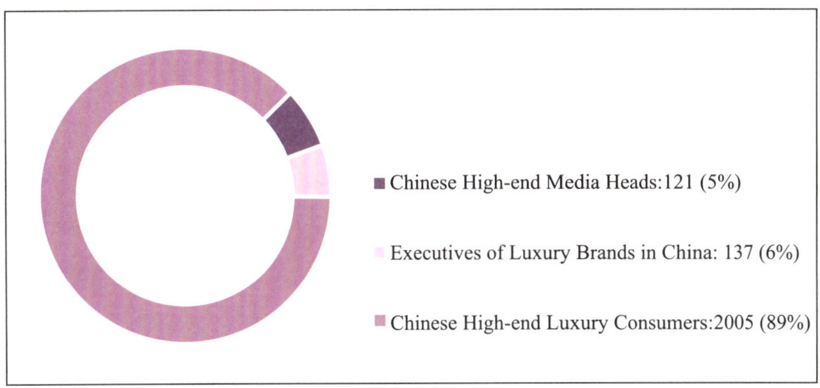

Figure 2 Catalog of People Surveyed in China Luxury Report (2011)

In the research process, both qualitative exploratory and quantitative confirmatory analysis method were utilized. Based on their academic knowledge of marketing, consumer behavior, brand management, communication, psychology, social and cultural science and other disciplines, researchers worked to uncover motivations behind consumer buying patterns, compared various research information, using the analytic approach of clustering and differentiating and viewed the findings from an academic view.

Following an eight-month investigation by a team of professional researchers, the *China Luxury Report (2011)* presents an in-depth analysis of the present Chinese luxury consumption and will become an important tool for luxury companies' planning in the future. The report reveals similarities and differences among luxury markets in China's second-tier and third-tier cities, summarizes important successes and failures of international luxury brands over the last twenty years when the first pioneers entered the market. In addition to detailing leading edge sales and marketing strategies, as well as the role of technology and public media, the report also looks at issues including luxury brands' social responsibilities, the effect of the market's carbon footprint on Chinese society.

Our Findings

Five Consumer Characteristics

In-depth research with China's luxury consumers with assets of more than RMB10 million(high income consumers) and luxury consumers with assets of more than RMB50 million(ultra-high income consumers) is the major emphasis of the *China Luxury Report (2011)*. Compared with the average assets consumer group, which refers to those with assets of less than RMB10 million (average income consumers), the wealthier Chinese consumer groups reflect five characteristics in luxury consumption.

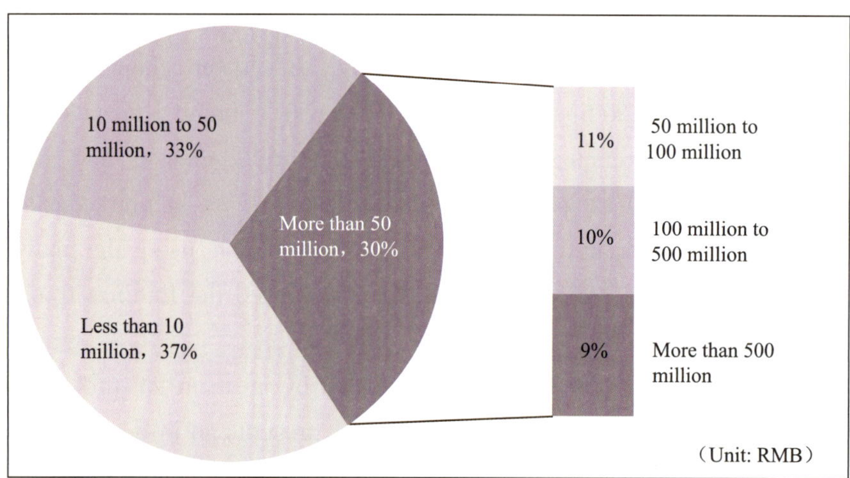

Figure 3 Breakdown of Consumers' Assets in China Luxury Report (2011)

Note 1. This report divides people with assets of more than 10 million into three levels: rich with assets of 50 million to 100 million, richer with assets of 100 million to 500 million, and super-rich with assets of more than 500 million.

Note 2. Assets in this repot refer to cash and cash equivalents, including assets of companies, houses, stocks, jewelries, cars, watches, artworks and collections that could be quickly sold and cashed.

■ Consumption purposes: from personal use to business gifting and collection investing

Personal-use consumption, business gifting and collection investing are the three main purposes of Chinese luxury goods consumption. The wealthiest consumers stand out in their level of consumption but also place strong emphasis on investing in various luxury-related collections.

High-income consumers show great interests in business gifting, which takes up 28 percent of their total luxury consumption. Most of them are those whose careers are on rise thus they make up the most frequent business-gifting group.

Comparatively, most people in ultra-high income group have already made great achievements in their careers, hence they mostly consume for the purpose of collection and investment as their personal wealth accumulates. As for billionaires with more than RMB500 million of assets, collection and investment are accounting for 35 percent of their total luxury consumption (Figure 4).

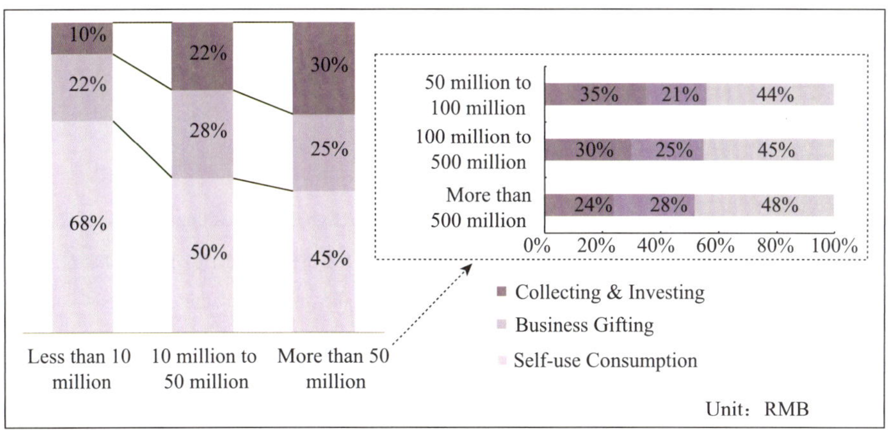

Figure 4 Diverse Consumption Purposes of Consumers with Different Assets Conditions

Note: Half of China luxury market revenue comes from self-use consumption; business gifting consumption steadily keeps 20% ~ 30%, while collecting and investing consumption rapidly increase with the rise of consumer's assets.

■ Consumption concept: from " face consumption " to social consumption and personal consumption

Data shows that for luxury consumers, the higher the assets, the less attention that they pay to luxury brands. Instead, their focus shifts toward more personalized products and services.

Average income consumers focus on the importance of displaying wealth and brand recognition (24 percent), namely "Face Consumption".

High income consumers not only focus on luxury brand reputation(23 percent),but also favor the brands' function as logo,hoping that the luxury products that they buy would accord with the collective preference of the social group they belong to,namely Social Consumption(21 percent).

Ultra-high income consumers emphasize personalization(25 percent), the enjoyment of luxuries (20 percent) as well as quality and customer service(18 percent), while the luxury brand's reputation accounts for 14 percent. The role of logo (16 percent) is relatively unimportant to this group.

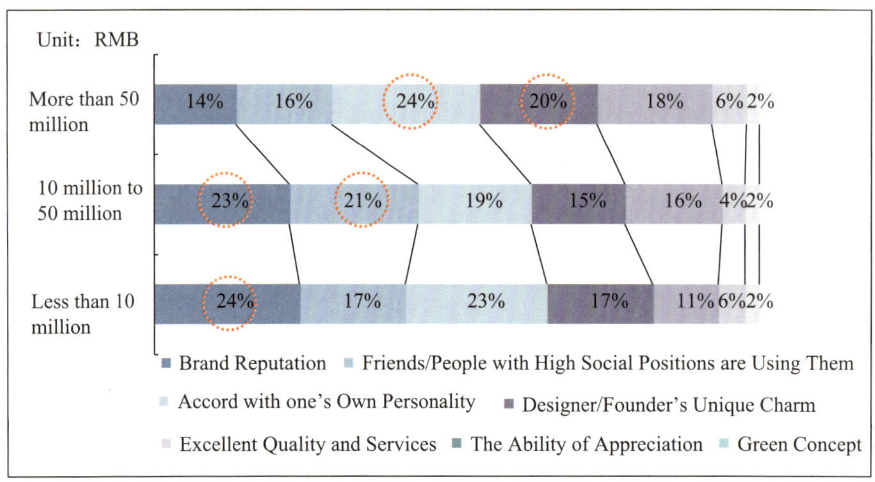

Figure 5 Different Motivations in Self-use Consumption of Consumers with Different Assets Conditions

Coexistence of low brand loyalty and strong concept of impressive consumption

Research data shows that the brand loyalty of Chinese luxury consumers is relatively lower than their counterparts in the matured European and American luxury markets,as the repeated purchasing rate is just 10 to 20 percent, while the rate of replacement of brands for the Chinese is as high as 80 to 85 percent.

Average income consumers with assets less than RMB50 million have a brand loyalty rate of only 15 percent. Ultra-high income consumers have a slightly higher rate of brand loyalty, and billionaires' loyalty rate, with assets of more than RMB500 million,is only 20 percent.

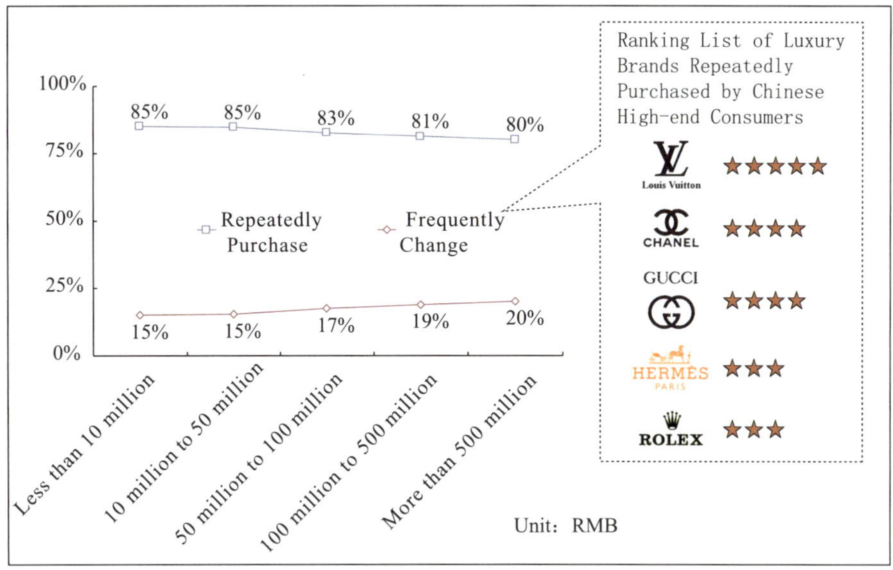

Figure 6 Different Brand Loyalties of Consumers with Different Assets Conditions

Note: Chinese High-end consumers have a low luxury brand loyalty, but a high level of impressive consumption.

The survey shows that the top five brands the Chinese high-end consumers mostly like to purchase repeatedly are: Louis Vuitton, Chanel, Gucci, Hermès and Rolex.

Through in-depth interviews with billionaires, it was found that ultra-high income consumers do not know much about culture of luxury brands. On the other hand, they are easily affected by advertisement when selecting luxury brands and are more likely to buy products with a good reputation. We name this unique Chinese phenomenon as "Impressive Consumption Paradox".

■ Preference for customization and limited edition becomes prominent

Chinese luxury consumers, when making their purchasing decisions, are strongly influenced by four motivations—product design; customization and limited edition; discounts or special offers, and sales staff.

The wealthier the consumer, the stronger the impact that customization and limited edition make in affecting purchasing decisions. Nearly 30 percent of ultra-high income consumers say that limited edition (16 percent) and customized products (14 percent) have a crucial influence on their final purchasing decision. Taking customized products as an example, only five percent of average income consumers think that customization has a decisive impact on their final choices. But with the asset holdings increasing 11 percent of high-income consumers favor customized products and 14 percent of ultra-high income consumers are even willing to pay high prices. Today, in China's super-premium luxury market, customization has become the initial driving force of the industry's new trend.

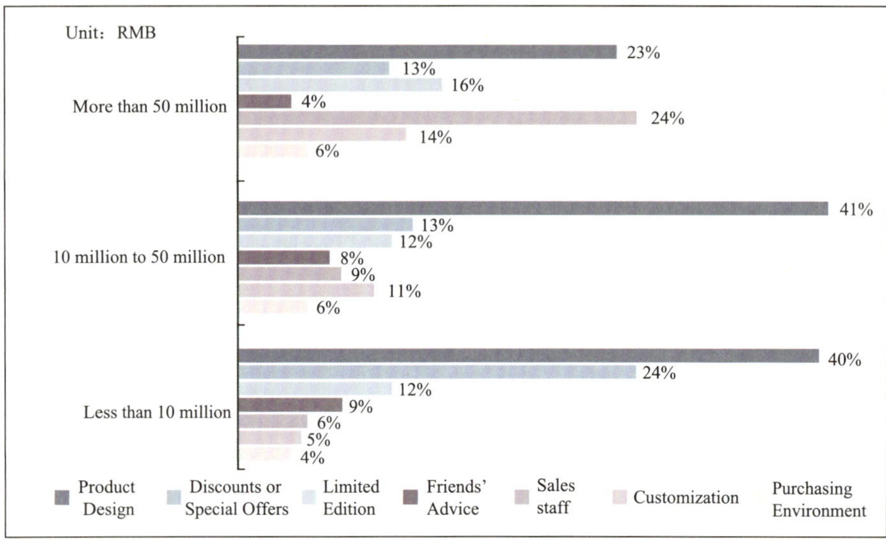

Figure 7 Different Purchase Decisions of Consumers with Different Assets Conditions

■"1 + 1 + 1" consumption principle: Chinese mainland, Hong Kong China, Macao China, America and European countries

Research results show that Chinese luxury customers generally follow a "1 + 1 + 1" pattern when selecting their purchasing sites, namely one third of their products are purchased at home, one third in Hong Kong China and Macao China, and the remaining one third in other countries and regions.

Among the overseas areas, Europe is always their first choice (58 percent) with America the second at 28 percent and Japan in the third position at eight percent.

When buying luxury items domestically, the average income consumers are sensitive to prices and prefer to ask their friends to buy overseas for them.

However, high-income consumers value the shopping experience and prefer to purchase luxury items in high-end department stores and shopping malls(53 percent).

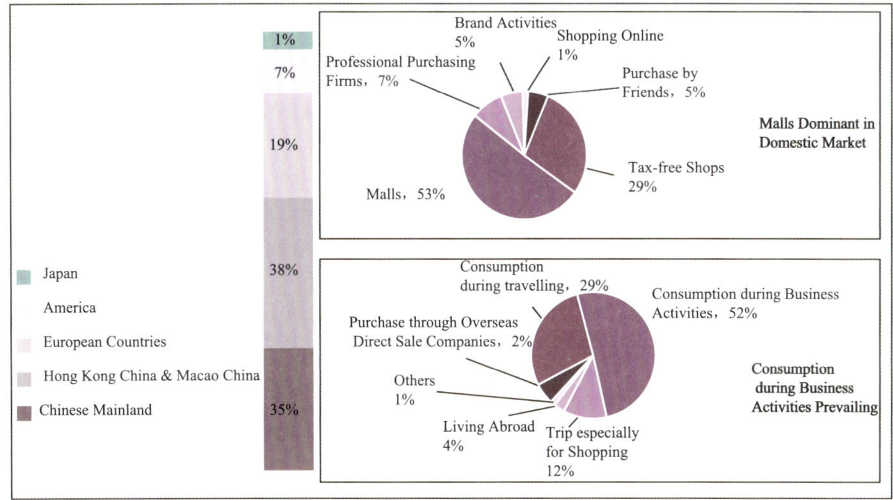

Figure 8 Ultra-High Assets Consumers' "1 + 1 + 1" Consumption Principle

Four Growth Points

The art market, duty-free market and second-hand luxury market together with luxury e-commerce market have become the four most competitive rapidly growing markets in China.

■The art market

Due to great attention from the Chinese high-income consumers, China's art market is showing extremely rapid growth for the last two years. Despite the gloomy global economy and European debt crisis, Chinese high-income consumers still show great enthusiasm and confidence in art collection. Take 2011 Autumn Auction for example, the total turnover of China Guardian who specializes in the sale of Chinese art work of all varieties, hits RMB3.858 billion, which helps its total turnover of 2011 Auction exceed that of 2010 by over 40 percent①.

① Source: Website of China Guardian Acutions Co. Ltd, http://www.cguardian.com/english/index.php

What kinds of art pieces are most fascinating to Chinese high-income consumers? Our research shows that 34 percent of Chinese high-income consumers like collecting luxury watches, followed by jewels with 19 percent and artworks with 17 percent.

More specifically, research shows that average income consumers prefer luxury watches, considering it as an investment tool (37 percent). They believe that luxury watches are of limited edition, have potential for appreciation, and are easy to store.

At the same time, thirty four percent of high income consumers not only favor watches but also like luxury cars (21 percent), particularly if they are limited or customized.

Comparatively, it is shown that thirty six percent of those ultra-high income consumers pay high attention to artworks, topping as the most favorite collection type. These consumers focus on investing in artworks and limited luxury goods. From their point of view, limousines are only transport vehicles while genuine artworks are much more likely to appreciate, and reflect their personal tastes and aesthetic values.

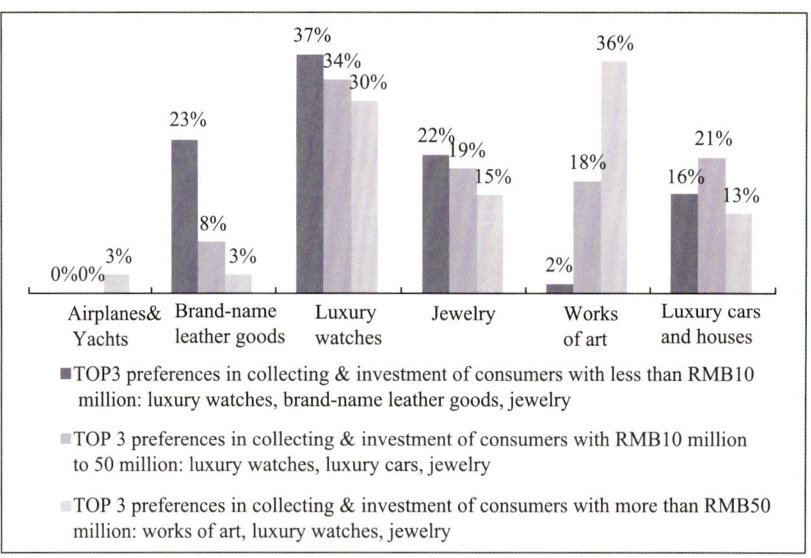

Figure 9 Different Preference to Collecting and investing Artworks of Consumers with Different Assets Conditions

■The second-hand luxury market

As the Chinese luxury market is maturing, second-hand luxury markets in China are springing up which is characterized by consignment. For consigners, it can avoid waste, help them better manage cash flow, and enable them to buy new items. For consumers, it offers them lower price and more choices. For business operators, it means huge market potential of underdeveloped demands.

Our research shows that Chinese females in their 30s, with less than RMB50 million asset are the main group in the second-hand luxury market, who trade luxury bags, accessories and apparel with high exchange frequency. Consumers in their 40s are more likely to sell rather than purchase. Even if they buy second-hand luxuries, they mainly focus on artworks and some other collectibles for further collection.

Of particular notice is the imbalanced development in second-hand luxury market in different regions. The eastern part of China is more prosperous than the central and the west, and first-tier cities are growing much faster than second-tier and third-tier cities. According to the report, the willingness to sell personal luxuries is strongest in the areas with high resident income, like Shanghai, Beijing and so on. Meanwhile, the willingness to buy second-hand luxuries is strongest in such areas, like north of China and eastern China where the economy is developing fast.

However for the time being in China many brand operators only notice the great potential for the second-hand luxury transactions in the second-tier and third-tier cities and all tend to focus on such areas. Obviously, some misunderstanding do exist.

At the same time, there are five considerations besetting the future growth for the second-hand luxury market, namely, difficulty in identifying authenticity of product, unsustainable supply, low level of after-sales service and customer experience, integrity barrier between consigners and operators, and low level of industrial management.

■The duty-free market

Based on our research, half of the Chinese high-end consumption is

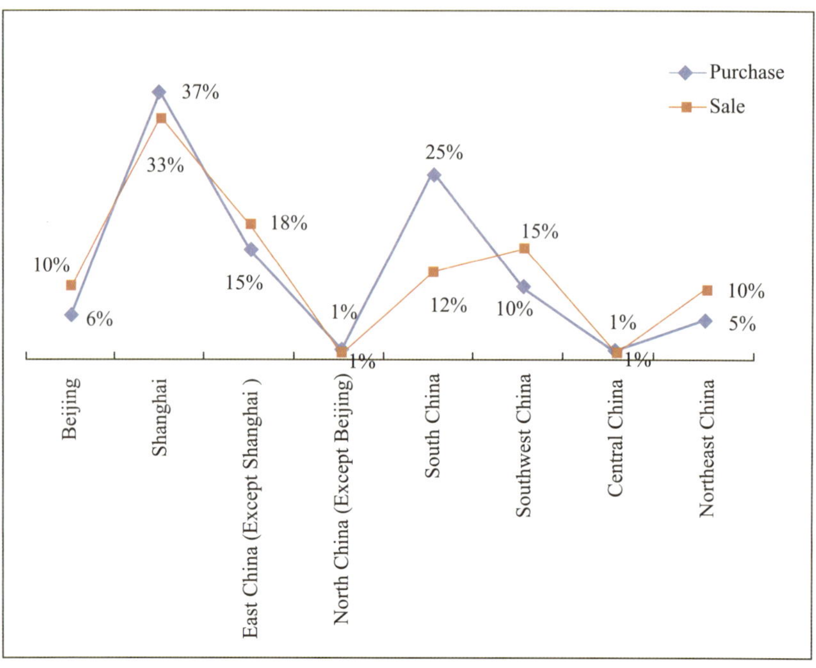

Figure 10 Exchange Aspirations for Second-hand Luxury Goods in Different Cities

Note: Prosperity of second-hand luxury exchange market has a positive correlativity with regional economic development.

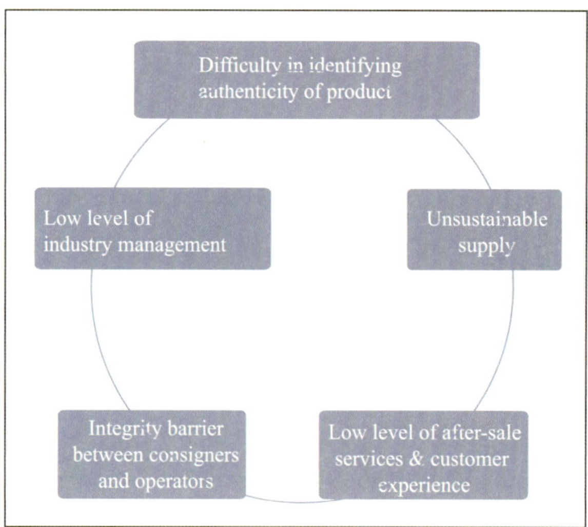

Figure 11 Five Major Pressures in Chinese Second-hand Luxury Market

conducted in overseas markets, of which more than fifty percent of the purchases are found in the duty-free market. Data shows that price disparity between domestic market and overseas market is the main stimulus of Chinese huge consumption in duty-free market.

The report compares and analyzes the price disparity between domestic and overseas market in seven categories, including jewelry, watches, bags, leather shoes, liquor and perfumes and cosmetics. Sixty-five global luxury brands and 115 different types of products are considered. It shows that the prices in China's luxury market are generally higher than those in overseas market.

The prices of luxury watches in Mainland China are particularly higher—over threefold—than in overseas market. Similar price gap also exists among high-end cosmetics products. The price difference of jewelries, perfumes and handbags are more reasonable between Mainland China and overseas markets, if considering the high tax on luxury goods in Mainland China.

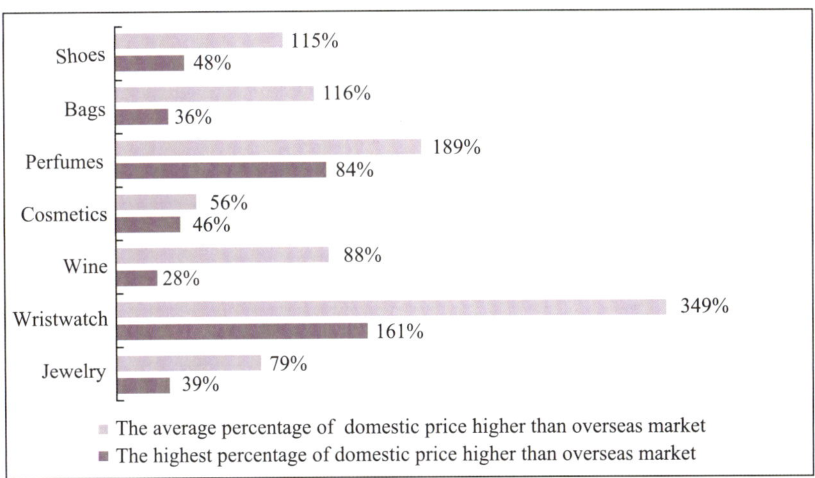

Figure 12 Price Comparison Between Domestic Market and Overseas Market in 2011

Researchers take Sanya Duty Free Shop, China Duty Free Group Co., Ltd. under duty-free policy, as an example and analyse the fast-growing trend of Chinese duty-free market. The study further explores the future market development in face of policy restrictions of purchase quota, procurement priority on either top brands or popular brands, future managing pivot on either promoting the product itself or high-end services.

■The luxury e-commerce markets

Unlike low-end strategies in the past, high-end e-commerce wearies have sprung up like bamboo shooting after a rain shower in China. *China luxury report* (*2011*) analyzes the Chinese consumers' attitudes and tendencies on purchasing luxuries on-line. Data shows that the majority of Chinese luxury consumers have positive attitudes toward purchasing luxuries on-line.

Eighty three percent of female consumers show enthusiasm in purchasing luxury on-line, higher than that of male consumers at seventy six percent. And people in tier-1 cities are more likely to purchase luxuries on-line than tier-2 or tier-3 cities. Furthermore, the younger generation shows most positive attitude on purchasing luxury on-line. With the new generation growing up, we believe they will be the major force of on-line luxury goods purchase in the near future.

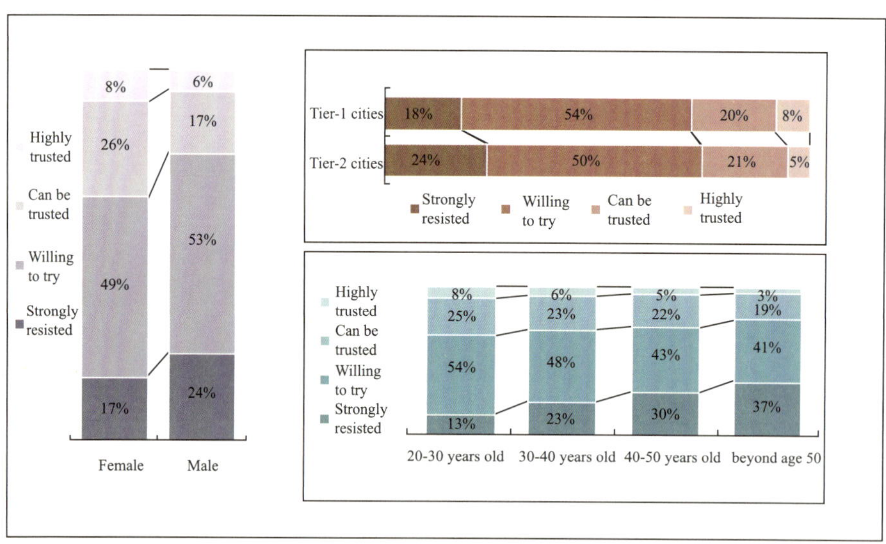

Figure 13 Consumer's Attitudes Toward On-line Luxuries Purchasing in Different Gender, Age and Area

Data shows that convenience is the most important factor that attracts consumers to purchase luxury goods on-line. Specifically, twenty eight percent of females deem price as the major strength, while thirty three percent of males focus more on time saving. Relatively low price is perceived as the top one factor for consumers from Beijing; those from Shanghai emphasize more on the large variety of luxury goods on-line, while consumers from Guangzhou are more interested in time saving.

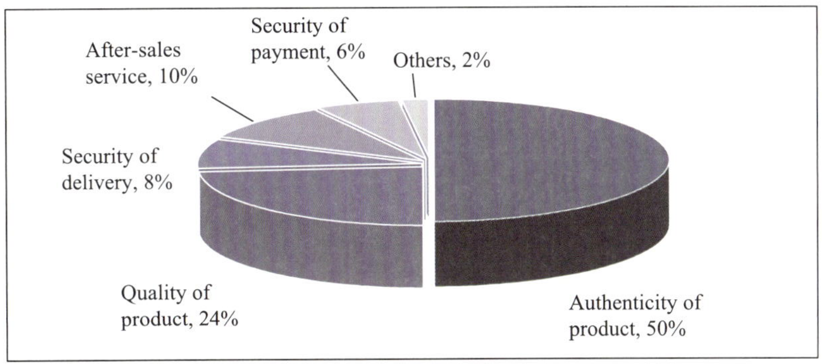

Figure 14 Major Concerns in On-line Luxury Goods' Purchasing

Our research shows that fifty percent of Chinese consumers are preoccupied with the authenticity of luxuries bought online, followed by concerns on quality, after-sales services, and safety of delivery. Research also reveals that mature consumers tend to be more careful on the authenticity of on-line luxuries, typically among those over 50 years old.

Three Improvements

Many luxury brands companies have been operating in China for at least 3 to 5 years, some even several decades. They have gained valuable experience and have been performing fairly well. However, they still have a long way to go, and particularly in the following three areas, namely customer communication, after-sales service and social responsibility.

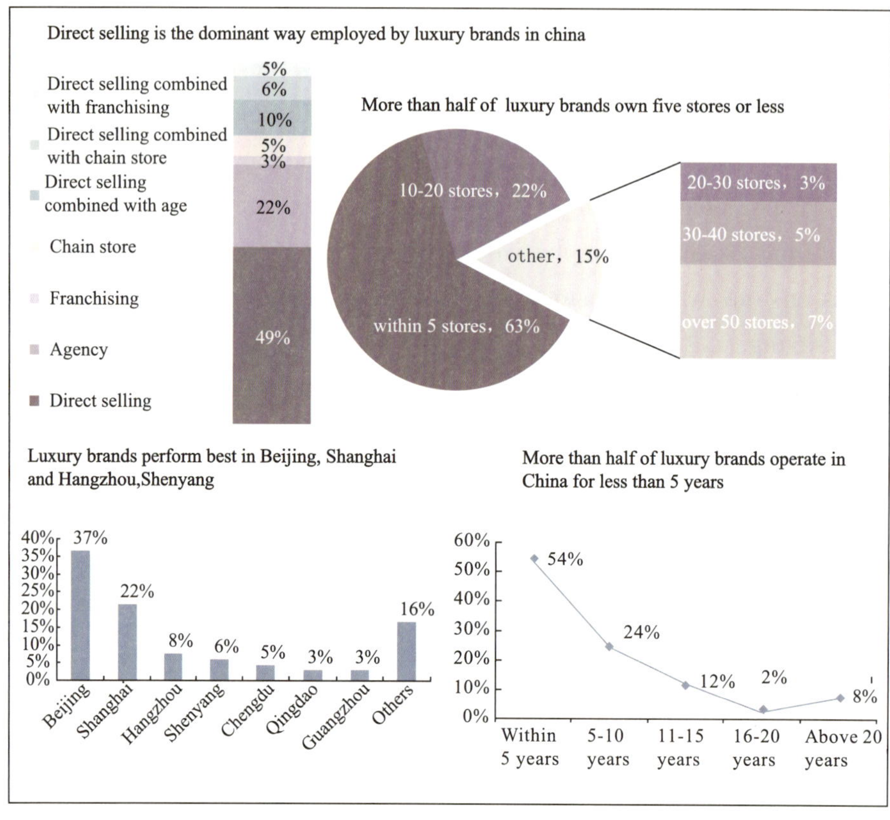

Figure 15 Basic characteristics of luxury brands operating in China

Consumer loyalty development

Good management of customer relationship is the key for brands' successful operation in China, nineteen percent. Valuable, stable and competitive customer relationship management system must be built if luxury brands want to achieve sustainable growth in China. This report shows that loyalty of Chinese luxury consumers is relatively low. Therefore, building long-term and stable relationships with regular customers through publicity, product promotion and public relations activities is extremely crucial. Improving loyalty and trust are bound to decrease the uncertainty of markets and operational risks.

Along with rapid growth of the Chinese luxury market, competition among brands would become more and more intensive. In the future, the key to success in China's luxury market is not only to attract new customers but also to keep the regular ones, for which customer relationship management is the core. Luxury brands need to seize opportunity and effectively deal with the pressures they are under so as to secure sustainable success in the China's luxury market.

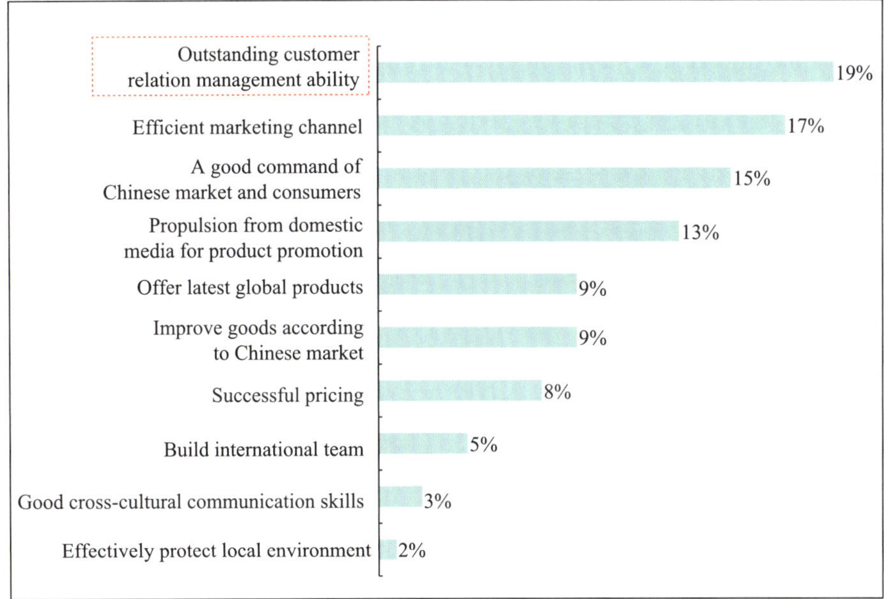

Figure 16 Outstanding Customer Relation Management Abilities is the Key for the Success of Luxury Brands in China

After-sales service upgrade

Based on our research, ninety percent of Chinese consumers argue that current after-sales service is excellent. Males show higher satisfaction than females. Average income consumers have the lowest degree of satisfaction, showing fifty percent basically satisfied. Moreover eleven percent of them said they are unsatisfied about luxury brands' after-sales service. Wealthier consumers are more satisfied; in which those with assets surpassing 100 million feel very satisfied (thirty percent) and satisfied (forty three percent). Through on-site research, it was revealed that the layout of stores and shopping guides directly affect the consumers. It is suggested that equal treatment should be given to all consumers, for the sake of maintaining potential consumers.

The question may be asked what makes consumers dissatisfied with the current customer services offered by luxury brands in China. Sixty nine percent of them feel that the most urgent task is to lower the cost for maintenance service, increase the number of maintenance sites and shorten the maintenance time. It is a thorny issue for all brands in China to improve the overall quality of customer services, especially when Chinese consumers are displaying such a strong interest in the luxury market.

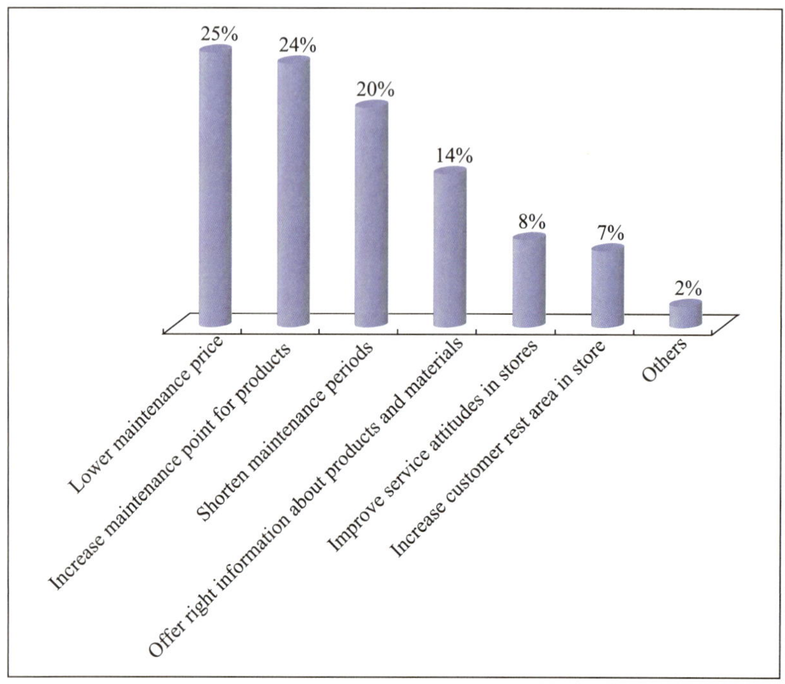

Figure 17 The Most Urgent Improvement for Luxury Brands

Social responsibility undertaking

As the concern of global pollution is mounting, the traditional extravagant consumption typified by excessive consumption of resources, environmental damage and deficit consumption has been abandoned. When new shops are being incessantly opened and luxury operators are accumulating profits in China, have those international luxury brands ever consider China's development problems, and make any contributions to the Chinese society?

Considering the carbon footprint by luxury brands in China, *China Luxury Report (2011)* develops a special issue concerning environmental responsibility and sustainability. It redefines luxury, with a bow to environmental concerns such as sharing the joy of life, consumption and sustainable development of human beings, equality of human rights, along with species rights. Six driving forces for companies' green activities are analyzed, namely global trends of sustainable development, shrinking markets due to economic slump, market demands for green consumption, enhancing brand value, active social responsibility undertaking, as well as urgent needs of corporate governance.

This report collected related information from 2006 to 2010 regarding the green actions taken by luxury brands in China and builds a set of 38 indices green appraisal index systems to measure luxury brands' social responsibility undertaking on environmental protection, contribution to sustainable development, corporate public welfare activity, and cooperation with NGOs and the media. Under these 38 indices, the latest five years' green footprints of global luxury brands or groups operating in China are analyzed. It is the first time that researchers have made an overall evaluation on the "green" behaviors of major luxury brands in China, which is meaningful and constructive for the green development of brands in the future.

We are delighted to see that L'Oreal, LVMH and Shiseido, Richemont and PPR as pioneers have taken the lead and set examples for others.

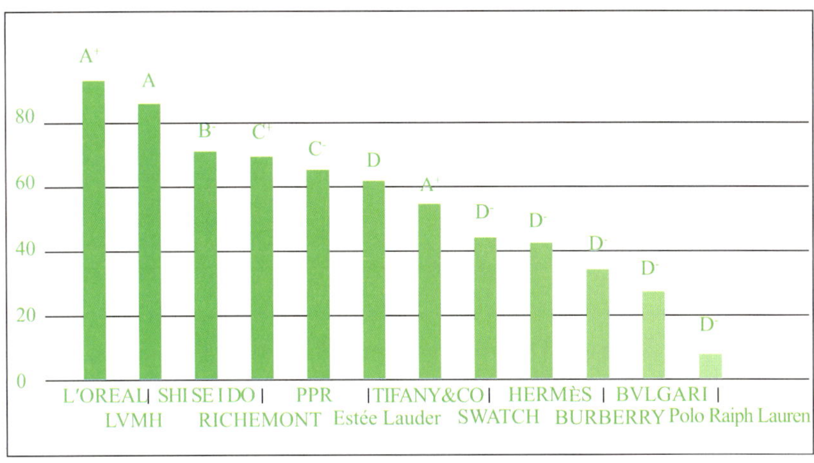

Figure 18 Rank for Green Expression of International Luxury Groups or Brands

Two Shifts

It is without doubt that Chinese high-end media and advertising companies play an important role in the rapid growth of luxury brands in China. Nowadays, under the new Internet era, two major changes have taken place.

■From one-way communication to interactive communication

Despite the fact that advertising is still the most frequently employed channel for consumers to acquire luxury brand information, those interactive communications, such as word of mouth, point-of-sale information and public relations activities are becoming more influential.

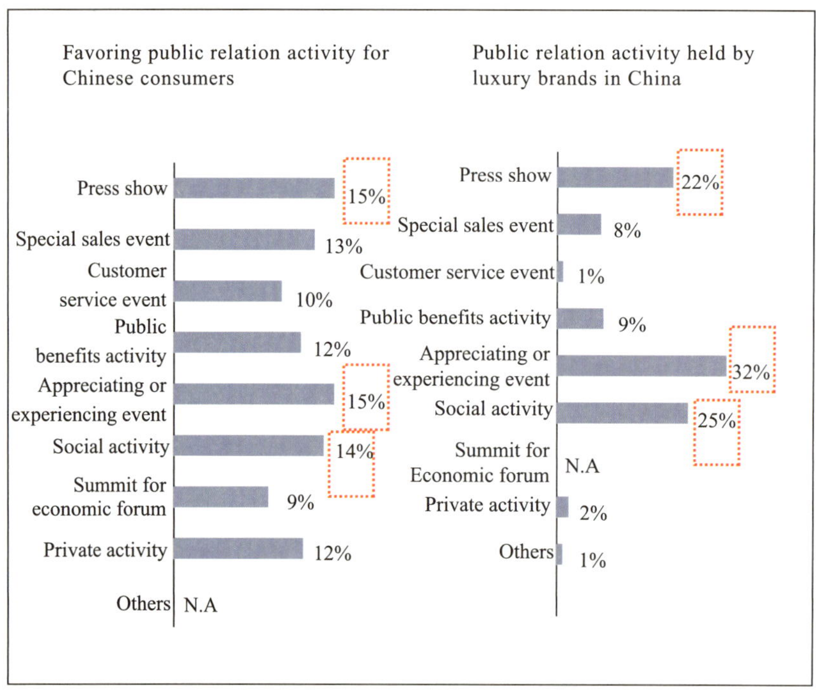

Figure 19 Preference Discrepancy for Public Relation Activity Between Chinese Consumers and Luxury Brands

Based on our research, public relations activities are more likely to strengthen the ties between consumers and luxury brands. However, luxury brands in China only hold limited kinds of activities, far behind consumers' needs for more and diversified activities. The survey shows new product presentation (15 percent), appreciating and experiencing activities (15 percent) are the most favorite activities for the Chinese consumer, followed by social activities (14 percent) and special sales event (13 percent). By contrast brands' operators seem to focus on appreciating and experiencing activities (32 percent), social event (25 percent), and press shows (22 percent). Other forms of activities are seldom launched, let alone private parties or salons and customer service events.

We highly recommend that luxury brand companies should hold more diversified public relations activities in China, launching more public welfare activities, special sales events and private activities rather than just focusing on the limited types of public relations mentioned above. Brands need to be creative to attract more customers, bridging the gap between the mass and luxury brands increasing product awareness.

■From focusing on high-end media to mass media

Magazines are the first choice for many Chinese high-asset consumers to learn about the latest luxuries available. However, with the popularity of the Internet, the media has gradually changed from focusing on traditional high-end media to taking into consideration the mass media. It shows that the majority of Chinese consumers acquire luxury goods information mainly through brands' official websites, as well as social network service (SNS).

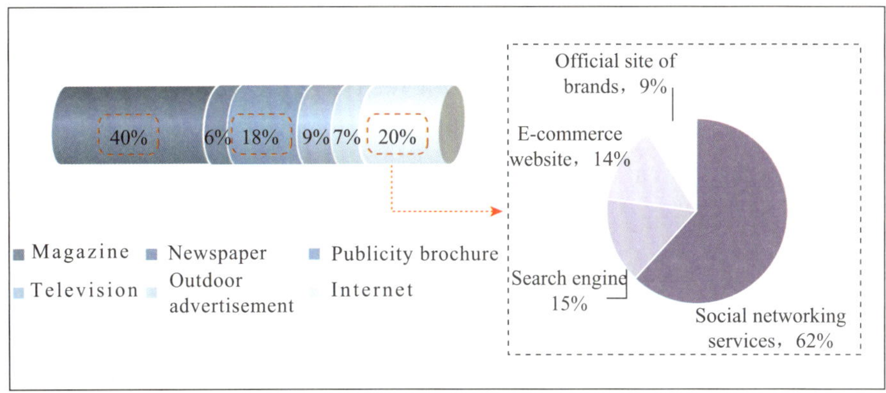

Figure 20 Main Media to Acquire Luxury Information for Chinese Hight-asset Luxury Consumers

Based on our research, three reasons account for this transition. First, with the economic development, more and more people begin to purchase luxury items, which is becoming a popular trend in China. Besides, to attract more customers and obtain further growth, brands are being democratized by their operators during the last 20 years. Lastly, Chinese consumers remain immature and perceive popularity as quality image. Although high-end media could target luxury consumers in direct way, it is easier for mass media to make the brand well known. Therefore, brand operators are turning to mass media to a certain degree.

At the same time, "individual" media through SNS, blog and Weibo are the coming a major source of information. Worthy of note is that word of mouth has a great impact on the elderly consumers, while the younger consumers prefer SNS. Now virtually everyone can be the medium and could communicate his/her own ideas with the whole world through Internet. Compared with the traditional one-way communication such as advertisements, the individual media is more interactive, influential, and effective, spreading the word with incredible speed. We believe that as the era of new media coming, individual media will have profound influence on the luxury goods information communication in the foreseeable future.

The Outlook of China's Luxury Market

The key issue that all luxury brands are confronting with is the current macroeconomic situation in China. Chinese economy is under restructuring. The tightening of real estate policy, along with frustrating performance of the stock market, puts many high-income Chinese consumers in a situation of tight cash flow. For example the Real Estate Climate Index was 100.41 in September 2011, which was 0.7 lower than that in August and year-on-year (YoY) drop by 3.1. The Real Estate Climate Index has witnessed continuous decline over the past four months. What is more, constant tightening of macro-policy is putting a damper on China's real estate industry in the short run.

Meanwhile, China's Consumer Price Index (CPI) has shown distinct rise and remain at a high level up to the present since the beginning of

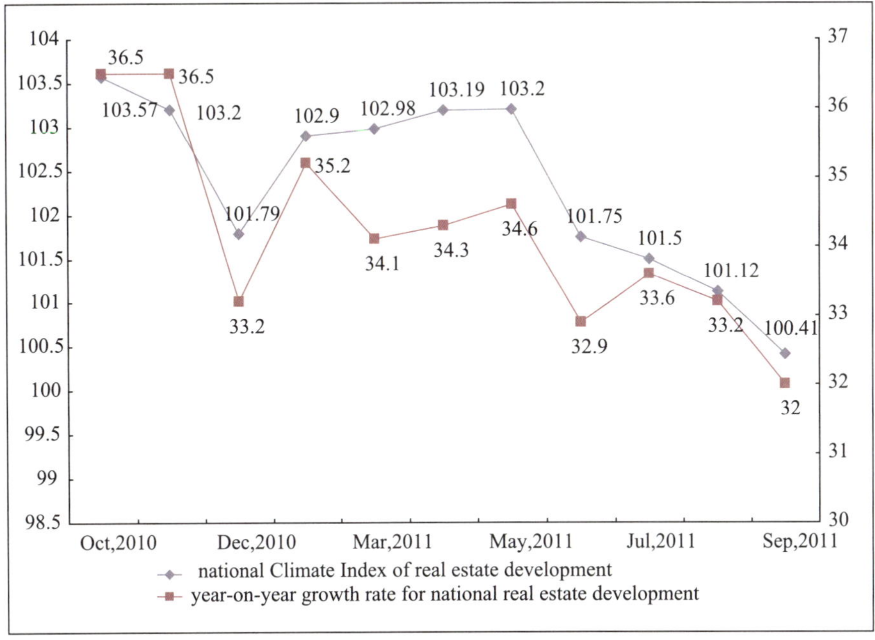

Figure 21 The Status Quo of Chinese Real Estate Development

Source: MacroChina Industry Database

Note: The National Real Estate Climate Index, a composite index complied by the National Bureau of Statistics of China, is a quantitative reflection of the trend and degree of change in the sector.

2011, particularly after March. The rising CPI puts high pressure on the life of the Chinese middle class consumers. Faced with uncertainty about the future, many Chinese consumers choose to buy mass consumption products rather than the luxuries.

Chinese High Income Consumers—Optimism with Caution

Forty-eight percent of the average income consumers in China say with high confidence that they will increase their luxury budget in future. However, twenty-seven percent of high-income consumers and thirty percent of ultra-high income consumers, show uncertainty for the luxuries expenditure in future. Twenty-four percent of high income consumers and twenty percent ultra-high income consumers prefer to remain at the present spending level. What's more, seventeen percent of the ultra-high income consumers plan to cut their future budget for luxuries.

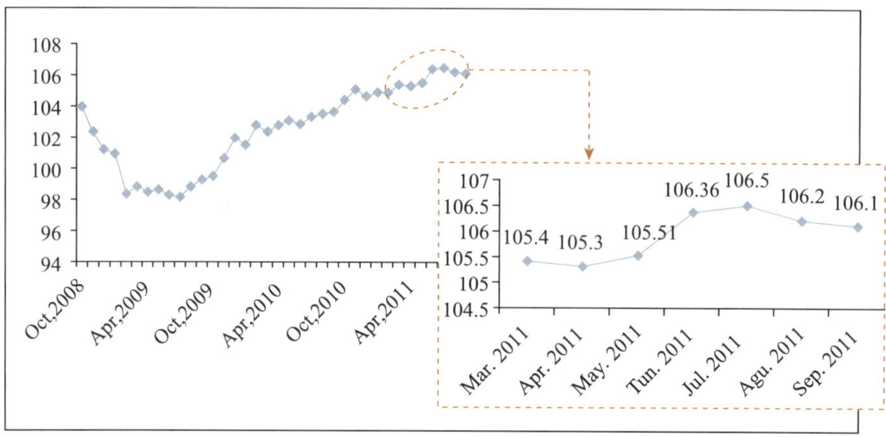

Figure 22 Trend of Consumer Price Index (CPI) in China

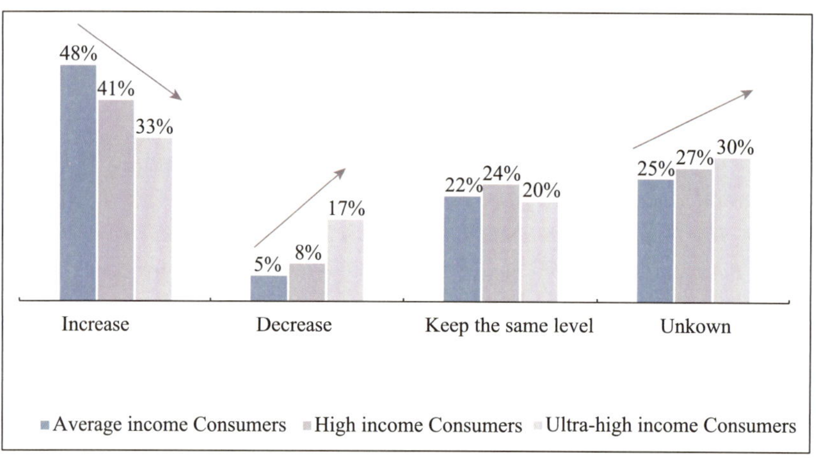

Figure 23 Future Luxury Expenditure Plans of Consumers with Different Assets Conditions

Luxury Brands Operators in China—Confidence with Uncertainty

Luxury brand operators are uncertain and confused about the Chinese luxury market, and many choose to maintain their present budgets, cautiously increasing advertising expenditure or promoting events in face of the uncertain economic situation, macro-regulation and noncommittal attitudes of Chinese consumers. When asked to score their operating pressure, luxury brand managers tend to view high advertising costs as the top, followed by policy restrictions, tariff burden and the shortage of

management professionals.

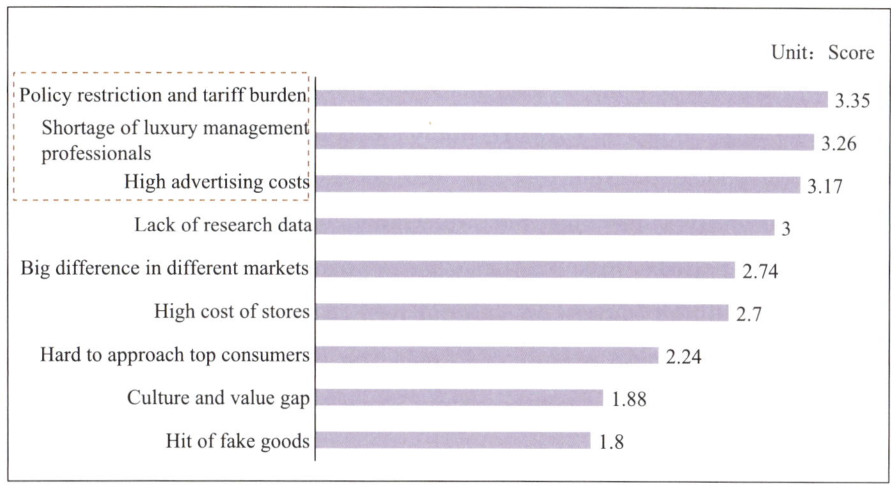

Figure 24 Major Pressures in Operation Confronted by Luxury Brands in China

At the same time, research shows that the hesitation of luxury brands operators is directly influencing Chinese high-end media whose main income comes from luxury goods' advertisements. It is without doubt that Chinese media will compete in a more fierce way for the limited resources in 2012. The research reveals that sixty-six percent of luxury brands will increase the budget on media promotion, showing high confidence in China's luxury market. However, there are still thirty one percent of brand operators who express their hesitation. They would like to wait and see further.

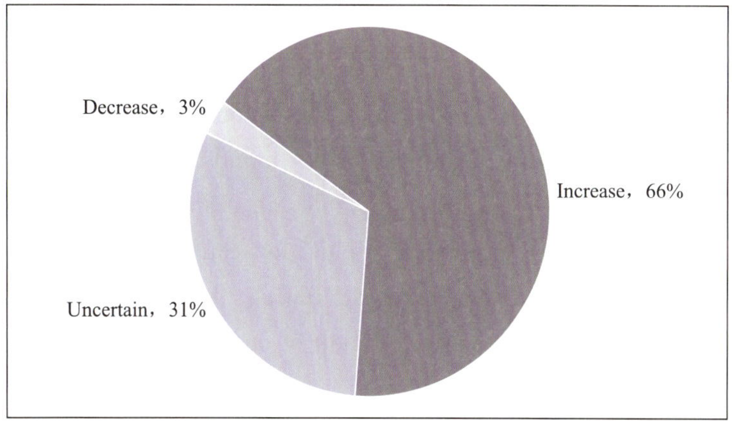

Figure 25 Media Budget of Luxury Brands for 2012 in China

Chinese Luxury Brands—A Long Way Ahead

As the world's largest luxury consumer market, China still has not yet developed any world-class luxury brands despite a rich tradition of fine artisan craftsmanship. From fine silk and tea through the Hexi Corridor in the Tang Dynasty to the blue-and-white porcelain in the royal kilns during the late Qing period, China had never lacked expensive luxury items. China is a country with an impressive cultural past but with weak brands today. This Achilles heel always bothers Chinese businesses and the absence of local luxury brands has become one of the most prominent features of the Chinese luxury market.

On one hand, our research shows that sixty-eight percent of Chinese consumers hold the negative view that China is unlikely to nurture its own luxury brand, while only thirty-two percent believe it will.

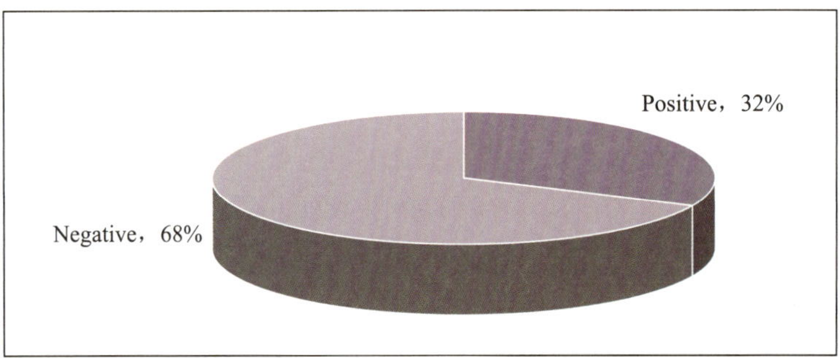

Figure 26 Attitudes of Chinese Luxury Consumers towards the Issue: If China would Nurture its Own Brands

On the other hand, high-end media are much more optimistic, holding a view that enormous domestic market base could be the most positive factor for the development of Chinese luxury brands. According to high-end media, Chinese superior liquors, apparels, cigarettes, tea, porcelain and jewelries are the most promising fields for nurturing luxury brands. However, major weaknesses do exist during the process of building domestic luxury brands, typically the lack of outstanding designers as well as international luxury brand managers.

We believe optimism together with caution; growth together with change will last in the China's luxury market for the foreseeable future.

Who Will Dominate the Future Luxury Market

With the Chinese luxury market becoming mature, the ever-growing market will bring about two powerful opinion leaders: professional consumers and professional brands in the next decade.

Personal opinion leaders and powerful media combined with professional consumers will affect the attitude of tens of thousands of potential Chinese consumers. We could say that in the future luxury goods will be represented by commercial stars instead of celebrities. The combination of commercial stars and brands will be a great opportunity for luxury brands, and of course a great challenge as well.

Acting as industry leaders, professional brands will evolve into professional media and use their own market influences to guide future market trend. Now they have begun releasing their energies. Bentley, BMW, Aston Martin, Ferrari, Lamborghini, all of which has published magazines named after their brand as the open platforms for resource sharing. In the future, due to their professional brand leadership, professional distribution and precise delivery, not only the traditional media need their help to raise reputations and expand readership, other brand operators will also need their platforms to share customer resources.

Our In-depth Thinking

2011 has been a crucial year for the luxury industry's development in China. In the past three decades, the high-end luxury market in China has experienced a huge leap-forward in development, which, is mainly based on the sudden release of accumulated needs for years rather than rational decision-makings of the moment. In the next decade, development in China will be much more of a challenge. The coexistence of opportunities and challenges and risks and benefits will be a common feature in China's luxury industry.

We need to realize that the Chinese luxury market might not be as positive as we would like it to be, and all stakeholders are considering the future of this market:

• How to meet the demands of Chinese luxury consumers from different financial status? Nowadays, faced with Chinese luxury consumers' diverse consumption and decision-making patterns, as well as the tightening of consumer cash flow under the present macroeconomic environment, the question is poised as to how to maintain and expand market share?

• How can China's second-hand luxury market deal with the difficulties in identifying the authenticity of products? How could it ensure continuity of supply, improve after-sales services and customers' experience level while the whole industry's management remains at a low level?

• Based on the present taxation policy, what is the future trend of China's duty-free market? How do we introduce a new brand and how to ensure the shop service?

• How could China's luxury market build a credit system for e-commence market, and guarantee the authenticity of products? How can we ensure quality and distribution security?

• How could international luxury brands upgrade consumer loyalty and improve after-sales services? And how could they promote the brand image by realizing their social responsibilities?

• Is it necessary for traditional media to change, and if so, what changes should mass media instigate?

• More importantly, there are yet no truly domestic luxury brands. How could China's luxury market overcome the current down trend during economic challenges and find a new way of standing out?

These issues are worthy for all the luxury industry practitioners to think about.

The *China Luxury Report (2011)* represents the first definitive and comprehensive collaboration between international luxury brand leaders, media and Chinese research authorities on the luxury market to explore the world's largest luxury consumer market. In addition, it offers the first real dialogue with Chinese groups on luxury consumption.

The *China Luxury Report* (*2011*) is a definitive report, investigating the Chinese high-end customers, luxury brands, major distribution and marketing partners as well as Chinese media, and advertising and public relations firms with interests in the luxury market.

China Luxury Report (*2011*) research team has the desire and responsibility to promote a healthy and orderly development of this industry. This report is presented to all those who have contributed to the Chinese luxury industry.

CHAPTER 1

GROWTH TRANSFORMATION DIVERSIFICATION

LUXURY CONSUMPTION IN CHINA: THE CONCEPT IN GROWTH

The *China Luxury Report* (*2011*) made a survey among 2005 Chinese luxury consumers and conducted an in-depth analysis of the luxury consumption concept and consumption patterns of Chinese high-asset groups.

This survey covers Chinese main luxury consumer markets, including North China represented by Beijing(60.3%), East China represented by Shanghai (41.1%), Northeast China represented by Liaoning Province (68.4%), East China represented by Hubei Province(37.4%), South China represented by Guangdong Province (80.6%), Southwest China represented by Sichuan Province and Northwest China represented by Xinjiang Uygur Autonomous Regions. It is the most definitive survey in Chinese luxury market consumption behavior study, covering comprehensive areas and interviewing a large amount of high-end consumers.

Among the interviewed consumers, numbers of average asset group (with assets of less than RMB10 million), high asset group (with assets of RMB10 million to 50 million) and ultra-high asset group (with assets of more than RMB50 million) are averaged as 1 : 1 : 1.

To conduct an in-depth analysis of consumption characteristics of the most wealth consumers, and compare these characteristics with those of average asset consumers and high asset consumers, this report divides the affluent with assets of over RMB50 million into three groups: rich group with assets of RMB50 million to 100 million(11%), high asset group with RMB100 million (10%), and ultra-high asset group with assets of more than RMB500 million(9%).

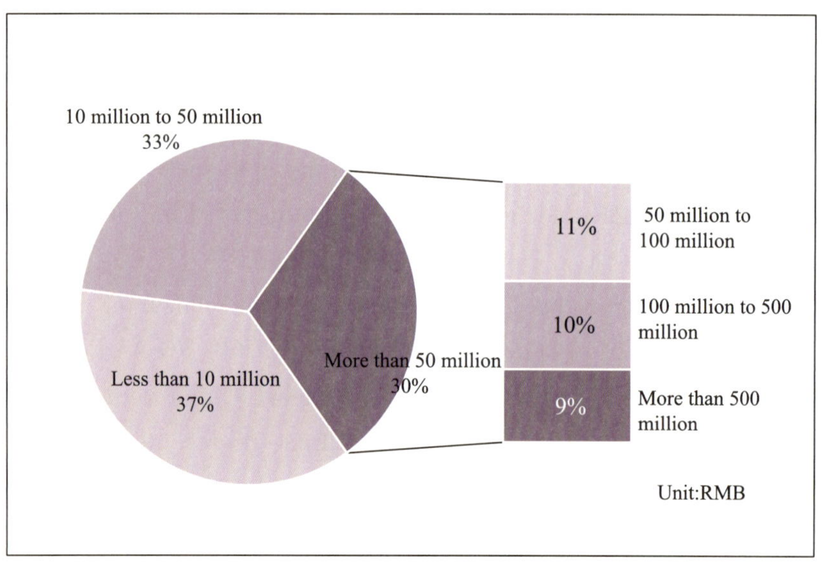

Figure 1 -1 Distribution of Consumers' Assets in the China Luxury Report (2011)

Characteristics of Research Objects

Research Objects: Average Asset Consumers

Education Background: Most of them have Bachelors' Degrees (60%). 22% of the average income consumers have Master's Degrees (including Postgraduate, MBA, EMBA and PhD), and this figure tops the other two groups.

Age Distribution: The whole consumer group tends to be young, as consumers of "80s generation" aged between 20 and 30 take up over half of the group.

Gender Ratio: Male-female ratio appears to be average, with the female objects surpass a little (52%).

Cities: 42% of the interviewers are from Beijing, Shanghai, Guangzhou and Shenzhen the four first-tier cities; and those second-tier cities amount for 58%.

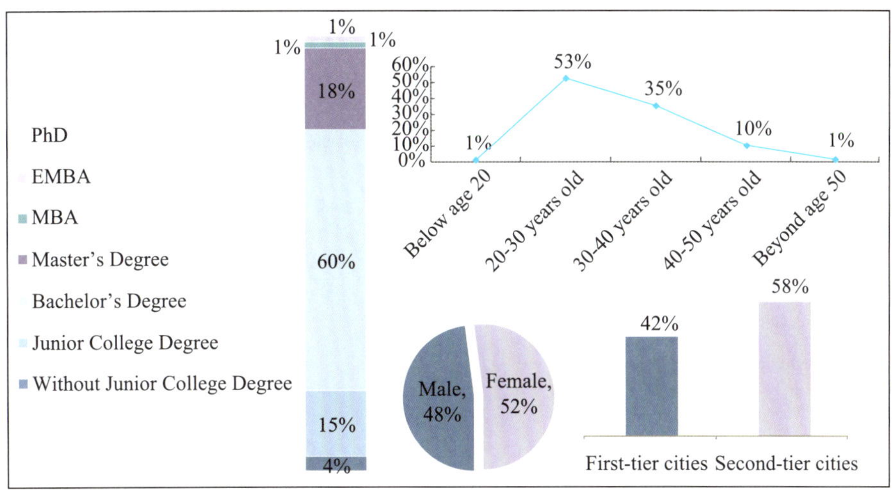

Figure 1 – 2 Main Characteristics of Average Asset Luxury Consumers

Research Objects: High Asset Consumers

Education Background: Consumers with Bachelor's Degrees come the first (54%). Compared with average asset consumers, fewer consumers in this group have Master's Degrees (10%) while more accept in-service education like MBA and EMBA (15%).

Age Distribution: Most of them are young and middle-aged consumers, as "60's generation" aged 40 to 50 and "70's generation" aged 30-40 respectively takes up 42% and 39%.

Gender Ratio: There are more male research objects in this group (73%) and the male-female ratio is 3 : 1.

Cities: The distribution tends to be average in first-tier and second-tier cities, with the second-tier cities surpass a little (51%).

Research Objects: Ultra-high Asset Consumers

Education Background: Proportion of consumers with Bachelor's Degrees is lower than that of average asset consumers and high asset consumers, taking up 40%. Education background of this group appears to be a polarization. 24% of the consumers don't have Bachelor's Degrees, 26% have MBA or EMBA Degrees and 4% have PhD Degrees.

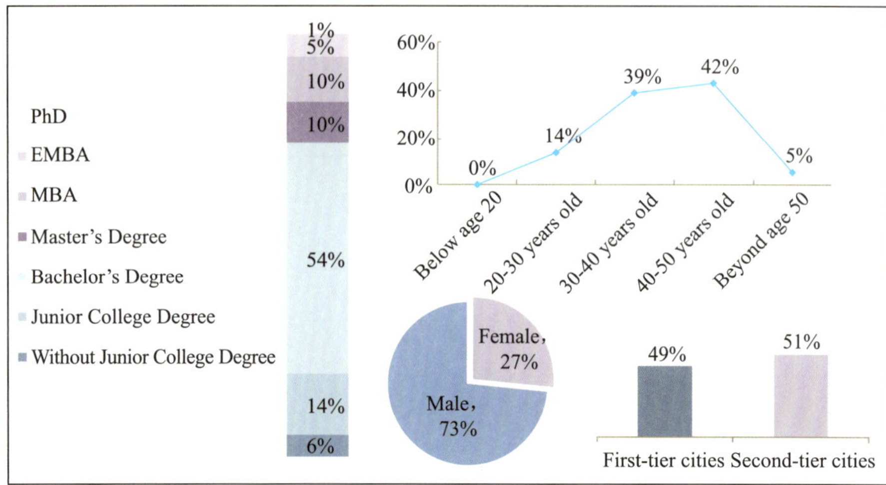

Figure 1 –3 Main Characteristics of High Asset Luxury Consumers

Age Distribution: Most of them were born in 1960s, making up more than half of the whole group (53%). And "50's generation" and "70's generation" respectively takes up more than 20%.

Gender Ratio: Just like high asset luxury research objects, males are more than females with a gender ratio of 2 : 1.

Cities: Research objects are averagely from first-tier and second-tier cities.

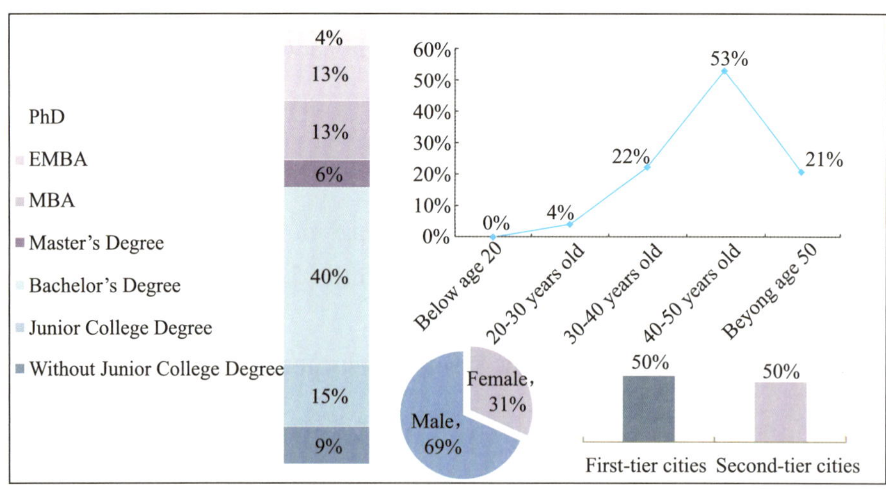

Figure 1 –4 Main Characteristics of Ultra-high Asset Luxury Consumers

Diversity of Consumption Purposes

In Chinese luxury market, about half of the consumptions are personal-use consumption.

Survey results show that the wealthiest consumers stand out in their level of consumption, but also place a large emphasis on investment of various luxury-related collections when considering the relative quantity and money of their consumption.

Comparatively, average income consumers with assets less than RMB 10 million stand out in personal-use consumption. Nearly 70% of their consumptions are personal-use consumptions(68%), revealing their strong desire to process and use luxury items even with limited wealth.

The distribution of business gifting shows a strong stability. Although its proportion in different groups doesn't differ greatly, it is valued the most by high-income consumers with assets of RMB10 million to 50 million. The one-to-one in-depth interviews with this group reveal that, consumers in this group are mostly on the rise of their career and have a comparatively large demand for business gifting.

Consumption demand for luxury-related collection investing largely increases as personal wealth grows. Nearly 30% of consumptions of ultra-high asset consumers (with more than RMB50 million) are collections investing consumption, and among they the most are billionaires with more than RMB500 million. Most of them have high level of wealth and social position, and have a wider understanding of luxury than just luxury brands. They are more likely to connect luxury consumption with maintaining and adding values of assets, and consume the top luxuries by collecting works of art and limited editions.

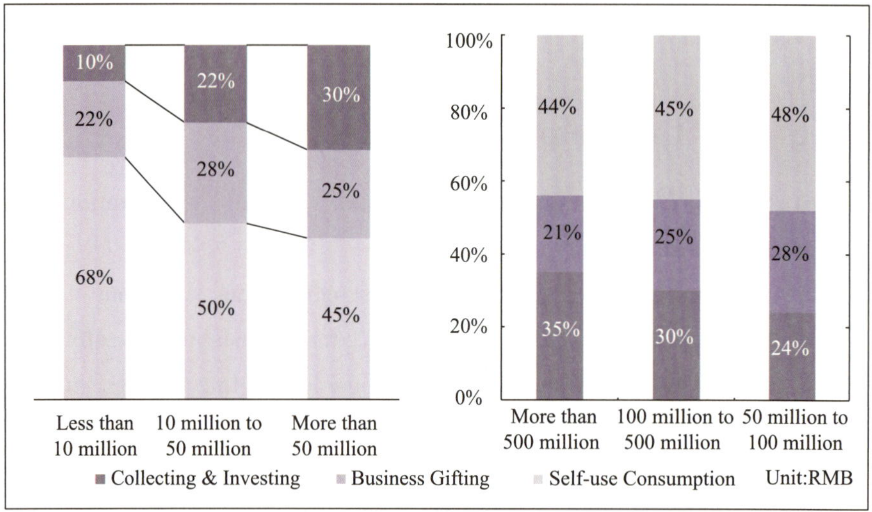

Figure 1 - 5 Diverse Consumption Purposes of Consumers with Different Assets Conditions

Note: Half of China luxury market revenue comes from personal-use consumption; business-gifting consumption steadily amounts for 20% ~30%, while collecting and investing consumption rapidly increase with the rise of consumers' assets.

Personal-Use Consumption: "Mianzi Consumption", Social Consumption and Personal Consumption

■Average income consumers focus on mianzi consumption

Average income consumers focus on the importance of displaying wealth and brand recognition(24 percent), namely Mianzi Consumption. Meanwhile, comparatively younger generation in this group also focuses on personal characters(23%), hoping the luxuries they purchase suit their personalities.

■High income consumers focus on social consumption

High income consumers not only focus on luxury brand reputation (23 %), but also favor the brands' function as identity label, hoping that the luxury products that they buy would accord with the collective preference of the social group they belong to, namely Social Consumption(21%).

■Ultra-high income consumers focus on personal consumption

Ultra-high asset consumers emphasize personalization (24%), the enjoyment of luxuries (20%) as well as quality and customer service (18%). The luxury brand's reputation (14%) and the role of label recognition (16%) are relatively unimportant to this group. In-depth interviews show that most of consumers in this group have high level of wealth and social position and don't need luxury to display. They, however, show great interest in personalization and emphasis the strong ability to maintain value (6%) of top luxury items. What's more, nowadays designers' brands have also drawn the attention of ultra-high asset consumers (20%).

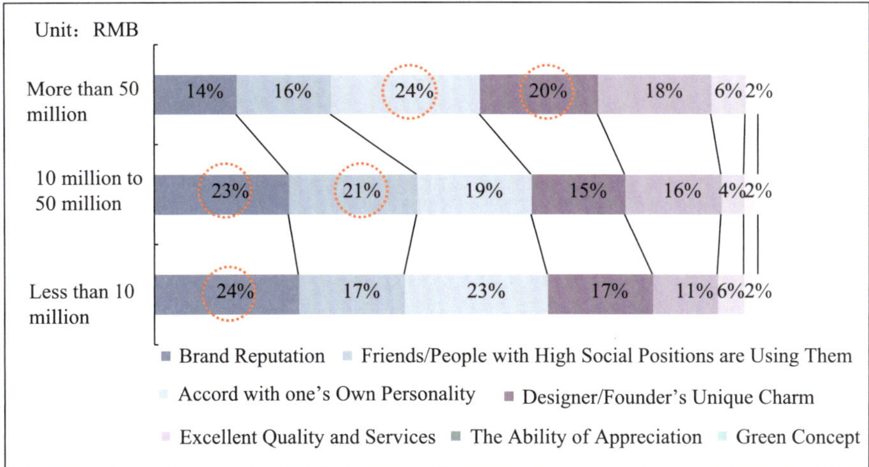

Figure 1 – 6 Different Motivations in Self-use Consumption of Consumers with Different Assets Conditions

Choice Differences in Business Gifting VS Collection and Investing

In the current Chinese luxury market, business gifting and collection and investing take up the half of luxury consumption. In business gifting, the most popular categories of luxury in China are: high-grade tobacco and wine (20%), leather goods (19%), perfume and cosmetics (18%); while in collection investing, the most popular ones are: luxury watches (34%), jewelry(19%)and works of art(17%).

Chinese luxury consumers from different asset levels have different emphasis when conduct business gifting and collection investing.

TABLE 1 – 1 Choice Preferences in Business Gifting and Collection Investing When conduct business gifting

Item	Choice preferences in Business Gifting	Choice preferences in Collection Investing
Brand-name leather goods	19%	13%
Luxury watches	17%	34%
Jewelry	8%	19%
Works of art	8%	17%
Luxury cars	3%	16%
High-grade Tobacco and Wine	20%	N.A.
Perfume and Cosmetics	18%	N.A.
Apparel	7%	N.A.
Airplanes& Yachts	N.A.	1%
In total	100%	100%

To luxury consumers with less than RMB10 million of assets, perfume is always their first choice (26%) when conduct business gifting, and luxury leather goods come the second(21%), because they think this kind of products is the right choice with a comparatively lower price.

Consumers with assets of RMB10 million to 50 million prefer to choose high-grade tobacco and wine(24%)as gifts in business. During the interviews, many of them refer to fine wine and high-grade liquor as the best choices in business gifting.

Consumers with assets of more than RMB50 million are more likely to choose luxury watches as gifts. They regard famous brand watches as symbols of successful businessmen with profound meanings. What's more, luxury watches have stable prices and great potential to add value, so they are the best gifts to show sincerity or thanks.

When purchase luxury for collection and investing:

- Luxury consumers with less than RMB10 million talk most about the collection and investment of luxury watches (37%). They think this

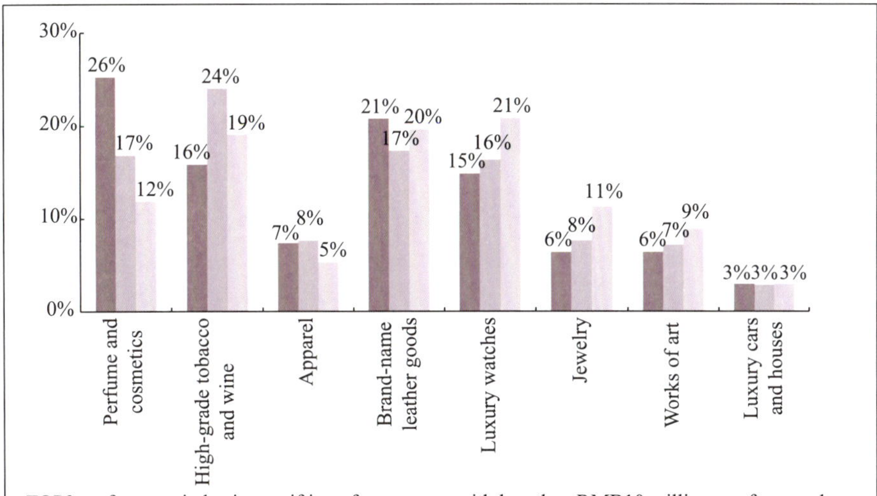

Figure 1 –7 Preferences in Business Gifting of Consumers with Different Asset Conditions

Note: High assets consumers prefer to choose luxury watches, jewelry, and works of art as business gifts.

kind of luxury is produced limitedly, have lager appreciating space; and watch's physical character of easy to deposit endows it a strong value to be passed on.

• Consumers with asset of RMB10 million to 50 million have an enthusiasm to collecting and investing luxury cars (34%) besides luxury watches (34%). Many consumers mentioned the supreme collecting value of some limited editions or customized cars during the interviews.

• Consumers with personal wealth of more than RMB50 million obviously value more about collection and investment of works of art (36%). According to our in-depth interviews, people in this group think that high-end luxury cars are only travel tools which could be easily purchased with enough money, while top works of art are extremely supreme luxuries even cannot be purchased with money. What's more, works of art could display personal taste and esthetic sentiment, and have great potential to add value.

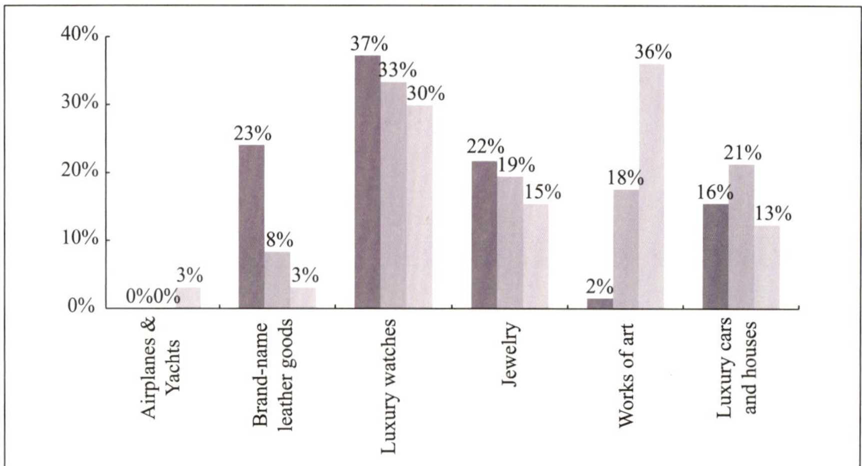

Figure 1 –8 Different Preference to Collecting and Investing Artworks of Consumers with Different Assets Conditions

Purposes of Chinese Luxury Consumption in the Eyes of High-End Media

High-end media and luxuries are like inseparable twin brothers. It is just these high-end medias that perfectly combine the inner demand of Chinese consumers and luxury brands' desire to advertise together, hence promoting the prosperous development of Chinese luxury market. In order to analyze the characteristics of current Chinese luxury consumption more comprehensively and objectively, this report asked high-end media practitioners their view of values of luxury to Chinese consumers from an objective perspective and evaluate the current consumption states of Chinese consumers.

Values of Luxury to Chinese Consumers in the eyes of High-end Media

■Displaying social status is the most important value(37%)

This point accords with the idea mentioned in personal-use consumption—"Mianzi consumption is the first consumption purpose of average luxury consumers while social consumption is the first consumption purpose of high asset consumers". It also reveals consumers' preference of luxury categories when making consumption choices in business gifting, as well as Chinese high-end consumers' demand for the value of luxuries in personal-use consumption and business gifting.

■Promoting life quality comes the second(35%)

According with the point mentioned in personal-use consumption—"the more assets people own, the less they pay attention to the concept of luxury brands and they focus more on personalized products and services", high-end consumers favor luxury's value of promoting their life quality.

■Interest & maintaining and adding value(28%)

High-end media say that in current Chinese luxury market, although not many, there are indeed some consumers who appreciate luxury from a professional perspective and purchase top luxuries especially works of art as collections. Meanwhile, more and more people are gradually accepting

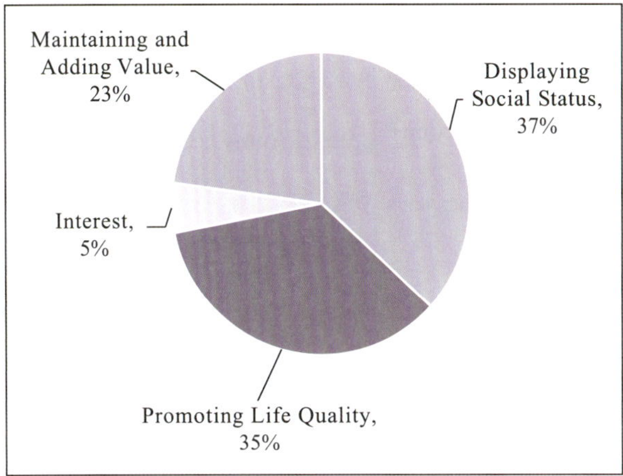

Figure 1 -9 Values of Luxury to Chinese Consumers in the Eyes of High-end Media

the concept of maintaining and adding value, which is just why many consumers buy luxury goods.

Consumption State of Chinese Luxury Consumers in the Eyes of High-end Media

Research results show, 45% of high-end media heads think Chinese luxury consumers are at a state of "affluent, no taste and are in the middle of learning", namely "affluent without dignity". This is the state of most luxury consumers, and the next description is "affluent, not knowing how to enjoy life and are in the middle of learning".

■State 1—"affluent, no taste" and "affluent, not knowing how to enjoy life"

More than 70% of high-end media agree that China is still at the very start of luxury consumption. After the reform and opening up, some Chinese consumers rapidly gain wealth and could afford to purchase luxuries. But as the "new wealth", most of them lack consumption taste compared to mature luxury consumers in developed countries, and they don't quite know how to take luxury into their daily life.

■State 2—"in the middle of learning to have taste" and "in the middle of learning to enjoy life"

But meanwhile, in the eyes of high-end media, Chinese consumers are

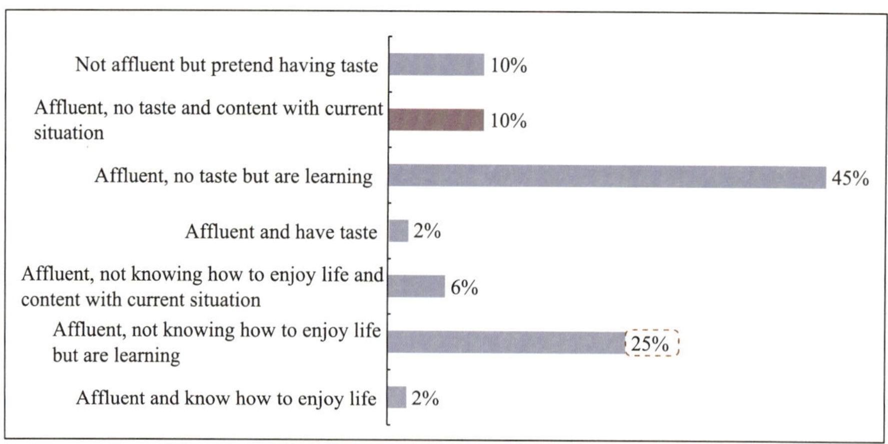

Figure 1-10 Consumption States of Chinese Luxury Consumers in the Eyes of High-end Media

in the middle of learning to have taste and enjoy life. And this just perfectly accords with our former description of ultra-high asset consumers' preference of works of art and their emphasis on luxury personalization, customization and services.

Modularization of Consumption Decisions

Analyzing the choice pattern of Chinese luxury consumers is crucial, which is the hottest issue that all luxury brands need to explore. In this report, researchers conducted an in-depth analysis of Chinese luxury consumers from four aspects—which brand to choose (Brand), what kind of luxury to buy (Product), where to purchase (Place) and what's the level of consumption budget (Budget).

Coexistence of Low Brand Loyalty and Strong Concept of Impressive Consumption

Research data shows that the brand loyalty of Chinese luxury consumers is relatively lower than that of mature European and American luxury market buyers, as the repeated purchasing rate is just 10% ~ 20%, while the rate of replacement of brands for the Chinese is as high as 80% ~ 85%. Average asset consumers with assets less than RMB50 million have a brand loyalty rate of 15%. Ultra-high asset consumers have a slightly higher brand loyalty rate, and even billionaires' loyalty rate, with assets of more than RMB500 million, is only 20 %.

The survey shows that the top five brands the Chinese high-end consumers most like to purchase repeatedly are: Louis Vuitton, Chanel, Gucci, Hermès and Rolex.

Through in-depth interviews with billionaires, it was found that ultra-high asset consumers do not know much about the cultural connotation of luxury brands. They pay more attention to the personalization and customization when purchasing luxuries and have a lower brand loyalty compared with their European and American peers. On the other hand, they are easily affected by advertising when selecting luxury brands and are more likely to buy products with a good reputation. We name this unique Chinese phenomenon as "Impressive Consumption Paradox."

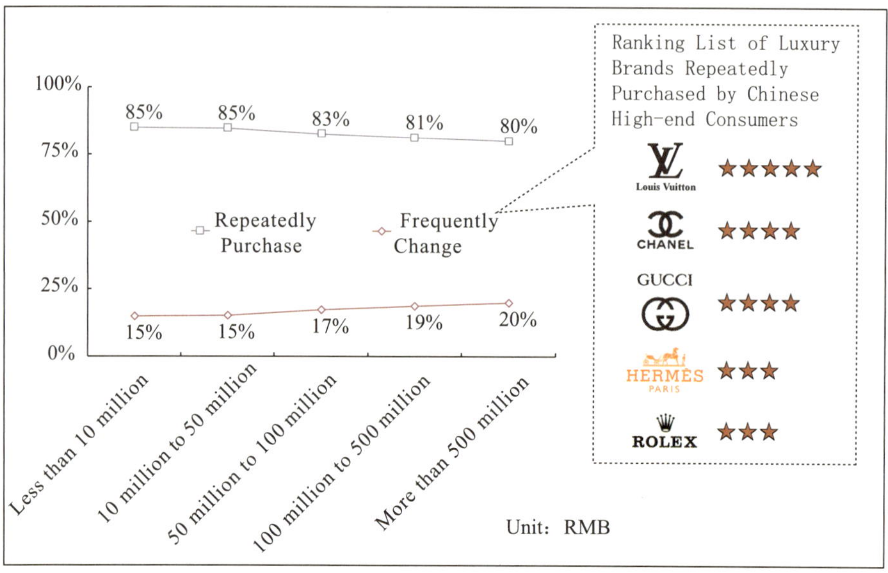

Figure 1 – 11 Different Brand Loyalties of Consumers with Different Assets *Conditions*

Note: Chinese High-end consumers have a low luxury brand loyalty, but a high level of impressive consumption.

Choice of Product: Product Design & Customization and Limited Edition

Research findings show that Chinese luxury consumers, when making their purchasing decisions, are strongly influenced by four motivations—product design, customization and limited edition, discounts or special offers, and sales staff.

■ Product design

Product design comes the first among the four motivations, 40% of average income consumers, 41% of high income consumers and 23% of ultra-high income consumers focus on this factor when making purchasing choices. It reveals that Chinese consumers are more perceptual when purchasing luxuries, they are easily affected to buy due to a unique design, a prominent color or some physical characters of a certain product. And that explains why nearly all brands spare great effort and money on package design.

■Customization and limited edition

The more wealth consumers possess, the more easily they could be motivated by customization or limited editions of luxury. Taking customized luxuries as an example, only 5% of average asset consumers are willing to buy customized goods. With the increase of consumers' wealth, 11% of high asset consumers prefer customized products, and 14% of ultra-high asset consumers claim that they are even willing to pay high for personalized customization. This proves that, people with more wealth pay more attention to personalization experience in luxury consumption, and are willing to pay for customization. What needs to be mentioned is that, although many consumers have clearly claimed their willingness to purchase customized products and services, they have shown great interest and attention to customization. So customization is becoming the inner force of this new trend in industry.

■Discounts or special offers

Average asset consumers with limited luxury consumption budget show high sensitiveness towards luxury discounts or special offers (24%), while the affluent high and ultra-high asset consumers show much less sensitiveness (13%).

■Sales staff

Ultra-high income consumers with more than RMB50 million are more easily influenced by sales staff (24%). And this is closely connected with their wealthy and perceptual characteristic.

Consumption Place: "1 + 1 + 1" Consumption Principle

Research results show that Chinese luxury customers generally follow a "1 + 1" principle when selecting their purchasing sites, namely half of their products are purchased in mainland China, and the other half from Hong Kong China and Macao China. As for the high asset consumers, especially ultra-high asset consumers who have more opportunities to go shopping abroad, their consumption sites follow a "1 + 1 + 1" principle. Namely, one third of their products are purchased at home, one third in

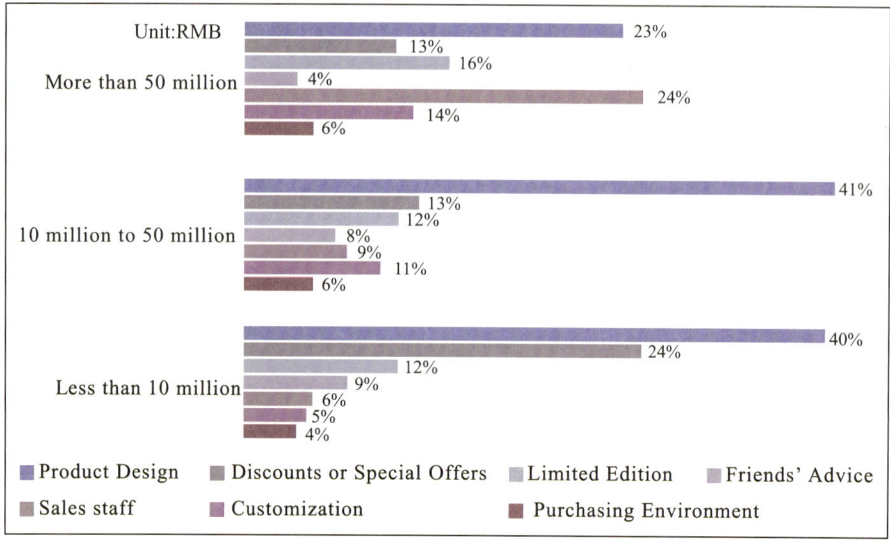

Figure 1 – 12 Different Purchase Decisions of Consumers with Different Assets Conditions

Note: Product design is the primary factor in luxury consumption, consumers with more wealth are more easily to be affected by salesmen, and are full of enthusiasm about limited editions and customized products.

Hong Kong and Macao, and the remaining one third in other overseas areas. Among the overseas areas, Europe is always their first choice (58%) with America second at 28% and Japan in third position at 8%.

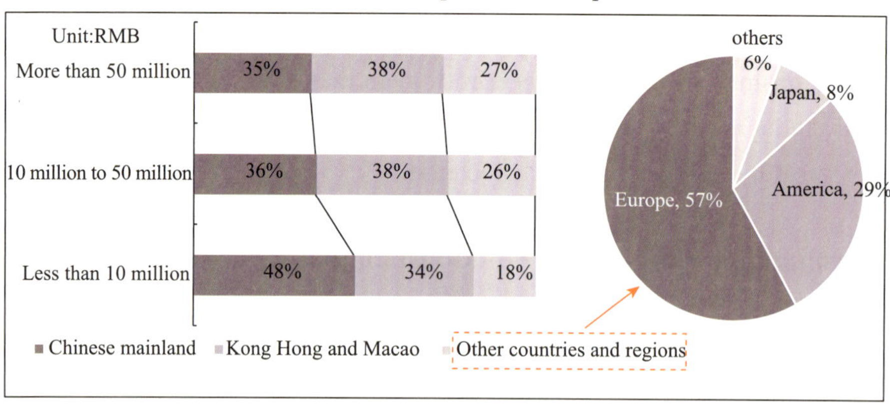

Figure 1 – 13 Difference in Purchasing Place for Chinese Consumers with Varied Assets

Note: Chinese mainland, Hong Kong and Macao are the important purchasing sites for Chinese luxury consumers, while people with more wealth prefer to purchase luxury goods overseas, especially in Europe.

Purchasing in Mainland: shopping in the stores is the main method

When shopping in mainland, going to the high-grade department stores and shopping malls is consumers' main choice, especially high asset and ultra-high asset consumers, half of whose luxury goods are bought in stores or shopping malls. And as they often go abroad for business activities or travelling, they have more chances to purchase luxuries in duty-free shops (29%). And they will also ask professional purchasing agencies to buy for them (7%) when purchasing luxuries request professional authenticating skills (like luxury cars, yachts, limited edition luxury watches and jewelry).

Comparatively, average asset consumers are more sensitive to prices. High price in shopping malls in mainland forces them to ask friends to buy for them, in order to lower the cost. And as consumers in this group are generally younger, they have a higher degree of recognition towards on-line purchase (7%). This point will be analyzed in "E-commerce Luxury Market" in Chapter Two.

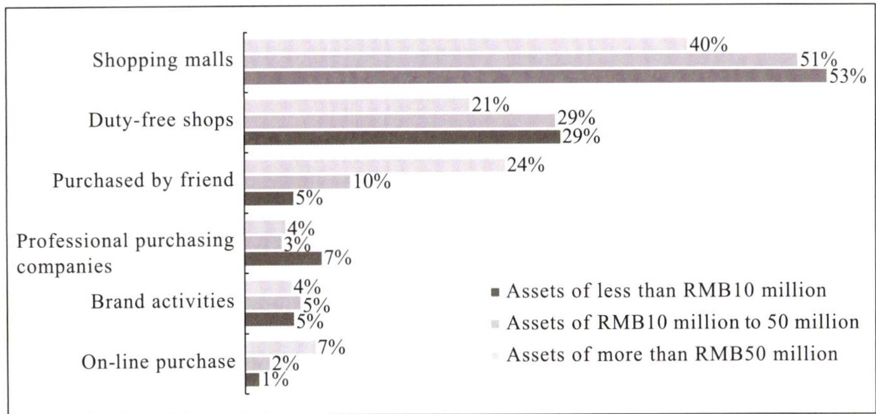

Figure 1 – 14 Different Shopping Methods in Chinese Mainland of Consumers with Different Assets Conditions

Note: Average asset consumers are more sensitive to prices and prefer to ask overseas friends to buy for them. High asset consumers emphasis shopping experience and prefer to purchase luxuries in high-grade department stores and shopping malls.

Purchasing in Hong Kong China and Macao China and other countries or regions: purchasing by the way is the main method

When purchasing in Hong Kong China and Macao China and other countries or regions, only a few of luxury consumers go to these places just for shopping. More specially, average asset consumers with less than RMB 10 million usually buy luxuries during travelling, while ultra-high luxury consumers with more than RMB50 million always purchase luxuries during business activities. The difference is due to the different social positions and professional roles of luxury consumers with different wealth conditions.

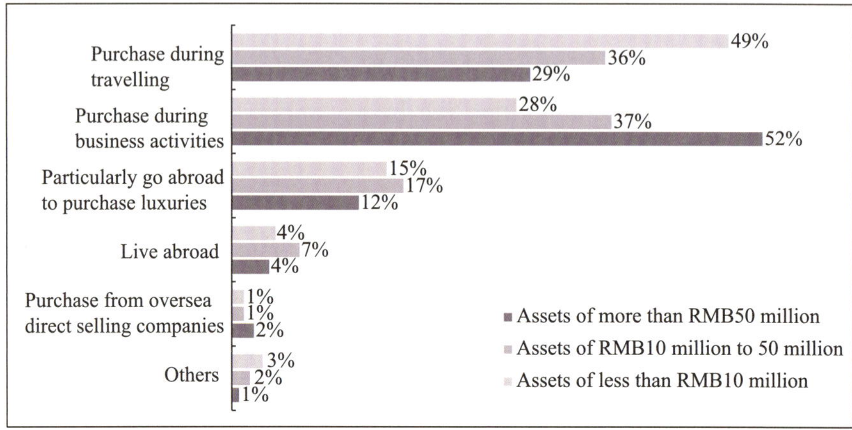

Figure 1 – 15 Different Shopping Methods in Hong Kong China and Macao China and other Countries and Regions of Consumers with Different Assets Conditions

Note: Average asset consumers prefer to buy luxuries during travelling, while high asset consumers prefer to buy luxuries during business activities.

Budget Decision: Optimism Together with Cautiousness

The future luxury consumption budget is generally optimistic

According to the survey of luxury consumption budget in the future, 41% of Chinese luxury consumers have the plan to increase their luxury expenses. Among them, average asset consumers are most optimistic about their future luxury consumption, 48% of them plan to raise their luxury consumption budget in the future. Besides, 41% of high asset luxury consumers and 33% of ultra-high asset luxury consumers show their willingness to raise budget. Only 10% would like to cut down their consumption expenses in the following year. So generally, Chinese consumers still have a strong consumption desire for luxuries, and have the intention to increase luxury expenses.

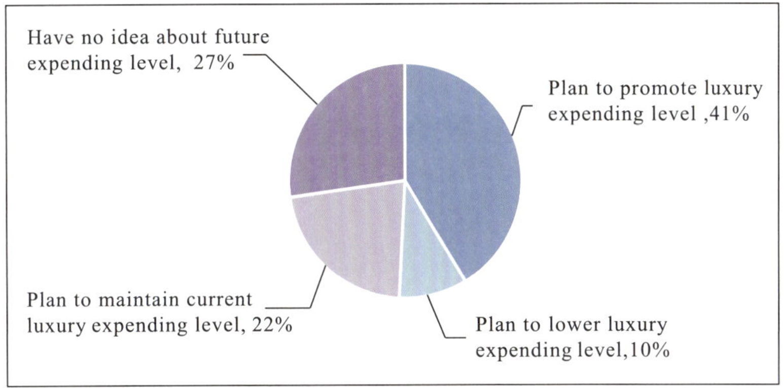

Figure 1 – 16 Future luxury consumption budget of Chinese consumers

Note: The future luxury consumption budget of Chinese consumers is generally optimistic.

■The future luxury consumption budget is partially cautious

What should be noted is that, 27% of high asset luxury consumers and 30% of ultra-high asset luxury consumers are not quite sure about their future luxury consumption plan. 24% of high asset luxury consumers and 20% of ultra-high asset luxury consumers are going to keep the expenses at the current level. Especially among ultra-high asset consumers, 17% of them have the intention to cut down luxury expenses, top the other groups. So in the next year, Chinese high asset consumers will stay cautious about luxury consumption.

In-depth interviews with consumers also reveal that the rich and the affluent in China will firstly cut down luxury expenses under the circumstance of tightening cash flow. They will cut down expenses on enjoyable luxury consumption like jewelry, planes and yachts, but invest more on works of art. Besides, they will actively enter the second-hand luxury market to gain the cash realizing ability of personal idle luxuries, which just promotes Chinese trading market for works of art and second-hand luxury market become the new growing markets in China.

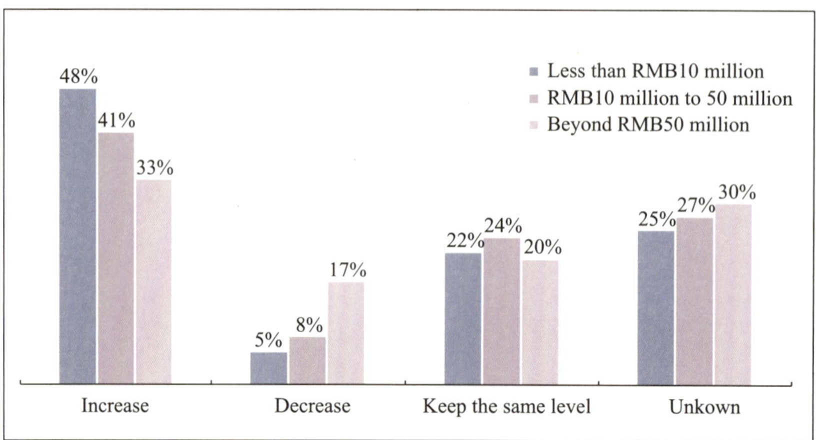

Figure 1 –17 Future Luxury Expenditure Plan of Consumers with Different Assets Conditions

Note: High asset consumers tend to be cautious about luxury consumption in the future.

Enlightenment

Since 2011, Chinese economy has been faced with new challenges of tighten macro-economic policy, continued downturn of real estate market and stock market, storage of cash flow in manufacturing, which also bring high-end luxury consumers quite some pressure. Optimism bound together with cautious growth will last among Chinese luxury consumers for the foreseeable future. Promoting the ability to realize the personal idle luxury goods into cash is about to be a luxury consumption trend and the rational development of Chinese art market and the prosperity of second-hand luxury market are sure to continue.

CHAPTER 2

RRFURBISHED DUTY-FREE E-COMMERCE

THE NEW APPROACH
IN CHINESE LUXURY MARKET

Chinese Second-Hand Luxury Market

As the Chinese luxury market matures and the consumers' attitudes change towards consumption, second-hand luxury markets begin to spring up in first-tier cities like Beijing and Shanghai. Although the market has just started and still needs more management and regulation, the rising of second-hand luxury market tells us that luxury items can also be realized or maintained and added value by consigning or other trade methods. So it's necessary for us to explore the current situations, basic characteristics and existent problems of Chinese second-hand luxury market, and figure out suitable developing strategy.

Current Situations of Chinese Second-hand Luxury Transaction

■ Change of consumption concept: New proposal of "new second-hand"

With the development of market, second-hand transaction spreads from commodities to luxury goods. Traditional luxury consumers think that "it is infra dig to buy used luxuries", and "new only, no used"; but as consumers' attitudes towards consumption become more and more open nowadays, the definition of second-hand gains new meaning. "New second-hand" gradually becomes a new proposal in life-advocating rational consumptions, avoiding material waste and making full use of our limited resources to live a better life. And this is the very reason for the emergence of Chinese second-hand market.

■ Consigner: Avoid idle, avoid waste

Consigners could gain recycling funds and ease the deposit and maintenance pressure by putting their idle luxuries or luxury goods they dislike into the second-hand market. Meanwhile, second-hand luxury transaction is also a method of assets realization, especially for products with potential for maintaining and gaining value. Second-hand luxury market offers an effective platform for valuation, and further strengthens the ability of luxury goods to maintain and add value.

■Consumers: Lower prices, more choices

A prominent feature of most second-hand luxury products—which are mainly consumer products—is the prices are lower, that is to say consumers could buy luxury goods they like with a comparatively lower price in second-hand market. But some other consumers enter this market to find some products cannot be purchased in first-hand market, like some limited editions of luxury watches and jewelry. Prices of this kind of products could rise instead of falling; some are even more expensive than their initial prices. Due to this reason, almost all levels of high assets group could be consumers in this market, and it breaks down the regular perception that "the rich sell and the poor buy" in second-hand market.

■Marketer: Large potential market

Currently, there are about 500 second-hand luxury consignment companies of all sizes in Chinese market. However, most of them are at the initial period of their development with small sizes and low market reputations. Most of these companies are small luxury consignment stores, among which companies having comparatively higher market reputations and bigger sizes are MiLanBrand, SECOO, Rain-WOW Consignment and so on. Second-hand luxury market abroad started early, have mature management and regulation. And recently some of them begin to enter China like BRAND OFF from Tokyo, as they have confidence in the prosperous future of Chinese second-hand luxury market. And this also reveals that Chinese second-hand luxury market still has a large operating space.

Figure 2 – 1 Most Popular Second-hand Luxury Consign Companies among Chinese Consumers

Today Chinese second-hand luxury transaction companies are mainly engaged in selling, consigning, purchasing, renting and offering maintain and add value services of luxury bags, leather goods, apparel, watches and jewelry. Most of the products are consumer goods, and the minority are goods for investing. The most popular brands among consumers are Louis Vuitton, Gucci, Hermès, Patek Philippe, Burberry, Ferragamo, Chanel and so on. Consumers who are accustomed to purchasing and using second-hand luxuries will buy and sell luxury goods frequently, and this rapid turnover rate means more revenues and profits.

Figure 2 – 2 The Most Popular Luxury Brands in Second-hand Luxury Market

Basic Characteristics of Chinese Second-hand Luxury Market

■ Consumers aged 30 ~ 40 are the main group of second-hand luxury transactions

Consumers aged 30 ~ 40 are the main participants of Chinese second-hand luxury market, showing enthusiasm to both purchase and sale (42% of them are willing to purchase second-hand luxury, and 41% have the desire to sell). There are two reasons for this situation: one is that most of luxury goods they trade are consumer products; the other reason is that consumers in this age group are at the rising stage of their career. They pay attention to luxury consumption but their income is limited. Along with the rise of their social position and increase of income, they will sell and purchase luxury goods frequently so that they could consume more luxuries with limited wealth.

However, categories of luxuries they trade are confined to luxury bags, accessories and apparel.

Consumers aged 40 to 50 are more willing to sell their idle luxuries but less willing to purchase second-hand luxury goods (32% of them are willing to purchase, and 39% want to sell). And the trade categories are upgraded compared to consumers aged 30 to 40, consumers in this age group mainly trade works of art (second-hand but are limited editions) and luxury collections for the purpose of maintaining and adding values.

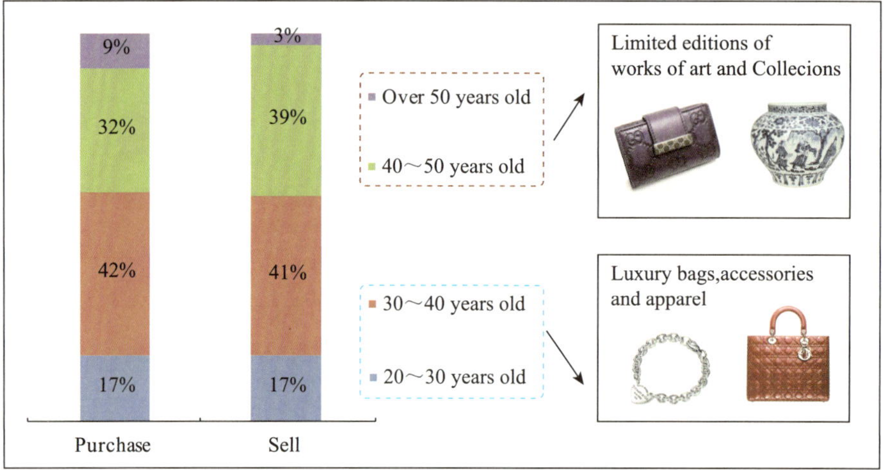

Figure 2 –3 Willingness of Second-hand Luxury Trade of Consumers of Different Ages

■Consumers with wealth of less than RMB50 million are active groups in Chinese second-hand luxury transactions

Research reveals that with the increase of consumers' wealth, their interest and willingness to trade second-hand luxury goods decrease.

Consumers with asset less than RMB10 million (38% are willing to purchase and 36% are willing to sell) and those with assets of RMB10 million to 50 million (40% to purchase and 32% to sell) are active groups in second-hand luxury market. They show strong willingness in both purchasing and selling, and they are even more willing to purchase than to sell.

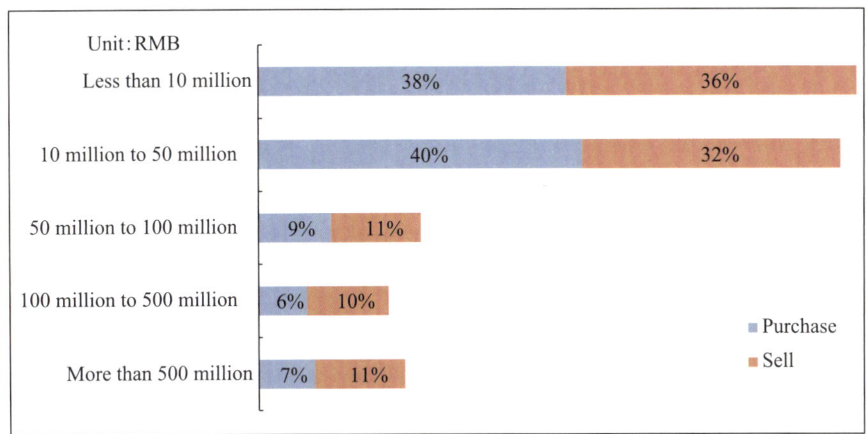

Figure 2 -4 Willingness of Second-hand Luxury Trade of Consumers with Different Assets Conditions

We discover a funny phenomenon during the research; that is a group we define as "people around the billionaires". Some of them don't possess much wealth; some have been high-assets group with tens of millions of wealth, but their personal wealth and consumption ability still cannot compare with those billionaires. Therefore, second-hand luxury goods become their ideal choice. They frequently buy and sell second-hand luxuries and become the best participants in this market.

Once personal wealth surpasses RMB50 million, consumers' enthusiasm towards second-hand luxury transactions plunges dramatically and they would have stronger willingness to sell than to purchase. Although these consumers have plenty of luxuries to consign—in fact, they are the biggest seller's market of second-hand luxuries; during the survey, they do not show strong desire to consign their luxuries. Just accord with our initial presumption, even though they own the largest quantity of luxuries, they are under little capital pressure to sell them out. What's more, as many of their luxuries are initially purchased for investment, possession is a way of maintaining and adding value. Therefore, they generally won't purchase second-hand luxury goods because of the lower price, but they would like to buy some value-added products that can't be bought in first-hand market.

■Consumers with Bachelor's Degrees or Junior College Degrees have stronger willingness to trade second-hand luxury goods

Research shows most of the major group in Chinese second-hand luxury market have Bachelor's Degrees (49% are willing to purchase, and 48% to sell), and those with Master's Degrees come second (26% are willing to purchase, and 29% to sell). The reason is consumers with higher education levels (including Bachelors and Masters) have a more open consumption attitude to accept novelty, so as for second-hand luxuries transactions. Besides, most of the early entrepreneurs and senior executives are also college graduates. Consumers in this group are at the rising stage of their career, and have strong demand of bettering their images and business gifting. As they don't have a financial power like the affluent group, second-hand luxuries with comparatively lower price become a nice choice.

What should be noted is, most highly educated interviewers (including Postgraduate \MBA \EMBA \PhD) in our survey get their degrees while working, and many have been entrepreneurs with affluent personal wealth; while nearly all of those with lower education backgrounds are potential entrepreneurs. Just as mentioned above, this situation accords with the view that consumers with more wealth pay less attention to second-hand luxury transactions.

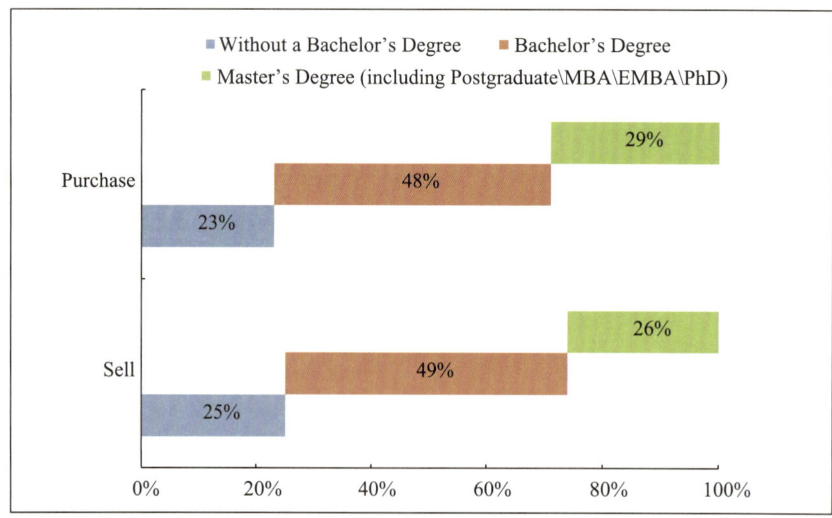

Figure 2 –5 Willingness of Second-hand Luxury Trade of Consumers with Different Education Levels

■Far more female consumers than male consumers

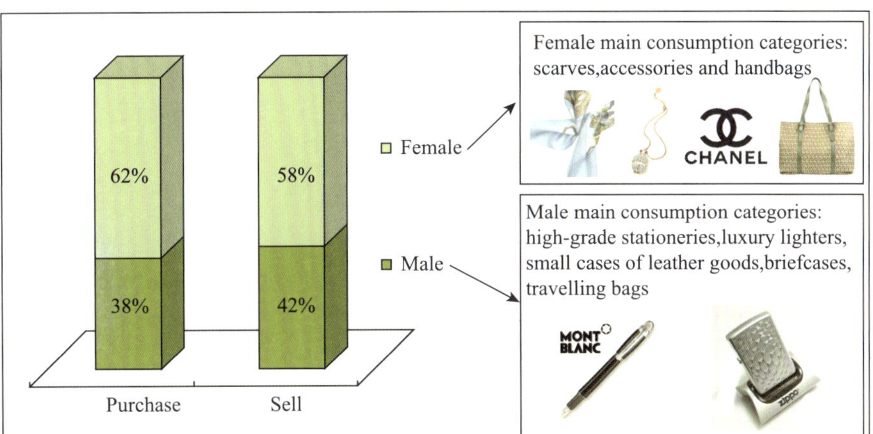

Figure 2 –6 Willingness of Second-hand Luxury Trade of Consumers of Opposite Genders

Survey shows that the major group in second-hand luxury market is female consumers. They have far more enthusiasm and stronger willingness than male consumers in both buying(62%)and selling(58%).

Females have stronger desire to consume than males, so as for second-hand luxury consumptions. Unlike male consumers' rational consumption, females' consumption is much more perceptual as they are more easily to be affected by the environments like advice from friends. Males are naturally more sensitive about their social status, and second-hand luxury trade seems to be a hint of low personal wealth or something is wrong with their assets, and hence harms their status. On the contrary, females pay more attention to realistic interests. Low price of second-hand luxury goods is a strong advantage to draw their attention and the realization of idle luxuries greatly caters for the needs of these female consumers.

■Consumers from first-tier cities have the strongest demand for second-hand luxury transactions

Research reveals an imbalanced development of Chinese second-hand luxury markets in different areas. The second-hand luxury markets in eastern area of China are more prosperous than those in central and western regions, and first-tier cities have stronger willingness towards second-hand

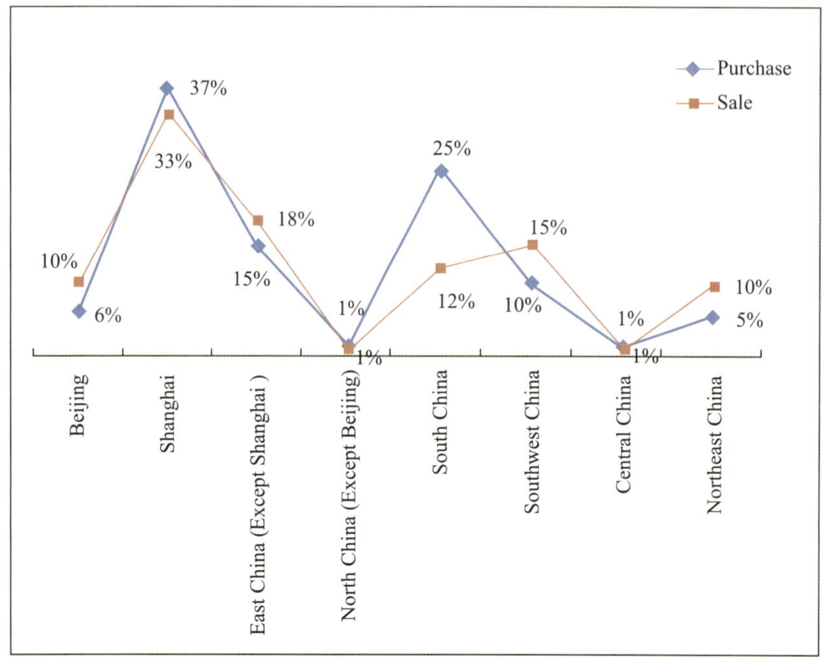

Figure 2 –7 Willingness of Second-hand Luxury Trade of Consumers from Different Cities

Note: North China: Beijing, Tianjin, Hebei, Shanxi, Inner Mongolian Autonomous Region
Northeast China: Liaoning, Jilin, Heilongjiang
East China: Shanghai, Jiangsu, Zhejiang, Anhui, Fujian, Jiangxi, Shandong
Central China: Henan, Hubei, Hunan
South China: Guangdong, Hainan, Guangxi Zhuang Autonomous Region
Southwest China: Chongqing, Sichuan, Guizhou, Yunnan, Tibet Autonomous Region
Northwest China: Shannxi, Gansu, Qinghai, Ningxia Hui Autonomous Region, Xijiang Uygur Autonomous Region

luxury consumption than second-tier and third-tier cities. The prosperity of second-hand luxury market has a positive correlation with local economic developing level. Areas with lower economic developing level have less willingness to second-hand luxury trade.

According to the data, first-tier cities with highly developed economy like Shanghai and Beijing have the strongest willingness to sell personal idle luxuries, and areas with fast-developing economy like North China and East China have the strongest willingness to buy second-hand luxuries. And this is completely opposite to our initial assumption.

Reasons:

● People pay more attention to dignity and social position in less developed areas. Entrepreneurs in those areas generally have strong local influence and are the focus of local attention. Using luxury brands to display their dignity and social position is their strongest request, while second-hand luxury transaction just counters to this point. Meanwhile, their insight and mind-set are far less open than entrepreneurs from first-tier cities, leading to their emotional resistance towards purchasing second-hand luxuries.

● The existent quantity of second-hand luxuries in second-tier and third-tier cities is limited. Although recent years, luxury brands frequently open chain stores in these areas, the quantity and quality of luxury goods that the second-tier and third-tier cities possess still cannot compare with those of the first-tier cities. That is to say, second-hand luxury inventory is a crucial factor to the development of this industry, and it also reveals that second-hand luxury goods have lager market space in the future.

● Gap between the rich and the poor is even wider in economically underdeveloped areas. Second-hand luxury market consists of three groups—"people to sell, people to sell and buy, people to buy". As economy is much more developed in first-tier cities, most people could participate in this industry chain. But in many others areas, second-hand luxury are still "luxury" to most people. Even though many sellers settle the supply problem by transporting goods from other areas, lack of consumers is still a barrier to second-hand luxury market development in less developed areas.

● The opening levels vary in different regions. First-tier cities are highly economically developed, and more open to accept novelty, so people there have a better acknowledge and understanding of luxury. They have begun to change their concept towards second-hand goods and gradually accept second-hand luxuries. On the contrary, second-tier and third-tier cities are less developed and less open. Consumers know little about luxuries and have a traditional prejudice for second-hand goods, so second-hand luxury markets in second-tier and third-tier cities are not as prosperous as some second-hand luxury transaction companies expected.

Accordingly, first-tier cities are the real main battlefield of second-hand luxury. However, many brand operators always simply take the blankness of second-hand luxury transactions in the second-tier and third-tier cities as great potentials and all tend to target at such areas. They spare great effort and investment in second-tier and third-tier cities but ignore the consumption willingness of local consumers. To avoid this kind of gap between market arrangement and the real situation in second-hand luxury market, operators should reconsider their market arrangements and adjust marketing strategy.

Five Pressures Chinese Second-hand Luxury Market is Faced with

As a newly rising market, Chinese second-hand luxury market currently still has a lot of problems, like authenticity of products, supply of goods, after-sales service and credit, and low level of management. Detailed problems are as follows:

■TOP1: Difficult to identify the authenticity of products

How to identify the authenticity of products is the most serious problem second-hand luxury market is faced with, and it has now become the biggest bottleneck of this industry. The reason of this problem is that China lacks industrial standards and regulations in second-hand luxury industry. The identifying work is a technical profession with high requirement for practitioners, but it's quite difficult to find this kind of products validation practitioners. So second-hand luxury companies generally could only follow their experience in practical operations. Therefore, "identifying the authenticity of products" is the primary problem to be settled in this industry.

■TOP2: Consignment based business model cannot ensure sustainable goods supply

Currently most second-hand luxury consignment companies only offer the transaction platforms, and charge a commission of 10% ~ 20%. The standard and proportion of commission are decided by both sellers and operators through consultation. This could ease the capital pressure of second-hand luxury operators, but meanwhile limits the goods supply. Being unable to ensure the quantity, quality and sustainability of goods supply will harness the companies' long-run business. Recent years, many companies buy out the exclusive goods supply to deal with this problem; but this type of operation demands for large amount of capital and high-skilled practitioners, and is just at its initial stage.

■ TOP3: Lack of after-sales services and lower consumers' consumption experience

Second-hand luxury consignment companies only offer the platforms for second-hand luxury transactions, but lack after-sales services like luxury maintenance, renovation and clean as well as the ability to communicate with consumers. This lower consumers' experience value, even many companies themselves have discrimination and prejudice against consumers. So the most valuable part of second-hand luxury-after-sales services cannot be realized. According to current research results, in second-hand luxury market, demand for service is stronger than for transaction, and has more commercial value. Excellent second-hand luxury companies have great opportunities to be consumer service agencies for all luxury brands, and build their own special value and position in luxury market.

■TOP4: Integrity problem is the biggest barrier between sellers and operators

In second-hand luxury transaction, operators don't need to offer consigners any cash or material mortgage; both sides mainly rely on consignment contract, which actually increase sellers' capital risk. On one hand, once operators rebel integrity, it will probably cause disputes because consigned goods are lost or broken. On the other hand, operators cannot offer more effective methods to dispel this kind of worries.

■TOP5: Low level of industry management

Recent years, several second-hand luxury companies mushroom in China, but this industry is still at its initial stage of development. Its management level still greatly lags behind that of international luxury brands, which mainly reflected in two aspects: consumer service and brand building. Ultimately, this is closely related to the biggest problem Chinese luxury industry is always faced with—talent resources problem.

In sum, even though Chinese second-hand luxury market is just at the start, this market has enormous developing space. As more and more luxury consumers are participating in second-hand luxury transaction, Chinese second-hand luxury market urgently needs mature industry standards and regulations to ensure a regulated, rational and prosperous development.

Chinese Duty-Free Luxury Market

Consumption is one of the three driving forces for a country's GDP growth. At the opening ceremony of Boao Forum for Asia in April this year, president Hu Jintao has pointed out that in the coming five years, China will focus on expanding the domestic demand, particularly the consumer demand, and build up a long-effect mechanism to stimulate consumption and prompt the restructuring of China's economic growth pattern by relying on consumption, investment and export. In the past 10 years, as Chinese consumers are growing in their wealth, the luxury market in China has developed by leaps and bounds in recent years and was embraced by more and more Chinese consumers. However, as it is said before, more than 50% of the Chinese top consumption is conducted in overseas market, of which more than half of purchases are found in duty-free shops. The charge of taxes (import tax, value-added tax, and consumption tax) and high additional fees on circulation together with the agency-based import system have conducted conspicuous price spread between China's mainland and the overseas market. And yet it is this huge price spread that drives the top Chinese consumers to overseas market.

Survey of the Price Spread between China and Overseas

To find out the price gap between China and the overseas market, the survey covers the different prices in-and-abroad China in 2011 for seven categories of luxuries (jewelry, watches, bags, leather shoes, liquor, perfumes, and cosmetics), 65 brands and 115 products. The scope of the survey includes Chinese mainland, HK China, Macao China, France, Italy and other European areas, and America. The prices are both from the taxed markets and the duty-free markets.

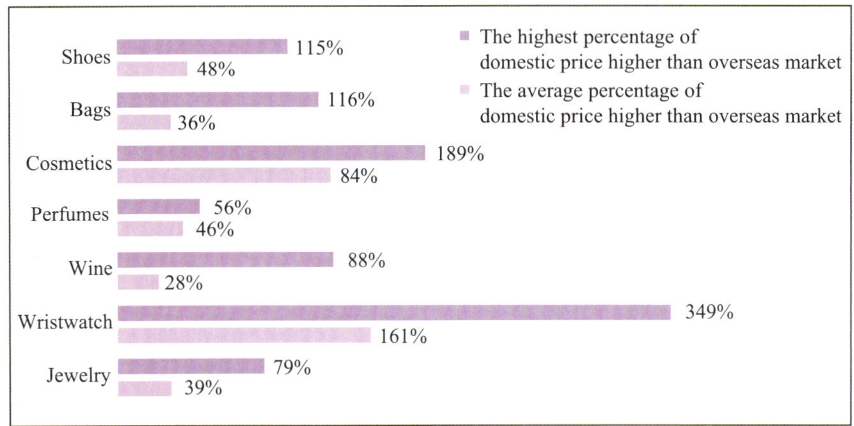

Figure 2 – 8 Price Comparison between Domestic Market and Overseas Market in 2011

The result shows that at the present stage the price of Chinese luxuries are higher than the overseas market, but in some sectors, Chinese prices are lower instead; the products in Chinese market are abundant and various; basically, Chinese market can keep its pace with the international fashion trend; the spread differs in different varieties of luxuries, and presents some Chinese characteristics.

■ Watches: sharp price spread between China and overseas market

The price spread of the watches surveyed is between 100% and 350%. Even in China, the price spread between the taxed and tax-free market is about 80% to 150%. The different demands of watches are more concerned with income rather than price. Due to the strict censorship on import by Chinese government and the agency-based system, the imported watches have to pay taxes as high as 30%; and other fees charged on the circulation process only further pushed up the price.

■ Jewelries: price of the overseas markets may not far higher than China

The price spread of jewelries surveyed in the two markets is from 20% to 80%, of which some company's global bestsellers designed for charity or other intentions do not differ much in their prices, namely, less than 30%. Other classical styles and bestsellers found in the exclusive stores in Chinese market cost at least 30% higher than those in China's duty-free market and overseas market. But the sampling also shows that some jewelry products sold in the Chinese market are about 10% cheaper than the overseas market.

■Liquor: unstable in price spread

In the survey of the top six popular Cognac and X. O brands in China, we found that on one hand, most of the Cognac in Chinese mainland cost 30% higher than the official price and some of them even reach 90%; on the other hand, the price gap of the X. O is more reasonable, only about 10%, and the prices of some brands in the mainland duty-free shops are even lower than those in overseas market. This instability of the price spread was related to the agency-based sales system in China. The price competition and speculation among the agencies caused this instability.

■Bags and leathers: small price spread in-and-abroad China (30%); with several products in China are 18% lower

From the well-known world brands surveyed in leather shoes, we can see the price spread maintains at 20% ~ 30%; with some exceptional products' prices are almost the same or even lower than the overseas market; some of them have a relatively big price spread among the overseas markets at 95% ~ 115%. The export tax rebate policy implemented by the European market can further benefit the Chinese consumers a lot, which can be seen from the pricing in the outlets of bags in Paris, Milan and Switzerland.

■Price spread of Perfumes and Cosmetics: not big in perfumes, but in cosmetics

On one hand, the price spread between Chinese mainland and overseas market is about 35% ~ 60%, and certain products are even share the same price; on the other hand, the price spread are bigger in cosmetics at 40%-120% on average, with the top at 188.5% and 6% at the bottom.

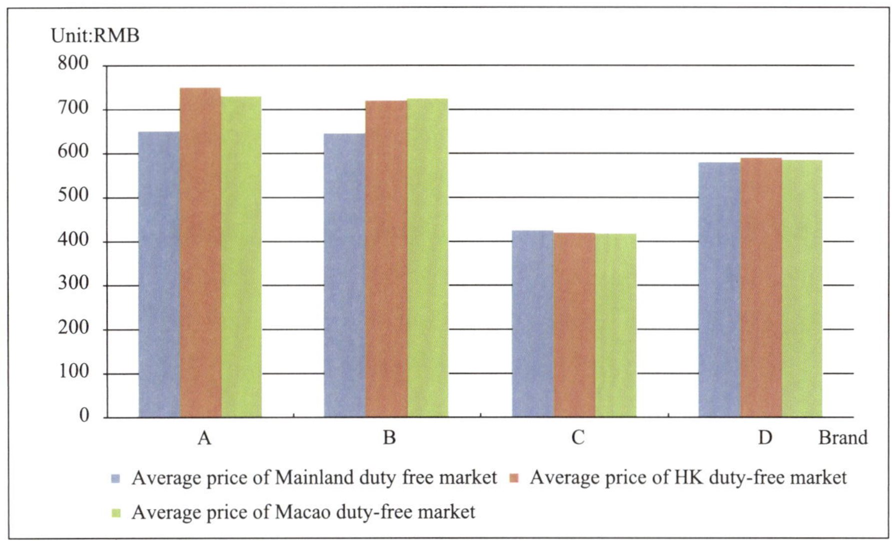

Figure 2 –9 Price Comparison of the Four World-class Brands of Perfume and Cosmetics

Note: The prices are counted by RMB, four international first-tier brands of perfume and cosmetics, 16 varieties in total.

Source: A domestic famous duty-free operating agency

With the price comparison in duty-free shops between five major airports in Chinese mainland and the neighboring regions surveyed, we found that Chinese duty-free perfume market are very competitive in price: some of the products share the same price with the neighboring regions in duty-free shops, or even lower than them. Thus, the Chinese consumers can have an easy access to the products at a relatively low price. In order to prop sound development of the high-end retail business in China, the government supports for Chinese duty-free market should be strengthened.

100 Days' Survey After the Implementation of the Offshore Duty-Free Policy

April 20th 2011, the General Administration of Customs in China has implemented the offshore duty-free policy in Sanya branch store of China Duty Free Group Company. As a pilot project, the 7000 square meters' store locatcd in the city center has attracted tourists from all around the country and raised great attention from the public.

■100 days' survey—tourism grows in step with duty-free consumption

From April to September is always the low season for tourism in Hainan province. But the same period of 2011 is different after the implementation of the offshore duty-free policy. According to the Travel Committee in Hainan, Hainan has welcomed 2245000 overnight visitors in May this year, a growth of 15.49% year on year; the tourism income have reached 2.072 billion yuan, a growth of 18.26% year on year, among which 1.873 billion are from domestic travelers, a growth of 20.37% year on year. The new policy makes the low season much more profitable than the same period last year. Even in April when this new policy was just carried out for 11days, the overnight visitors in Hainan have reached 2386200 increased by 11.25% year on year.

According to the Ctrip website, an analysis on the basis of searching ranking and trading volume for air ticket, hotel booking, and other services for vacation indicates that Sanya has become the most popular tourist attraction in China for its newly-built offshore duty-free store. The traditional tourist resorts like Lijiang, Xiamen and Qingdao are all ranked behind. To some extent, the duty-free store in Sanya has become an attraction itself and will surely benefit the development of Hainan Island towards a world-famous tourist attraction.

■100 days' survey—steady increase in consumer flow and sales

The opening day of the duty-free store in Sanya in April 20th has received 18800 customers, and 5619 dealings have been done. Up to August 10th, the consumer flow has surpassed 1300000 with an average flow of 11500 per day since opening, and the total trading volume has reached 345,640.

Among the various goods, the sales of perfumes and cosmetics take up 43.8% of the total; fashion products take up 50.8%; and 94.7% sales of the total are from duty-free products, only 5.3% are of taxed products. Among the sales of the duty-free goods, 88.16% of the products sold are priced less than 5000yuan, and only 11.84% of them are above that price. As to the amount, the former even takes up 99% of the whole sale amount, and the latter just stands for 1%.

■ 100 days' survey—competitive price for duty-free products, favorable sales promotion for consumers

All the duty-free products are imported directly from the countries of origin by the China Duty Free Group. Without the middle agencies and some taxes (import tax, value added tax and the special consumption tax), the prices of them are lower than the mainland market about 10% to 35%. Not only in pursuit of the price advantage over the mainland market, the duty-free shops in Sanya also try to keep the same with neighboring markets in price or even lower.

On the 100th day of the implementation of the offshore duty-free policy, Sanya Duty Free Store starts a large-scale promotion which, according to the staff member, covers various brands and has deep discounts; Gucci, Bally, Zegna, Hugo Boss, MCM, Dunhill and some others take the deepest discount at 30%; other brands like Burberry and Lacoste mark the bottom price for 40% on sale.

■ 100 days' survey—the 4th duty-free shopping heaven on earth for its variety

At present, Sanya duty-free store trading in more than 10 categories of goods, namely, perfume and cosmetics, jewelries, watches, apparels, leather goods, bags, sunglasses, travel goods, and Chinese and Hainan specialties. Among them, Gucci, Tiffany, TAG Heuer, Emporio Armani, Zenith, Montblanc and other world's top brands have realized their first entry to the Chinese duty-free market in Sanya. Other top brands like Burberry, Hugo Boss, Zegna Sport, Salvatore Ferragamo, Dunhill and so forth also opened their biggest and newest designed boutiques with greatest variety in the mainland area one after another.

The duty-free store in Sanya has done more than 1000 questionnaires so that they can restructure their existing brands and introduce new brands to meet the demand of customers. The two bands of Giorgio Armani—Armani Jeans and Emporio Armani—will open their boutiques in Sanya late this August.

■100 days' survey—steady operation and all-round upgraded service system

According to the survey, more than 10000 customers rush to the store every day, but there is not a slightest sign of disorder in choosing the goods or push and squeeze at the cashier desks owe to the well-trained staff.

In order to impress the customers with the best service and provide a better shopping experience, the staff of the store has received an all-round professional training program from the fundamental image-building to professional knowledge build-up.

Besides, in order to encourage the customers and keep enough stock, the store has taken great efforts in declaration, inventory management, distribution and replenishing. The time for declaration has been shortened from a month to less than three days; facing the great pressure of the stock turnover, the store has shorten the supply cycle from more than a month to two weeks by negotiation; as to the popularity of goods under 5000 yuan in unit price, the store doubled the replenishment cycle—twice a day, morning and night. At the same time, customers can pick up the goods within two minutes at the airport when leaving.

■100 days' thinking—will 5000 yuan's quota be enough

Although the 5000 yuan's quota has been set, many consumers complained that their consumption passion did not get satisfied. Let's take a deep insight to the customers' behaviors which can be divided into two levels—the 1500 yuan's level and 3000 yuan's level. If a customer's shopping budget is no more than 2000 yuan, then when he already spent around 1500 yuan he will take no pleasure in spending more. However, if a customer spent more than 3000 yuan at the first time, he will make full use of the quota by choosing some other small luxuries like perfumes or cosmetics. Generally, their desires are not satisfied, so they ask for the higher quota of consumption. Most of this group's consumers are civil servants and white collars from the middle class and aged from 25 to 40 years old.

According to the China Duty Free Group, 30% of the consumers come to the store are the actual consumers who have bought something. Those who didn't buy anything in the store can be seen as two groups: the group cannot afford and the group cannot be satisfied. Consumers of the first group are still dreaming about luxuries that they cannot afford at the present stage; instead the second group's needs of products are far beyond the duty-free store can supply for their pursuit of the top class brands and the products that are limited released.

Similarly, Okinawa in Japan and Jeju Island in Korea also carried out the offshore duty free policy. In 2002, the congress in Korea has confirmed Jeju Island as a special zone in legal form for the first time through the pass of the *Jeju International Free City Special Law*. And the offshore duty-free store was opened in December 24th of the same year. By opening this store and reducing the entrance fee for golf, Jeju Island has attracted millions of tourists who preferred overseas travel before. Thus, the tourism market was activated, and with more job opportunities and capital it has formed up a positive cycle featuring booming markets, better environment and more profits. The duty-free stores were first only set up in airports and seaports, but their popularity made them move to the city centre in Jeju Exhibition Centre. The duty-free store opened by Jeju Sightseeing Commune has made profit in its first year since its opening in 2009, and its total sales revenue has reached 35.4 billion won. Another duty-free store in Jeju Airport also made its total sales surpassed $200 million. In order to satisfy the needs of customers, Korean government has made some adjustments of its policies: increase the time limits for duty-free shopping from four times a year to six; increase the quota for each time from 350000 won to 400000 won (about RMB2400). In 2010, the passenger traffic in Jeju Island has surpassed 5300000.

Besides, the offshore duty-free policy also carried out in Okinawa of Japan. And there is no limitation set on the shopping times within a year, only a 200000 yen's (RMB16000) limit for each time. The 13000 square meters' DFS Galleria duty-free store has made their annual sales of almost $200 million.

Therefore, in order to give play to the driving effects of economy and keep the consumption in the homeland, we must rely on the national policy.

■100 days' thinking—top class brands or fashion brands

The consumption limit of 5000 yuan not only disappointed the consumers, but also brought a dilemma for the sellers. Generally, the international duty-free stores are mainly deal with the world's top-class brands. The brand positioning also determines the level of business channel of a store. However, top-class brands also mean high prices; for instance, a Prada or LV bag can cost more than 10000 yuan. So, in this way, it is not difficult to understand why the top-class brands do not want to enter the market: they have to consider that whether or not their investment will be paid off. Also they have to learn about the customers that whether they are in accordance with their brand positioning. But the fact is that, on one hand, the tourists in Sanya are mostly from low and middle income class from north China. They are not among the target consumers of the top-class brands; on the other hand, as Chinese consumers has little awareness of those brands, most of them can only recognize the brands by the advertisement or even with the help of a magazine. Some customers do not know the brand's grade of Tiffany and only few people step in its boutique. However, in fact, under the limit of 5000 yuan, a product of 3500 yuan in Tiffany is very worth buying either as a collection or as a top-class brand product. On the contrary, people sweep goods in Gucci and show great enthusiasm in buying more despite the 5000 yuan's limit. People even ask why there are no such brands like Ports, Pierre Cardin, etc.

Therefore, the store has to make some adjustments on its management strategies and brands introducing. We can easily figure it out that the consumers in Sanya duty-free store prefer the second-tier luxury brands. The most obvious example is that Tissot is the most popular brand of watch for its pricing, Switzerland-origin and mechanical design, but other brands of watch (like Piaget, Chopard, Hermès and Movado, etc.) are price out of the market for most customers are from the low and middle income class. As to the fashion watches of Gucci, Burberry, Armani and so on are also not favored by customers who want high cost performance. Under the restrictions of the current policies, China Duty Free Group has to introduce more second-tier brands and fashion brands like CK and Guess. However, the international duty-free market usually does not work in this way because, to some extent, it will harm the brand image of the operators, particularly for those who target at the high-end market.

Top5 most popular luxury brands among consumers	Top5 most popular brands of perfume and cosmetics	Top5 most popular fashion brands among consumers
ESTĒE LAUDER	ESTĒE LAUDER	TISSOT
LANCÔME PARIS	LANCÔME PARIS	GUCCI
GUCCI	ChristianDior	BURBERRY LONDON
TISSOT	CHANEL	COACH
ChristianDior	SHISEIDO 資生堂	SWAROVSKI

Figure 2 – 10 The most Popular Fashion Brands in Sanya Duty-Free Store

■100 days' thinking—products or service

According to the international operation rules, the luxury retailers always adopt a one-for-one service system when facing with their customers. And the customers will make their judgments not only upon the products, but also upon the environment, service and brand knowledge. This kind of customers have very high requirements on privacy and exclusiveness of their shopping experience. Generally speaking, when the customers are too crowded to serve, the boutiques will control the number of customers and let them wait in line or even close the shop for a moment to ensure that they can serve their customers well. However, at present, the shopping guides in Sanya duty-free store are overloaded by the huge amount of customers. At peak times, one shopping guide has to serve 20 customers at the same time. There are about 700 workers in the store already, including shopping guides, managers and logisticians. All of these are challenging the service quality in the store.

Moreover, the size of the baskets in Sanya duty-free store is much smaller than those in international stores because many people sweep the goods into their baskets but put them aside when come to the cashier. This will bring troubles to the tallymen. To curb the "blind shopping" behavior and to improve efficiency, the store has to change the size. The root-causes of this phenomenon are the lack of recognition of the brands and one's own needs and easy to be influenced by others.

In such an environment, the business mode of the duty-free stores in city has degenerated to a "luxury supermarket". Several services like brand and product introduction, leisure service are skipped over. These problems cannot be solved by the business operators, but by policy support, city planning and improvement of the whole market service system together with the consumption ability and standard of the Chinese consumers. On this point, we still have a long way to go.

Chinese Luxury E-Commerce Market

Figure 2 – 11 TOP5 Popular Luxury E-commerce Websites among Chinese Consumers

As e-commerce gradually develops from low-end to high-end, luxury e-commerce websites represented by shangpin. com, vipshop. com, 5lux. com, xiu. com and ihaveu begin to mushroom, and the trend develops at an astounding rate. The survey shows that shangpin. com has become the most popular luxury e-commerce website among consumers, followed by vipshop. com, 5lux. com, xiu. com and ihaveu.

More and more luxury brands begin to join in. In November 2010, Emporio Armani opened its on-line website in China, offering products including fashion dresses, luxury watches, glasses, jewelry, and all kinds of accessories. The website is all written in Chinese and the brand even lays low to offer all kinds of discounts. All of a sudden, luxury websites begin to mushroom and start an intense competition.

However, as luxury e-commerce websites have just started in China and have a lot of problems and difficulties to cope with. Based on consumers' attitudes toward purchasing luxury goods on-line, this research analyzes advantages as well as problems of purchasing on-line, in order to find a on-line marketing pattern most suitable for Chinese luxury consumers.

Research Objects

■Luxury consumers aged 20 to 30

Gender ratio: Female consumers (62%) are slightly more than male consumers (38%).

Education level: Consumers in this age group are well educated; the majority of them have Bachelor's Degrees (68%), and one fifth have Master's Degrees (including Postgraduate, MBA, EMBA and PhD).

Assets condition: Most of the consumers in this age group belong to the "80's generation" and are comparatively young. The majority of them have personal wealth less than RMB10 million (79%), and those have personal wealth more than RMB50 million only takes up 4%.

■Luxury consumers aged 30 to 40

Gender ratio: Male consumers (62%) are more than female consumers (38%). And male consumers in this age group are enthusiastic about enhancing their social position, gaining social prestige and promoting their

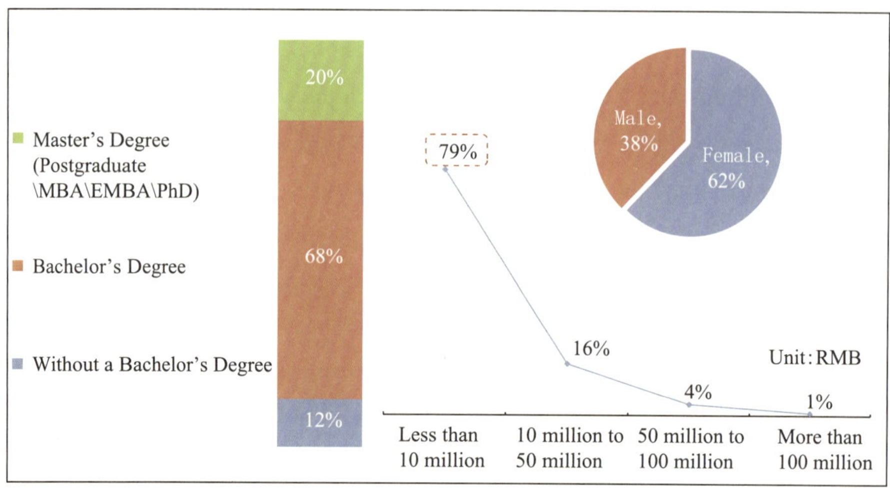

Figure 2 – 12 Characteristics of Chinese Luxury Consumers Aged 20 to 30

Note: Consumers aged 20 to 30 are well educated, and most of them have Bachelor's Degrees. Females are more than males; with assets of less than RMB10 million.

personal appearance and temperament.

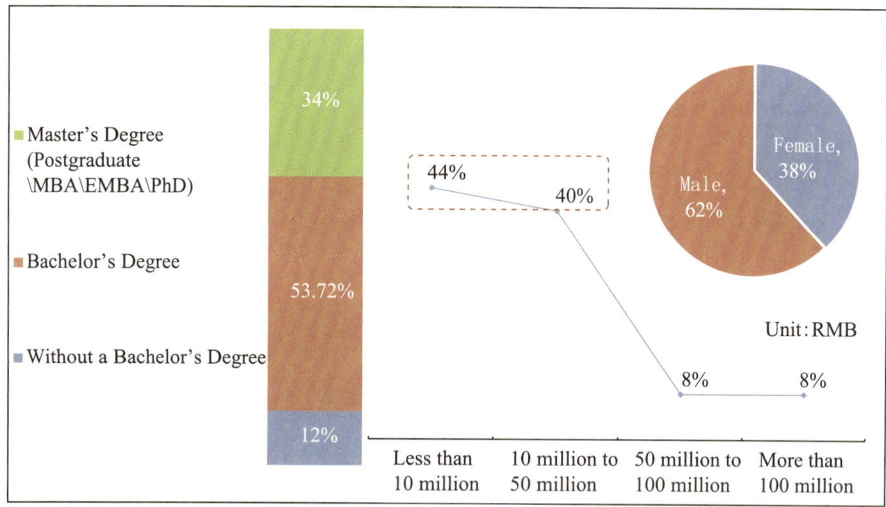

Figure 2 – 13 Characteristics of Chinese Luxury Consumers Aged 30 to 40

Note: Consumers aged 30 to 40 are highly educated and males are more than females; with assets of less than 50 million.

Education level: Consumers in this age group are highly educated, which is also the prominent feature of this group. Those having Master's

Degrees (including Postgraduate, MBA, EMBA and PhD) take up a comparatively high proportion as 34%.

Assets condition: Most of them have personal wealth of less than RMB10 million or 10 million to 50 million(84%); those having personal assets of more than RMB50 million only take up 16%.

■Luxury consumers aged 40 to 50

Gender ratio: Most are male consumers(75%), who are three times as many as female consumers(25%).

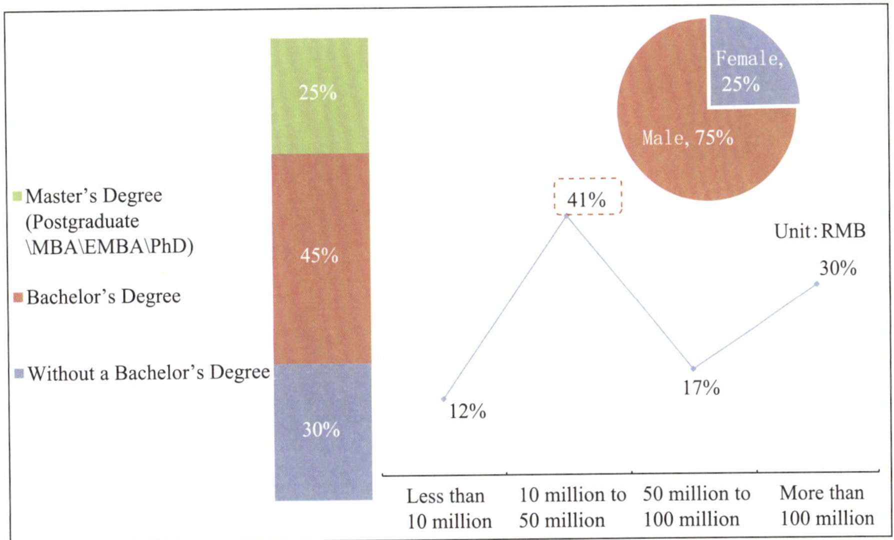

Figure 2 – 14 Characteristics of Chinese Luxury Consumers Aged 40 to 50

Note: Most of consumers aged 40 to 50 have Bachelor's Degrees and the majority are billionaires.

Education level: Consumers in this age group are lower educated compared to the former two groups, but most of them still have Bachelor's Degrees. Those having Master's Degrees (including Postgraduate, MBA, EMBA and PhD) take up 25%.

Assets condition: Most of them are high assets consumers with personal wealth of RMB10 million to 50 million(41%) or more than RMB 50 million(47%).

■Luxury consumers aged over 50

Gender ratio: Most are male consumers(82%), who are more than four times as female consumers(18%).

Education level: Consumers in this age group are not high educated, the main part of them don't have Bachelor's Degrees(38%), but 31% of them have Master's Degrees (including Postgraduate, MBA, EMBA and PhD).

Assets condition: More than half of consumers in this group are billionaires(58%).

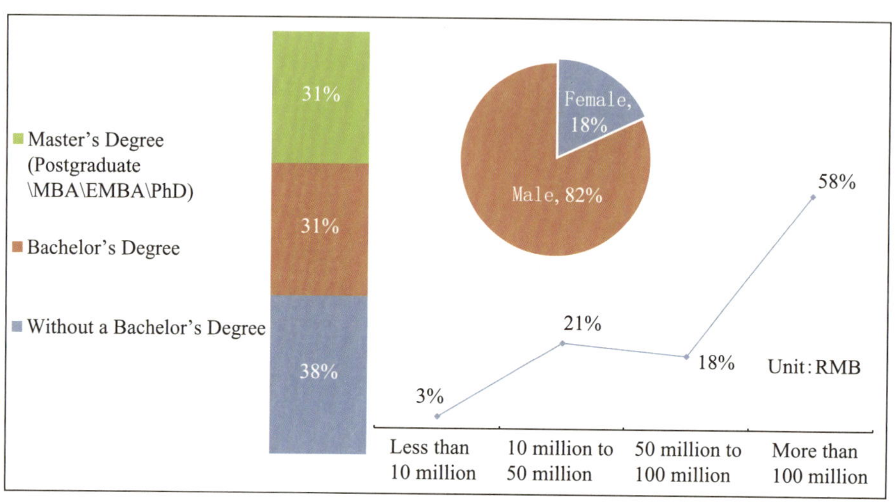

Figure 2-15 Characteristics of Chinese Luxury Consumers Aged over 50

Note: Most of consumers aged over 50 are male billionaires or super-rich.

Majority Of Chinese Luxury Consumers Hold Positive Attitudes Towards Purchasing Luxuries On-line

About 80% of luxury consumers hold positive attitudes towards purchasing luxuries on-line, of whom more than half say they are "willing to try" (52%), 20% regard purchasing luxuries on-line as "reliable", and 7% say purchasing luxuries on-line could be "highly trusted". Only 21% of Chinese luxury consumers "extremely reject" purchasing on-line. Accordingly Chinese luxury consumers show a comparative high trust towards purchasing on-line.

■ Female consumer shows more enthusiasm than male consumer towards purchasing luxuries on-line

Survey shows that female consumers (83%) are obviously more

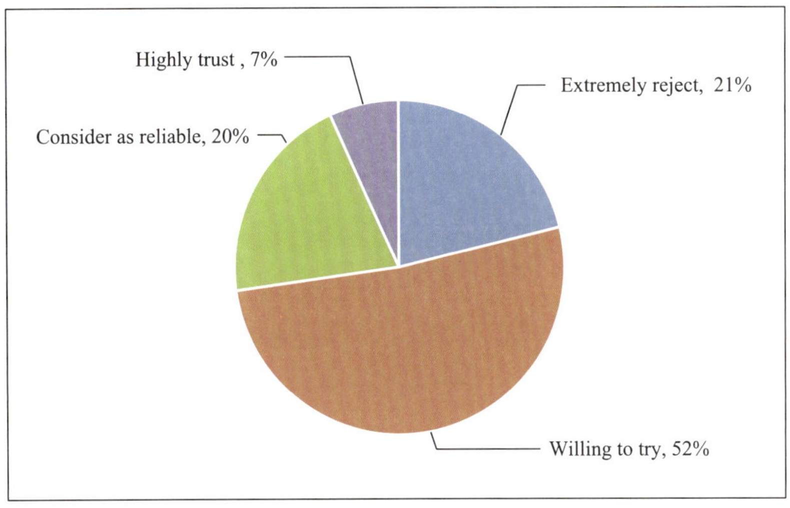

Figure 2 – 16 Chinese Luxury Consumers' Attitudes Towards Purchasing On-line

positive towards purchasing on-line than male consumers (76%). Fewer female consumers (17%) extremely reject purchasing luxuries on-line than male consumers (24%). Namely, female consumers are more willing to purchase luxuries on-line.

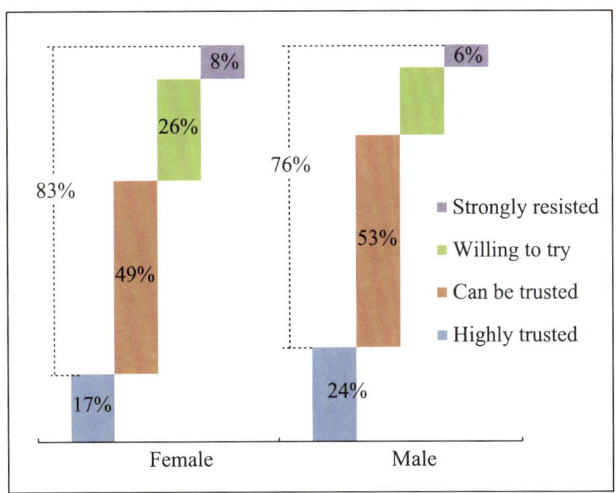

Figure 2 – 17 Attitudes Towards Purchasing On-line of Consumers of Different Genders

■People in first-tier cities are more likely to purchase luxuries on-line than second-tier or third-tier cities.

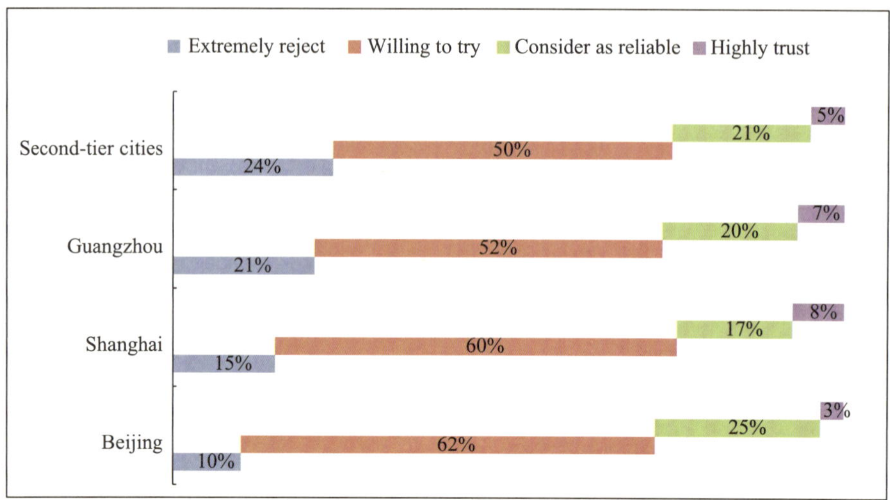

Figure 2 – 18 Attitudes Towards Purchasing On-line of Consumers from Different Cities

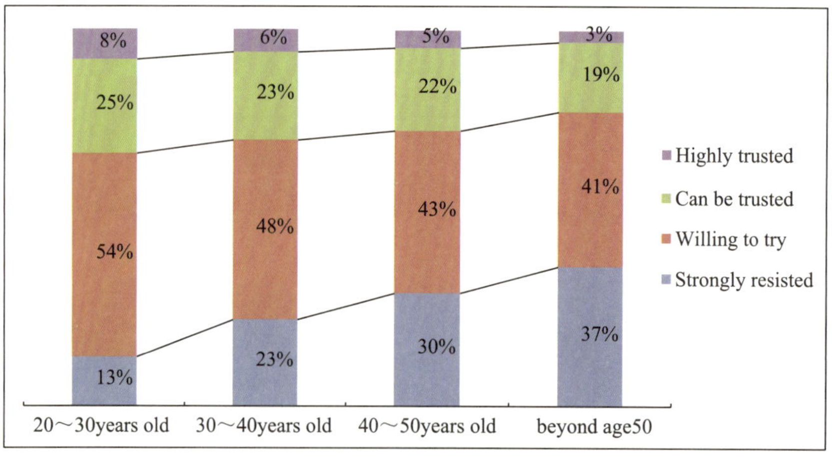

Figure 2 – 19 Attitudes Towards Purchasing On-line of Consumers of Different Ages

From geographic distribution, consumer from three first-tier cities Beijing, Shanghai, Guangzhou are more likely to purchase luxuries on-line than those from second-tier cities. Consumers from Beijing have the lowest proportion of "extremely reject" (10%) and the highest proportion of "willing to try"(62%). The reason of the difference is that first-tier cities have more developed economy and more open culture than second-tier cities; hence consumers are more easily to accept this new purchasing pattern of purchasing luxury on-line.

■Younger generation consumers are more positive towards on-line luxury goods purchase

Research finds, aged consumers are more conservative about purchasing on-line, while the "80's generation" aged between 20 and 30 are most positive toward purchasing luxuries on-line with the lowest proportion of "extremely reject" (13%). This is because the "80's generation" luxury consumers are not only familiar with Internet, but also always willing to accept novelty. With the increase of their wealth, they will be the major force of on-line luxury goods purchase in the future.

■The more wealth consumers possess, the less positive they are towards purchasing luxuries on-line

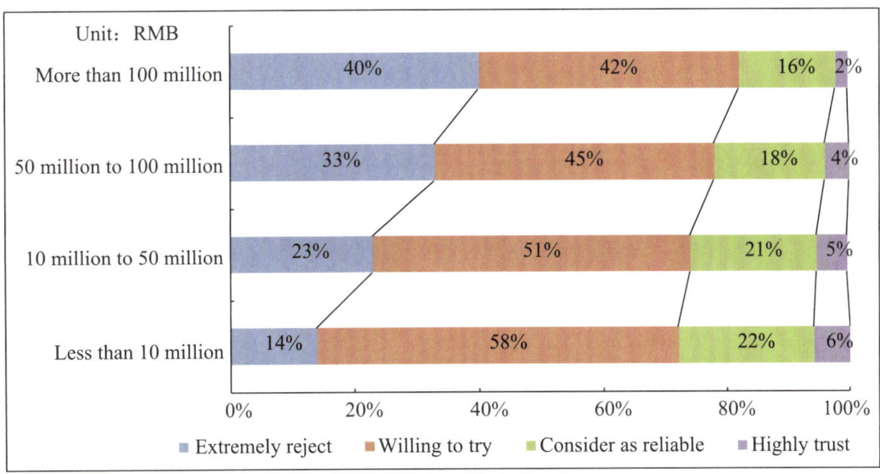

Figure 2 – 20 Attitudes Towards Purchasing On-line of Consumers with Different Assets Conditions

The more wealth consumers possess, the less positive are their attitude towards purchasing luxuries on-line. Consumers with personal wealth of less than RMB10 million take up the lowest proportion in "extremely reject" on-line purchase and the highest proportion of "willing to try" (58%). However, 40% of consumers with wealth of more than RMB100 million insist "extremely reject" towards on-line luxury goods purchase.

There is a hierarchy among Chinese luxury consumers, common white-collars or people who have special requirements to working environment also have demand for luxury goods. This group of consumers has consumption enthusiasm but limited wealth, so discounts will be a great appeal to them; and they are one of the groups that most Chinese luxury on-line websites target at. Consumers with affluent wealth are not sensitive to prices, but pay more attention to brand value and consumer experience. The discount strategy of on-line purchase cannot attract their interest. So not defining the targeted group accurately, luxury on-line websites are likely to offer mass fashion products with low prices instead of real luxury goods, and lower the level of on-line luxury goods purchase.

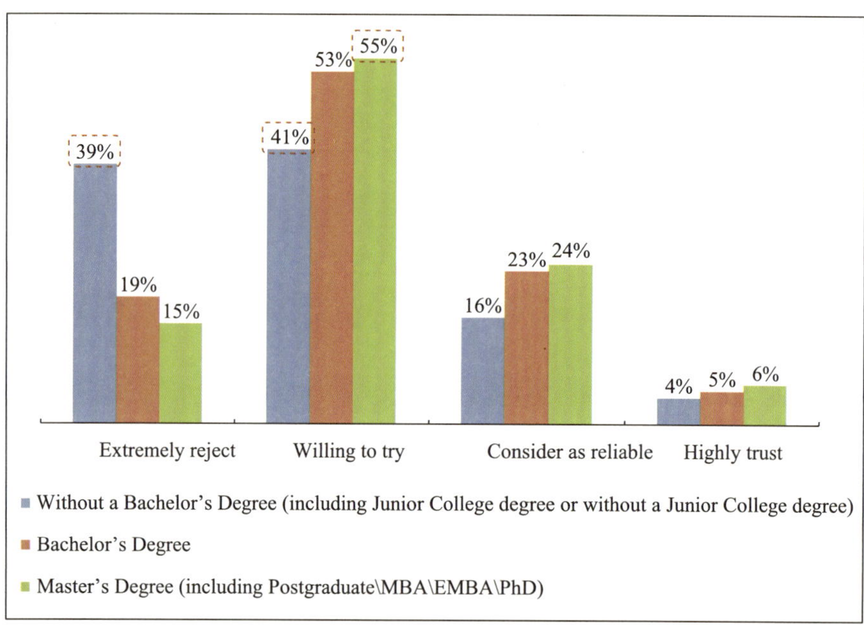

Figure 2 – 21 Attitudes Towards Purchasing On-line of Consumers with Different Education Levels

■ Consumers with higher education levels are more positive about purchasing luxuries on-line

Survey shows that consumers with higher education levels are more positive about purchasing luxuries on-line, among whom those having

Master's Degrees(including Postgraduate, MBA, EMBA and PhD) are most "willing to try" purchasing luxuries on-line, with a proportion of 55%, obviously higher than consumers without Bachelor's Degrees(41%). And consumers without Bachelor's Degrees take up the highest proportion of "extremely reject" (39%).

Convenience is the most Important Aspect for the Consumers' Preference to Purchase On-line

■TOP4 advantages for the consumers' preference to purchase on-line: time-saving, low price, home-delivery service and variety of products

Chinese luxury consumers think the very first advantage of on-line purchase is "time saving" (31%), "low price" comes the second; and "home-delivery service" (20%) and "variety of products" (16%) are the other two important advantages.

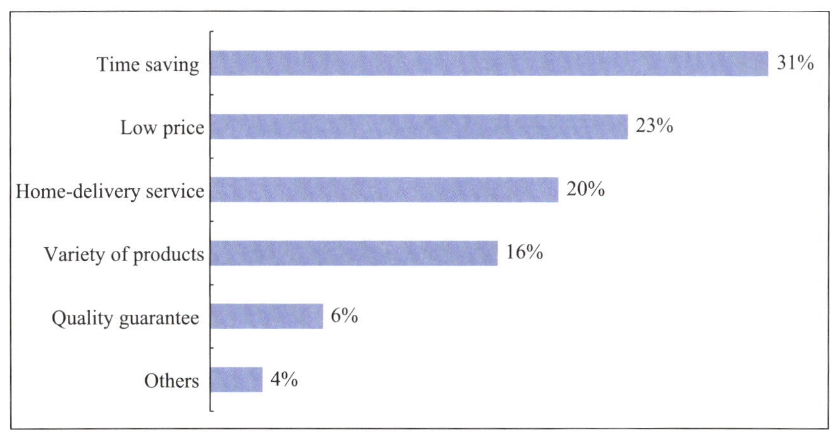

Figure 2 – 22 Chinese Luxury Consumers' Attitude Towards Advantages of On-line Purchase

■Females focus on "low price" while males on "time saving"

Survey shows that, females deem price as the major strength(28%), while males are more focused on time saving(33%).

■Consumers from Beijing, Shanghai and Guangzhou hold different attitudes towards advantages of on-line luxury purchase

Good value is perceived as the first factor for the Beijing consumers

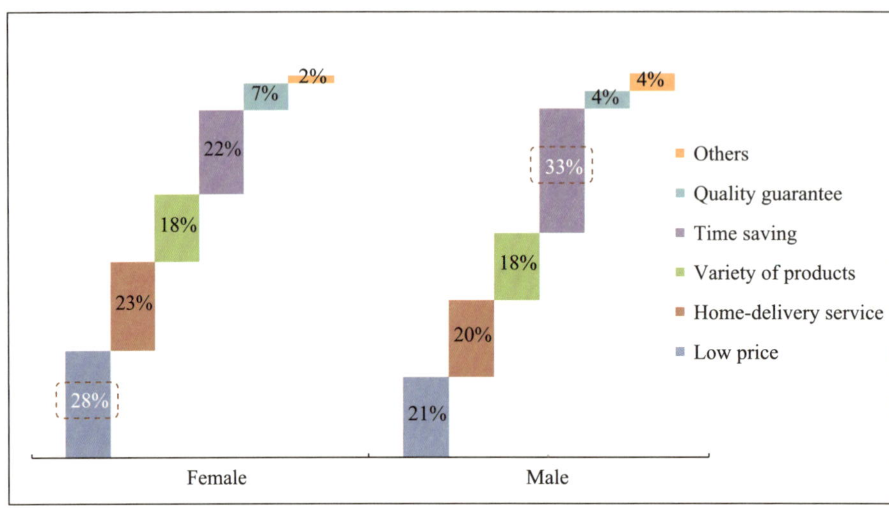

Figure 2 – 23 Attitudes towards Advantages of On-line Purchase of Consumers with Different Genders

(36%), "time saving" comes the second (22%), and another important advantage is home-delivery (21%). So Beijing consumers are more sensitive to the price when purchasing on-line.

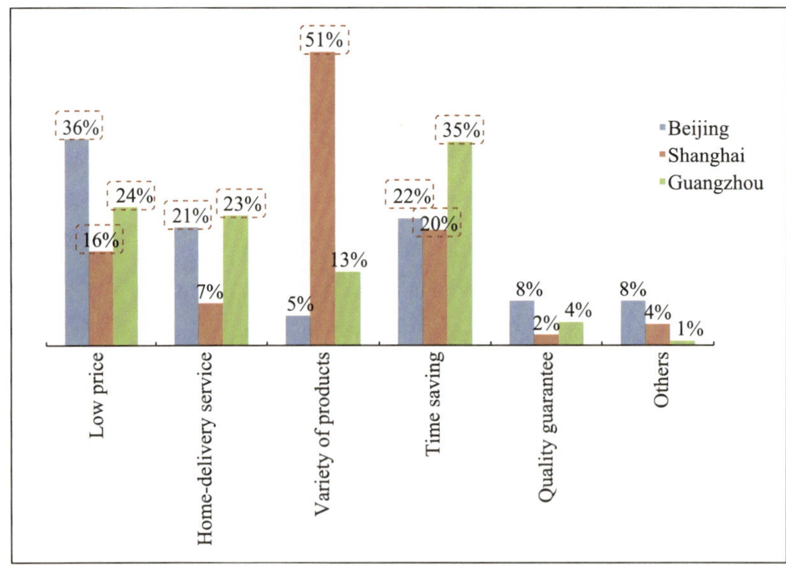

Figure 2 – 24 Attitudes towards Advantages of On-line Purchase of Consumers from Different Cities

Shanghai consumers regard variety(51%)as the absolute advantage of purchasing on line, the second is time saving (20%) and price the third (16%). So Shanghai consumers emphasis variety and purchasing experience.

Guangzhou consumers are more interested in saving time (35%), price comes the second (24%) and home-delivery service the third (23%). Namely, Guangzhou consumers are more focused on convenience of purchasing on-line.

■Aged consumers are more likely to regard "time saving" as the most important advantage of purchasing on-line

Aged consumers would more focus on on-line purchase's advantage of time saving. And among them, consumers aged over 50 take up the highest proportion of 42%. Most of those consumers have more than RMB100 million personal wealth, and to them, time cost is much more important than the discount on-line purchase offers.

Besides, due to limited wealth, "low price" (32%) are a great appeal to "80's generation" consumers aged between 20 and 30.

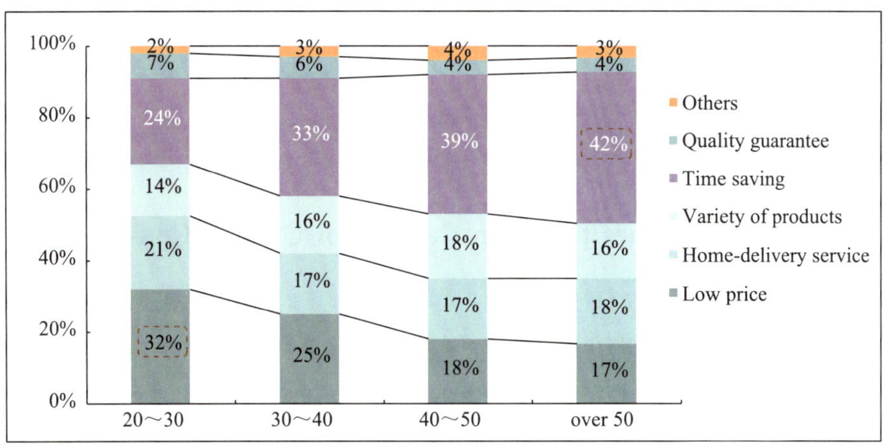

Figure 2 –25 Attitudes towards Advantages of On-line Purchase of Consumers from Different Ages

■The more wealth consumers possess, the advantage of "low price" becomes less attractive while "time saving" becomes more and more important

Consumers with different assets conditions all view "time saving" as a main advantage of on-line luxury purchase and this perception becomes stronger along with the increase of consumers' personal wealth as billionaires regard it as the most important advantage of purchase on-line (41%). "Low price" is less attractive to high assets consumers while consumers with less than RMB 10 million take it as the main advantage of on-line luxury purchase(26%).

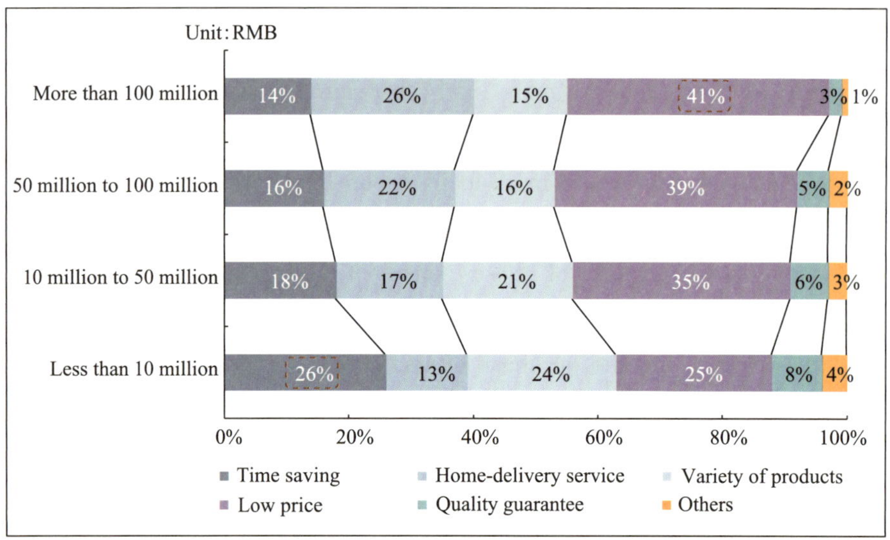

Figure 2 –26 Attitudes towards Advantages of On-line Purchase of Consumers with Different Assets Conditions

Authenticity Becomes the Main Concern of Chinese Consumers on Purchasing On-line

Research reveals that, among all the Chinese consumers' concerns about on-line luxury goods purchase, authenticity (50%) comes the first, followed by quality of products (24%), after-sales service (10%) and security of delivery(8%).

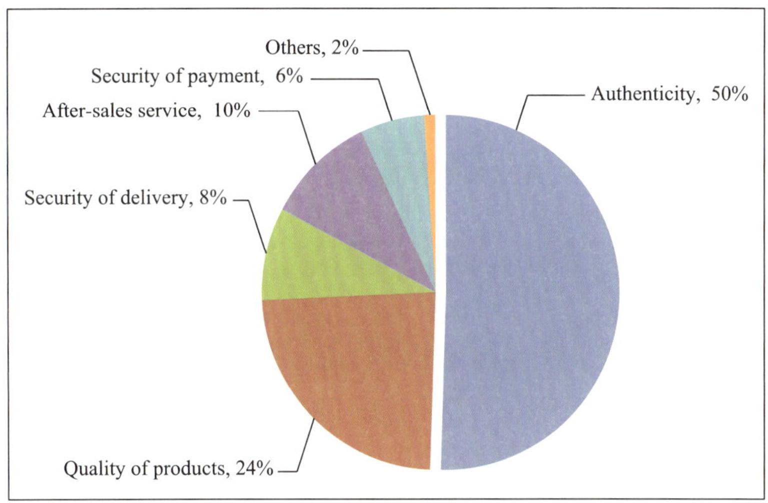

Figure 2 –27 Chinese Consumers' Concerns about On-line Purchase

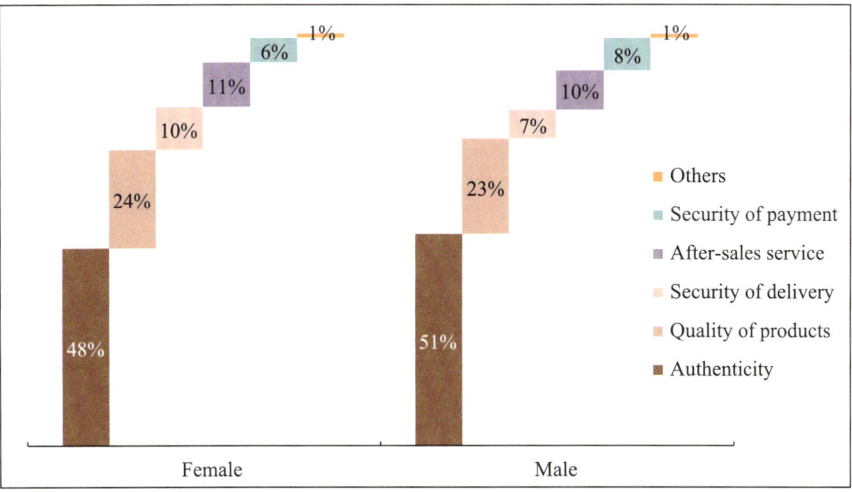

Figure 2 –28 Concerns of Consumers of Different Genders

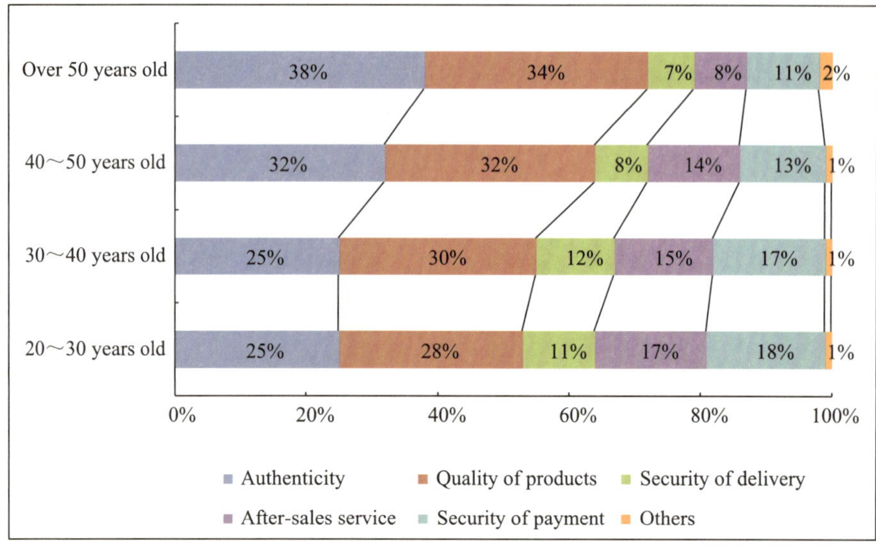

Figure 2 – 29 Concerns of Consumers of Different Ages

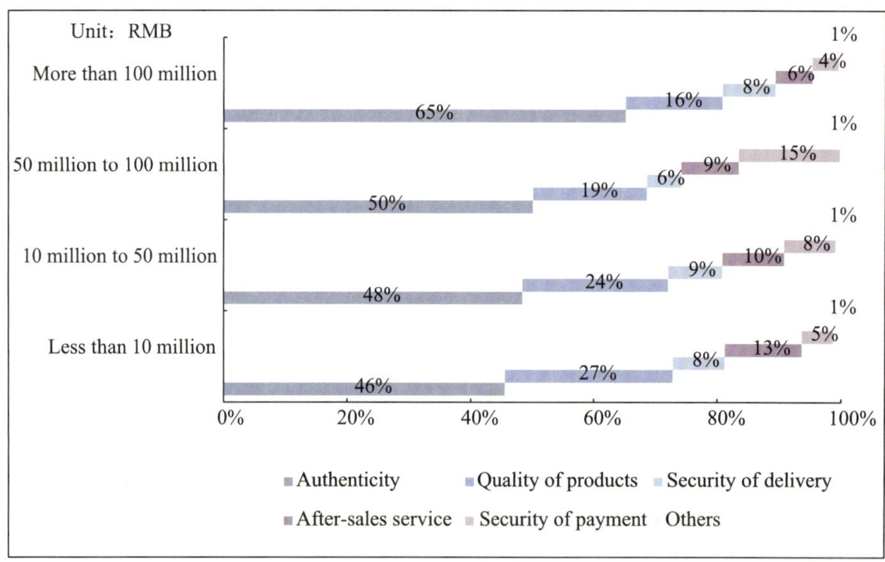

Figure 2 – 30 Concerns of Consumers with Different Assets Conditions

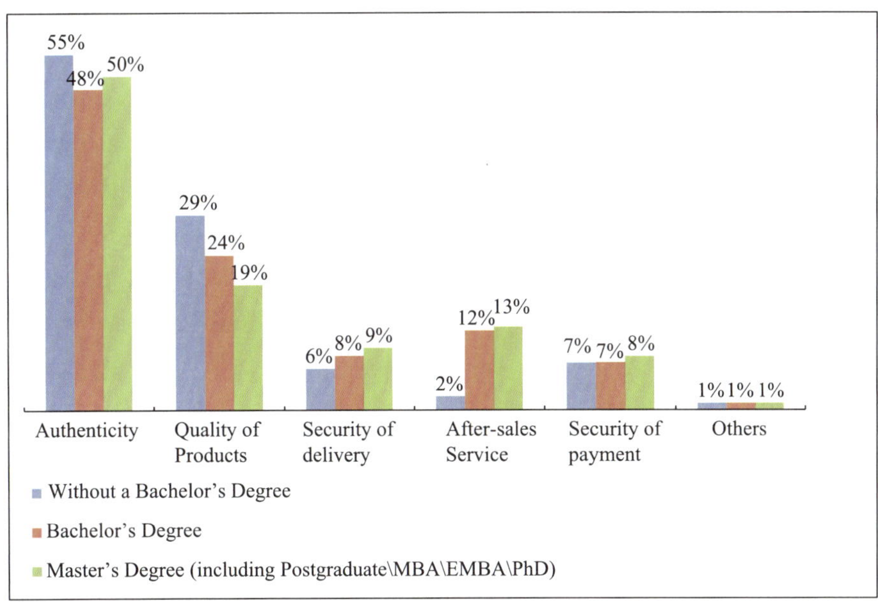

Figure 2 – 31 Concerns of Consumers with Different Education Levels

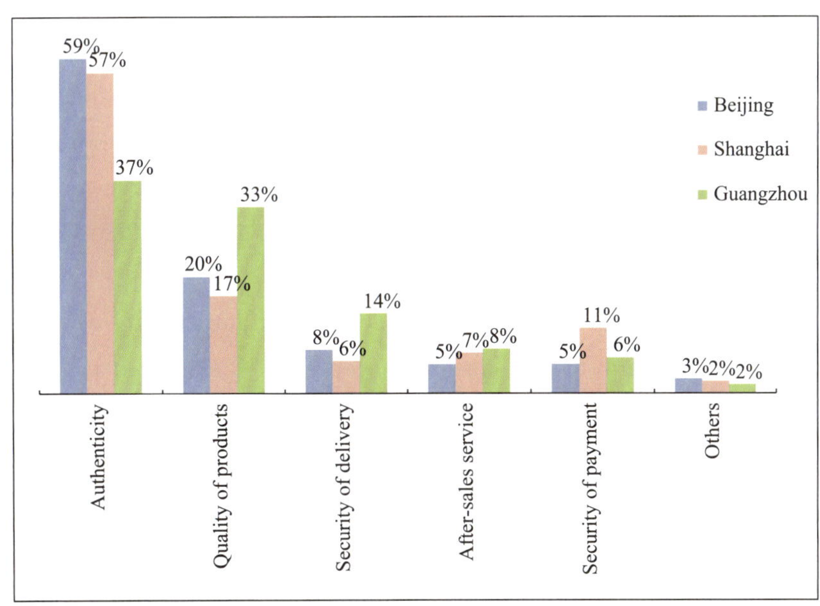

Figure 2 – 32 Concerns of Consumers from Different Cities

It's natural that consumers concern about authenticity and quality of products. Although e-commerce breaks through the limitation of time and locations, it lacks visual and sense experiences and only conveys single information, which will easily make consumers suspect the authenticity and quality of products when purchasing luxuries on-line.

After-sales service (10%) is the third concern when consumers purchase luxury goods on-line. This is because luxury as a special product with scarcity is to meet the needs of a minority of people, and on-line marketing pattern of low price and discount strategy is hard to reveal the rare value of luxury. When buying luxuries, apart from the own value of the luxuries, consumers more emphasis the attached value of luxuries, like consumer experience and after-sales service, which is just an absent process of on-line purchase. So sometimes consumers are more likely to have a try in stores, enjoy the special services of luxury and gain the maximum comfort.

Security of delivery (8%) is the fourth concern of on-line purchase. Luxury on-line websites are using outsourcing method during their initial stage, but there is no mature and completed high-end goods distribution system in China. Once luxury goods get lost, broken or frayed during distribution, there will be serious disputes among consumers, logistics companies and on-line luxury websites. With the increasing demand of Chinese high-end consumers, the absence of mature high-end goods distribution system has been a serious barrier and would harm consumers' consumption experience and harness the development of luxury on-line websites.

Survey shows, aged consumers concern about authenticity of products purchased on-line the most. Consumers aged over 50 stand out in this part (38%). Aged consumers with affluent personal wealth are comparatively more cautious and conservative. They are unfamiliar with Internet and used to traditional consumption method, so it is natural they worry about the authenticity of products purchased on-line.

Enlightenment

Along with the rapidly developing maturity and diversity of Chinese luxury consumers' consumption concept, refurbished market, duty-free market and e-commerce market have become the three new growing paths of Chinese luxury market. Especially under the current situation of uncertain economy and tightened national macro-policy, cash advantage of refurbishing, price advantage of duty-free market and convenience advantage of e-commerce have made them the new growing markets for Chinese luxury consumption, which worth all kinds of marketers to research and explore.

CHAPTER 3
WEB
INTERACTION
PERSONAL MEDIA

LUXURY MARKET IN CHINA
WITH THE HELP OF MEDIA

Almost no brand could gain growth and promotion without the help of media. Since international luxury brands stepped into Chinese marketplace, they have gone through the initial stage of unawareness to the stage of great reputation nowadays. During this process, despite of the publicity, supreme quality and unique design of the brand itself, media has played a significant role, facilitating the development of luxury brands in China.

The *China Luxury Report (2011)* has conducted a survey over 121 media in China, covering Chinese mainstream high-end media including television, magazine, newspaper, and broadcasting, outdoor advertising as well as mobile media, focusing mainly in Tier 1 cities, typically Beijing and Shanghai. Stressing on Chinese consumers' preference in choosing media and acquiring information, the report analyzes the differences and similarities between media chosen by certain brand and media's role in helping brand promotion, aiming to provide guidance for international luxury brands to accurately choose media and make a hit in China's marketplace.

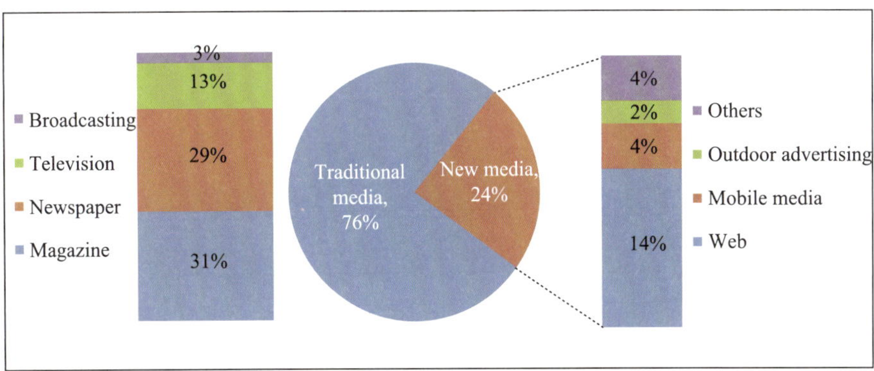

Figure 3 – 1 Types of Media Surveyed

The Status Quo for Luxury Brands' Promotion with Media in China

Advertising Dominates, Followed by Public Relations (PR) Events

Advertising is still taking the lead in brand promotion (58%). For better pandering to Chinese consumers, brands have chosen the format of advertisements in a prudent manner, taking into account of the cultural difference between western and oriental countries, along with the psychological characteristics of Chinese consumers. According to the survey, soft advertisements account for 42%, surpassing hard advertisements with 3%, and direct mail advertising (DM) only takes up 19%. With respect to details of brands' PR events, the report will analyze it with the channels of consumers acquiring luxury information.

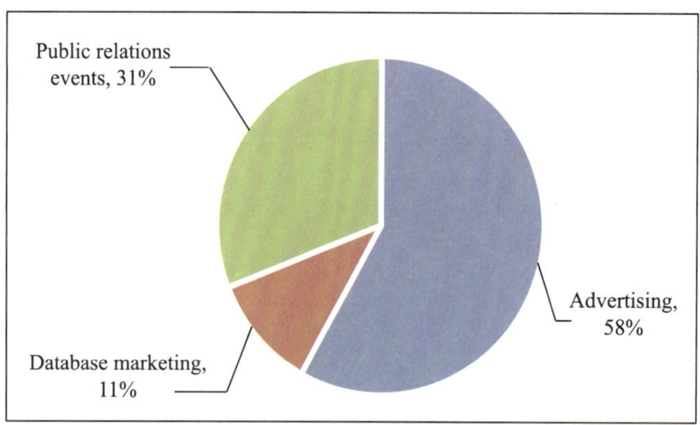

Figure 3 - 2 Main Promotion Channels for Luxury Brands in China

Brands Launch Advertisements Mainly Concentrating on Few Sectors

The survey shows that brands advertising investment mainly focus on four main sectors which are apparel and accessories, watch, jewelry and auto segments. Apparel and accessories sector outstrips others, mounting to

13% in all industries, followed by watch and jewelry sectors, comprising 12% respectively. Lastly come premium cars, accounting for 11%.

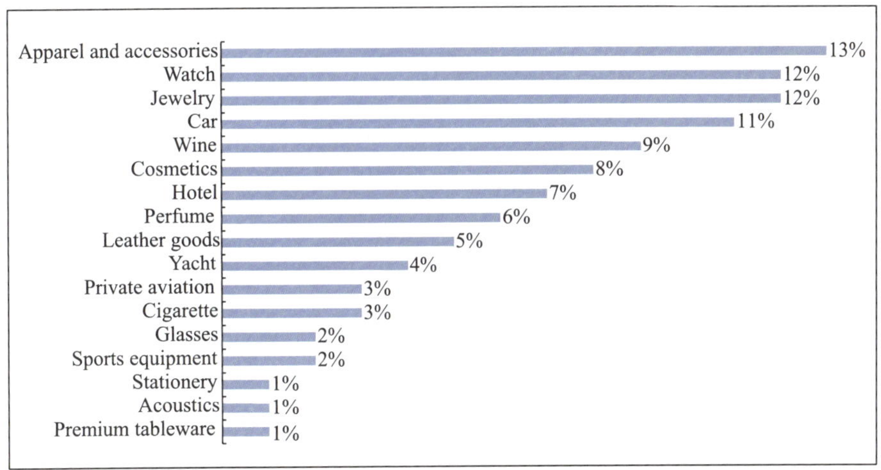

Figure 3 –3 Luxury Brands Advertising Across Sectors

Brands Choices on Media in China: Magazine is the Key; Internet Stands Out, Followed by broadcasting

Magazines are the foremost choice for brands in China (25%), web occupying 20%, ranking the second place. Besides, it has been found that audience quality (34%) and content positioning (27%) are two major considerations when choosing the relative media. Meanwhile, in order to better approach high-assets consumers in China, brands tend to select high quality magazines and Internets for promotion.

Besides, brands also mainly employ broadcasting (18%), outdoor advertising (15%) as well as newspaper (12%). In contrast, television and mobile media are rarely taken into consideration, only accounting for 6% and 4% respectively.

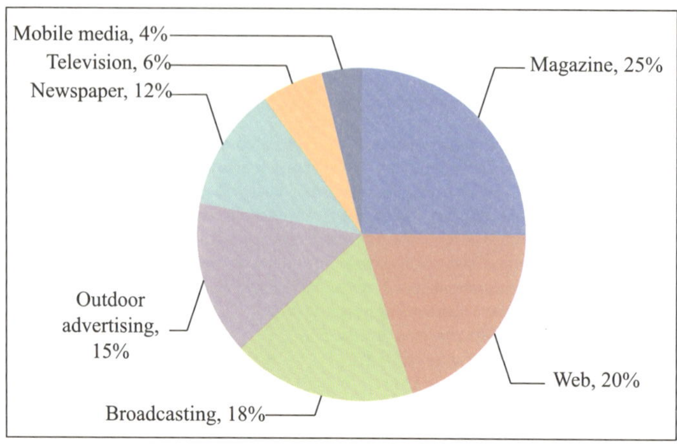

Figure 3 – 4 Luxury Brands Promotion Channels in China

Media's Contribution to Brands' Promotion in China

New Launch Show is the Leading Activity That Media has Held

The main PR events for media to facilitate brands' promotion in China are new launch show, accounting for 30%, appreciating and experiencing activities (22%). Moreover, media often held a wide array of public welfare activities occupying 12%, followed by customer fellowship activity (11%). However, special sales event is rarely held (7%).

Table 3 – 1 Activities Held by Media for Luxury Brands in China

Social Activity	Proportion
New launch show	30%
Appreciating or experiencing activity	22%
Public welfare activity	12%
Customer fellowship activity	11%
Special sales event	7%
Others	18%
Total	100%

Advertising Earnings Exerts Maximal Pressure for Media

Advertising revenue is the major concern for all the media nowadays, comprising 38% of total pressure. The second biggest string of pressure for media comes from content editing (25%). Besides, media also confront much pressure from audience quality (13%), PR events (11%) as well as issue channel (7%).

Advertising is a main source for earnings of media. Data reveals that in average, earnings from luxury advertisements take up 38% of the total advertising revenue, with the lowest accounting for 5% and the highest taking up the whole revenue. Via one-to-one in-depth interview with key persons from media, it is found that under pressure of advertising earnings and further market development, some mass media start to stress on advertising clients of luxury brands.

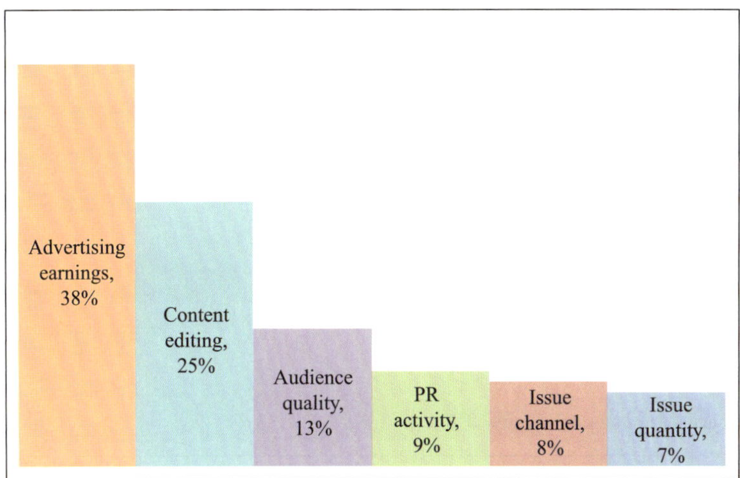

Figure 3 – 5 Major Pressures Facing Media

Audience Quality and Content Positioning are Deemed as Key Factors for Appraisal of High-end Magazine

■ Media's perspective—audience quality and content positioning are of equal importance

The survey shows, from media's standpoint, audience quality is the leading factor in terms of evaluating high-end magazines (28%), and content positioning ranks the second (27%). Audience quality represents the positioning of a magazine and content positioning reflects the depth and taste, which are regarded as two significant standards for the judgment of a magazine. The third factor is advertising environment, constituting 12%. Besides, audience stickiness (11%), and below-the-line (BTL) activity (9%) are also the usual references for media. However, media pay little regards to return on investment (ROI) and data monitoring of third-party, which just mount to 3% and 2% respectively.

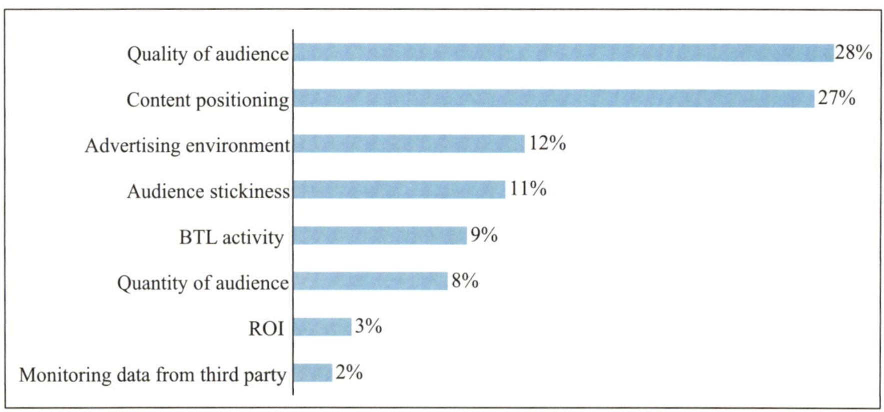

Figure 3-6 Key Factors for Media in Appraising High-end Magazine

■ Luxury brands' perspective—underscoring quality of audience

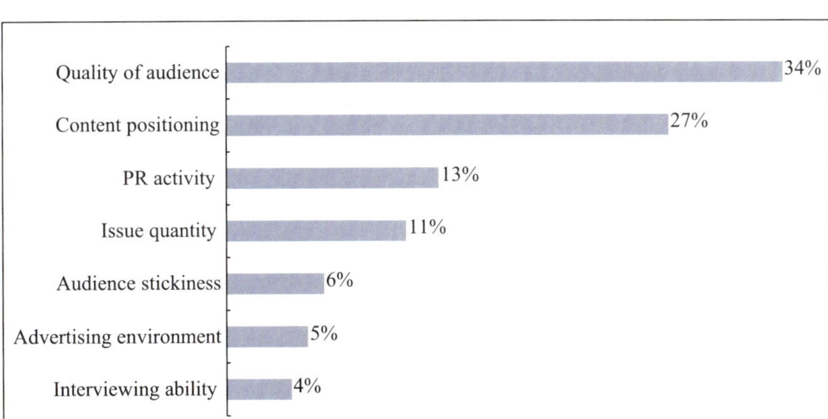

Figure 3 –7 Key Factors for Luxury Brands in Assessing High-end Magazine

For brands' stance, audience quality makes up 34% among all factors for appraisal of magazine, overtaking others as the leading standard. Besides, content positioning (27%), PR activities (13%) together with issue quantity (11%) are also key factors that brands will take into consideration.

In comparison, it is concluded that both brands and media attach great importance to audience quality and content positioning. However, brands highlight PR ability while media emphasize advertising environment.

The Characteristics on Acquiring Luxury Information and Choosing Media of Chinese Luxury Consumers

From One-way Communication to Interactive Communication

■ Traditional channel of getting luxury information—advertising is still the mainstream

As a traditional channel, advertising boasts a bunch of strengths, such as wide audience, accurate targeting and high frequency. It's perceived as a crucial source for acquiring luxury related information for Chinese consumers(30%).

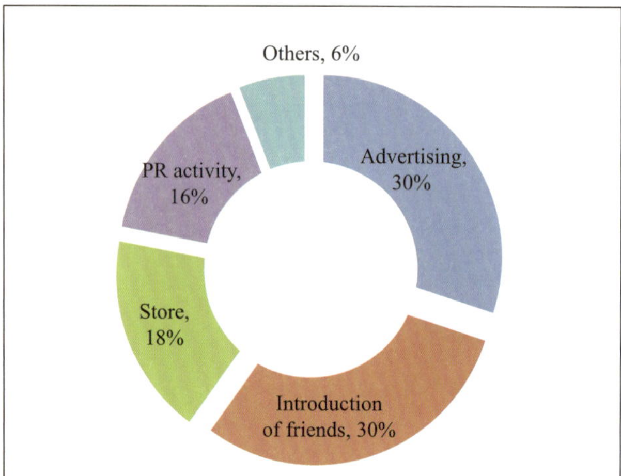

Figure 3 – 8 Main Channels for Chinese Consumers Obtaining Luxury Information

■ Interactive communication increasingly gains momentum

1. Friends' introduction plays an equivalent role as advertising

The survey suggests that friends' introduction has caught up with advertising, turning into the major channel for Chinese consumers acquiring luxury information, comprising 30% of all kinds of channels, the same as advertising's. At present, as Chinese luxury market is in nascent phase, many Chinese consumers are unfamiliar with a great number of international luxury brands. With low brand awareness, advertising are unable to meet all the needs from consumers for getting a good command of brand information. Moreover, lack of credibility with regards to advertisements to some extent, massive consumers turn to their friends for more information on brands. They focus on some brands according to friends' recommendations. Therefore, friends' introduction is gradually underscored and becoming the major channel paralleling with advertising for Chinese luxury consumers to learn about information.

2. Stores are favorable channel for getting information

It is found, from one-to-one interview, that acquiring information through in-store experience gains popularity among consumers with assets more than RMB 50 million, particularly for male. Those consumers are always busy with their work and have little spare time to glance over advertisements or chat with their friends about dynamics of luxury products. Instead, they prefer to go to stores directly and consult information on luxury goods from sales persons, which is in line with the view that ultra-high-asset consumers are more inclined to be influenced by sales persons.

3. Interactive PR events are more likely to strengthen emotional ties between luxury brands and consumers

On one hand, Chinese consumers show a growing penchant for PR activities with variety. PR activities are gaining great popularity among Chinese luxury products consumers. 25% consumers are for social needs. 24% consumers are due to invitation from friends. What's more, a portion of them attribute to business objective (17%), entertainment (17%) and exposure to latest information (17%). The survey shows that new launch show and appreciating or experiencing activity are the most favorite PR events for Chinese luxury consumers, both accounting for 15%, followed by social activity (14%). Meanwhile, Chinese consumers show a passion for special sales event (12%) and private activities (12%).

On the other hand, luxury brands only hold limited kinds of activities with monotony. Appreciating or experiencing activity comes to first stage among all PR events launched by brands in Chinese marketplace, taking up 32%, overtaking social activity (25%), mainly in form of customer fellowship activity, and new launch show (22%). Research data shows other forms of activities are rarely seen. Specifically, public welfare activity holds 9%, and special sales event only constitutes 8%, let alone the private activity or customer service event, which is far behind consumers' expectation. It is also a reminder for luxury brands to adjust the form of PR events according to needs of real market.

Table 3 – 2 Preference Difference for PR Events Between Chinese Consumers and Luxury Brands

	Chinese luxury consumers favorite PR events	**PR events held by luxury brands in China**
Press show	15%	22%
Special sales event	13%	8%
Customer service event	10%	1%
Public benefits activity	12%	9%
Appreciating or experiencing event	15%	32%
Social activity	14%	25%
Summit for economic forum	9%	0%
Private activity	12%	2%
Others	0%	1%
Total	100%	100%

It is recommended that luxury brands should diversify and amplify the activities rather than confining to the few types of activities, namely appreciating or experiencing activity, new launch show and social activity. Of particular note, for brands, enough attention should be paid to social welfare activities, special sales events as well as private activities, which are preferable for Chinese luxury consumers. Meanwhile, brands are expected to exert great creativeness and innovation to appeal more consumers, shorten the distance between brands and the public, and further enhance brand awareness and loyalty.

High-end Media to Mass Media

■ Magazine is prevalent for Chinese high-asset consumers to acquire luxury information

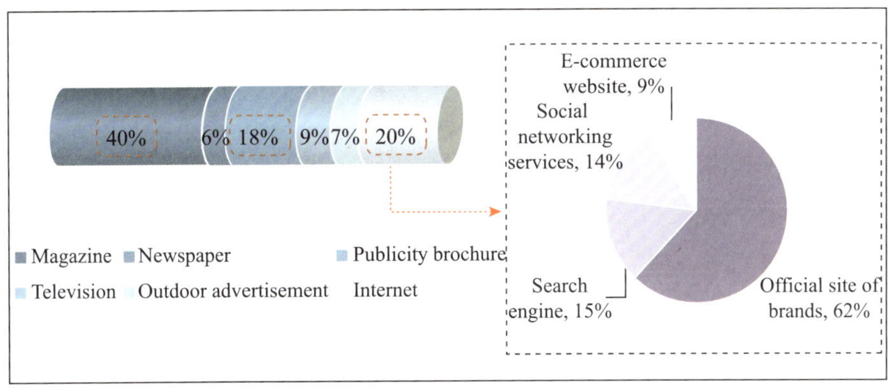

Figure 3 – 9 Main Media to Acquire Luxury Information for Chinese High-asset Luxury Consumers

High-asset consumers in China learn about luxury related information mainly through magazines, the percentage totaled at 40%. In particular, high-end magazines on fashion and fortune are the first choice for consumers. Besides, presentation copy is the main source for high-asset consumers to get access to these high-end magazines (35%).

■ New media becomes an important channel

Internet is the second frequently employed channel for Chinese consumers to get luxury information, accounting for 20%. With Chinese luxury consumers getting younger and the main characteristics of high-asset consumers—lack of time, work-obsessed, fast living pace and so forth, the trend will gain more momentum. It is revealed from our survey that the majority of Chinese consumers (62%) learn about luxury information and dynamics through brand official site, 15% via search engines and 14% via social network service (SNS). Besides, 9% consumers choose e-commerce websites for acquiring luxury information.

■ Individual media welcome to its stage

Individual media, featuring in forum, SNS and blog as well as Weibo

Figure 3 - 10 Favorite Luxury Websites for Chinese Consumers

has turned into a major source for information communication. Word of mouth has a great impact on the elder consumers, while the younger generations prefer SNS. Currently everyone can be the medium and communicate his or her own ideas using the platform of social activities and web. Different from the traditional one-way communication like advertisement, the individual media is more interactive, influential, and effective, spreading the word with incredible speed.

We believe, in the era of new media, individual media will exert profound influence on luxury goods information communication in the foreseeable future.

■ The trend to mass media

Through the in-depth interviews with mass media, it is shown that Chinese mass media come to realize the importance of luxury advertisements. Despite the fact that advertising revenue from luxury sector only counts little (around 5%) in the total advertising earnings for many mass media, most directors of comprehensive media believe that luxury advertisement can improve media image and reflect the positioning. At the same time, brands' directors being surveyed indicate that they will increase the exposure in mass media, aiming at bridging the gap between luxury brands and Chinese consumers, enhancing the brand awareness, and lowering advertising cost.

Three reasons account for this transition. First, as the economy develops, more and more people begin to purchase luxury items, becoming a trend in China. Besides, to attract more customers and obtain further growth, brands have been democratized by their operators during the last 20 years. Lastly, Chinese consumers remain immature and perceive popularity as brand image. While high-end media surround brands with higher taste, targeting luxury consumers in direct way, it is easier for mass media to make the brand well known. Therefore, while embracing high-end media, brand operators have to consider mass media as well.

Figure 3 – 11 The most Valuable Print Media for Luxury from Perspective of Media

■ High-asset Chinese consumers favor magazine and publicity brochure to get luxury information

Top 3 media for ordinary consumers with assets of below RMB10 million are magazine, web and outdoor advertising. 37% of ordinary consumers first choose magazines to acquire luxury information; meanwhile, Internet (27%) and outdoor advertising (11%) are also their frequent accesses. Among the four-segmented markets, consumers in this group (assets less than RMB10 million) rely on Internet and outdoor advertising most. This group mainly consists of young consumers, 53% of them aged between 20 to 30 years old, most of whom have bachelor degree (60%) and master degree (18%). They are, in general, chic, avant-garde and proficient in computer, with more leisure time and more passion for shopping. Of note is that newspaper is the least popular media in this group, and only 7% of them use it.

Magazine and web are main sources for high-asset consumers with more than 10 million RMB to acquire luxury information, followed by publicity brochure. 41% of Chinese wealth consumers with assets ranging from 10 million to 50 million RMB learn about luxury information via magazine, and 19% from Internet. Besides, this group shows a passion for publicity brochure, 18% of them acquiring information through it. However, they rarely turn to newspaper (6%) for information.

For Chinese consumers with assets between RMB50 million to 100 million, luxury information are mainly acquired from magazine (42%), followed by publicity brochure (23%) instead of web ranking the third place with a percentage of 13%. Moreover, outdoor advertising, accounts for 9%, slightly popular than television (7%) and newspaper (6%) for this group of consumers.

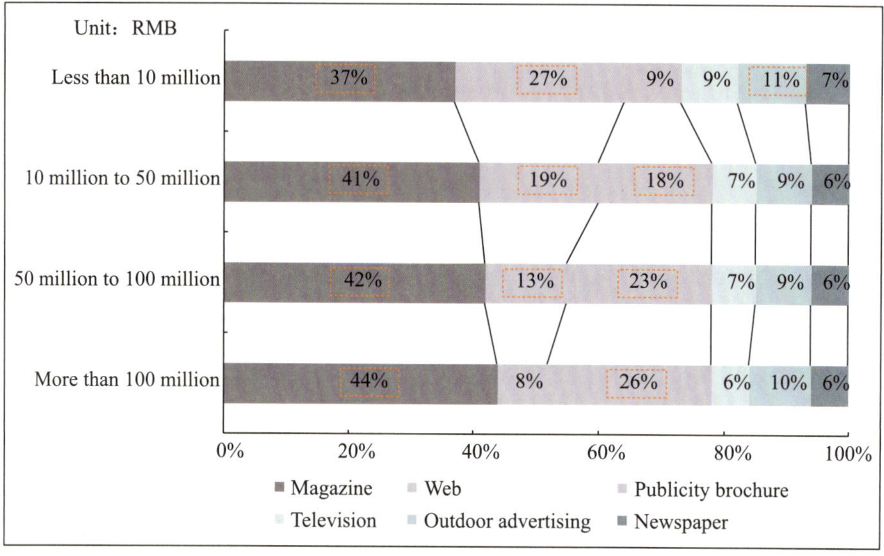

Figure 3 – 12 Main Media for High-asset Consumers Gaining Luxury Information

The ultra affluent individuals with incomes more than RMB100 million in China often turn to quality magazines (44%) and detailed publicity brochures (26%) for luxury information. In comparison, they scarcely use web to get related information (8%), with the lowest usage rate of web among the four-segmented markets. This group, generally aging beyond 40 years old, is successful in career, obsessed by work with little leisure time, and not keens on new media like Internet. Further investigation shows that even this group of consumers uses Internet, they mainly get information through brands official sites (57%) and search engine (21%), reserving doubt for other sources of web.

■ The younger prefers web, and the elder favors publicity brochure

Chinese consumers under 30 years old in the survey show a passion for internet in getting luxury information(29%). However, as the age increases, usage of web diminishes sharply, and research data demonstrates this trend in a perfect way. Consumers aged beyond 50 almost seldom browse web to acquire luxury information(5%). However, they display a growing stronger penchant for publicity brochure of luxury brands(39%), even stronger than magazines(37%), while consumers below 30 years old are indifferent about publicity brochure, and only 8% of them read it for information.

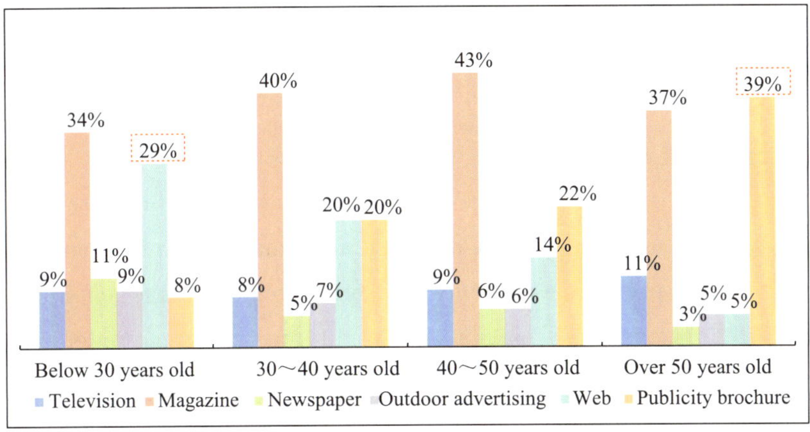

Figure 3 – 13 Main Media for Consumers with Different Age Obtaining Luxury Information

■ Male favor magazine and female get a crush on web

It is found that both male and female consumers in China get luxury information mainly through magazines, web and publicity brochure. However, further speaking, male (42%) express more enthusiasm for magazine than female(37%) do, while female(23%) display more passion for Internet than male(17%) in getting luxury information. Besides, survey shows female develop more active attitude towards television than male and male(7%) use newspaper more frequently than female do(6%).

■ Top 3 media for Chinese consumers with different education backgrounds in gaining luxury information: magazine, web and publicity brochure

Research data reflects that consumers with high education background (including Master, MBA, EMBA and PhD) mainly rely on publicity

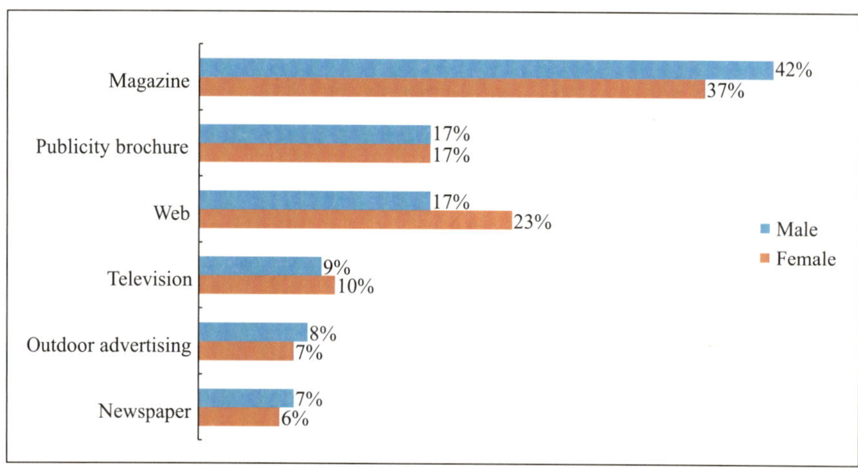

Figure 3 – 14 Main Media to Get Luxury Information for Consumers of Different Gender

brochure (26%) to gain luxury information, surpassing the use of web (18%), while newspaper obtains least attention. Of three groups, they show the most preference for publicity brochure. Compared to other two groups, web is the most popular media in the group of undergraduate consumers (22%)

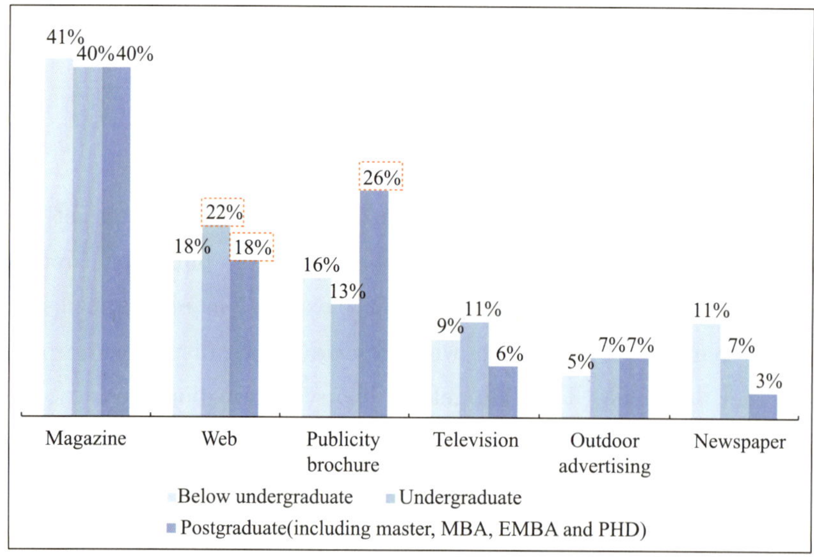

Figure 3 – 15 Main media for Consumers with Different Education Backgrounds Getting Luxury Information

Luxury Brands Will Increase Media Budget in China for 2012

According to survey, 23% of luxury brands investigated launch promoting campaign once per annum, 17% choose once per quarter, and 11% do this monthly. Meanwhile, almost half of them are uncertain of the specific frequency.

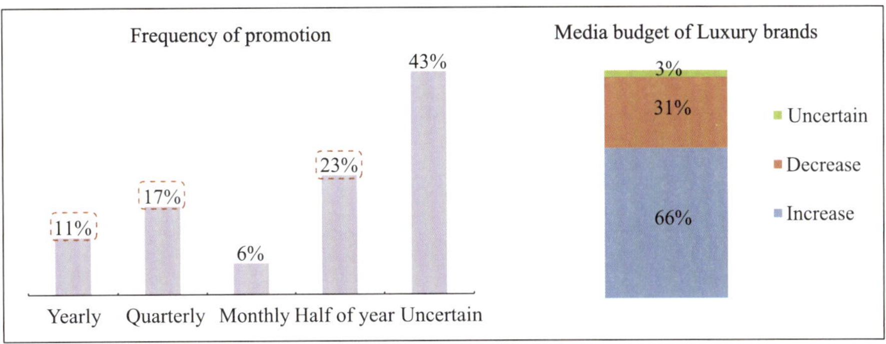

Figure 3 – 16 Frequency of Promotion with Media, and Media Budget in 2012 of Luxury Brands

Focusing our attention on the media budget for 2012 in China, it can be seen that only small portion of brands (3%) would cut down the expenditure on media and, notably, quite a number of brands (31%) show concerns and remain to see further, therefore they are uncertain whether to increase the media budget or not for the moment. Moreover, through in-depth interview and communication with brands directors, it is demonstrated that brands hold a cautious attitude towards media promotion because of uncertainty and risk of China's economy in 2012.

Enlightenment

Considering continuing expansion and profound growth for luxury market in China, it's good to know that international luxury brands will launch more promotion events with the aid of media in foreseeable future. However, we have to admit that the coexistence of uncertainty of China's economy and a series of tightening macroeconomic policies has clouded many brands' outlook for 2012, consequently, they remain cautious and discreet with regards to further promotion and increasing media budget in the following year.

CHAPTER 4

COMMUNICATION TRANSITION CLIENT MAINTENANCE

HOW DOES LUXURY BRAND ELEVATE AND EXPRESS ITSELF

137 Managers of International Luxury Brands have been Surveyed

Education background—they accept good education, with high education background generally; 66% of them are undergraduate, 13% postgraduate and 3% doctor.

Age distribution—almost half of brand managers being surveyed are relatively young, aged between 20 and 30, and 33% of them are elder, ranging from 30 to 40.

Gender composition—the number of female outstrips that of male, and the former accounts for 62%, the latter 38%.

City distribution—69% of them come from Tier 1 cities, namely Beijing, Shanghai Guangzhou, and Shenzhen.

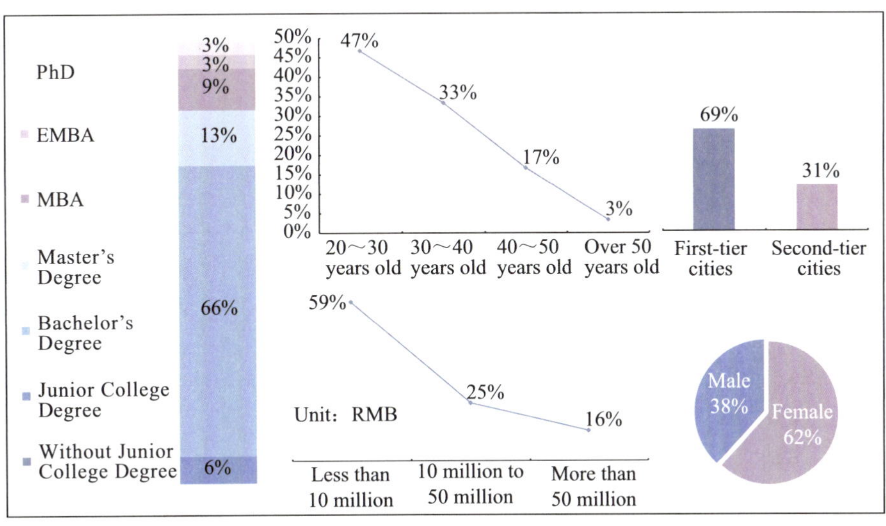

Figure 4 – 1 Main Characteristics of Luxury Brands Directors Surveyed

Assets level—among surveyed managers, 59% of them possess assets of less than 10 million RMB, accounting for a large part, while only 16% of them are with wealth of more than 50 million RMB.

Basic Characteristics of Luxury Brands in China

Main Products Concentrated on Jewelry, Cosmetics, and Apparel & Accessories, Watch and Leather Goods Segments

The survey shows that luxury goods sold in China are manifold, covering nearly all categories in international market, mainly focused on sectors such as jewelry, cosmetics, apparel and accessories, watch, and leather goods. Besides, top luxuries like private aviation, premium cars and yacht, supreme hotels also can be seen in China. It is believed that, as the number of wealthy Chinese consumers is on the rise, luxury brands will further diversify their products in China.

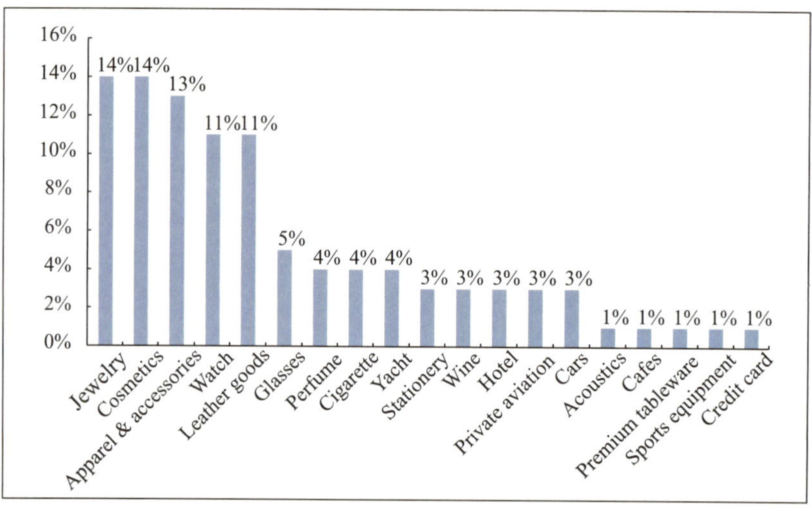

Figure 4 - 2 Main Categories of Luxury in China

Limited Operating Experience in China

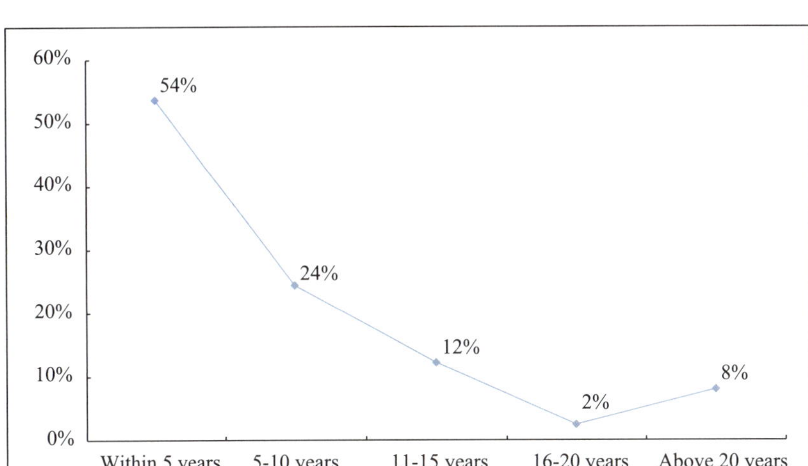

Figure 4 –3 Operating Time in China for Luxury Brands

■The length of brands operation in China directly links to the overall economy situation in China

Many luxury brands (54%) have run their business in China for 5 years, and 24% luxury brands have operated even longer, from 5 to 10 years. Only 10% of brands surveyed have been in China for more than 16 years, which is in tandem with economic development in China. With the rapid development of Chinese economy and growing number of Chinese consumers purchasing luxuries, many luxury brands break into this potential marketplace and maximize their operation in China.

■Shortage of business experience in China may lead to a bumpy road

More than half of luxury brands run business in China within 5 years, and the longest presence is no more than 20 years. Therefore, it is of high possibility for luxury brands getting bogged down in running business in China, such as misunderstanding policies, unfamiliarity with the propensity of Chinese luxury consumers and the clash of culture between western and eastern countries.

■With Chinese economy growing steadily, increasing number of luxury brands will nudge into Chinese marketplace

The more presence of luxury brands are in China, the more fierce competition will be in the market. The situation may better standardize Chinese luxury market, facilitate its growth and make Chinese luxury consumers more rational.

China Falls Short of Brand Own Stores

■Luxury brands open a few amount of direct selling stores in China, with small scale

The research reflects that more than 80% of luxury brands own less than 20 brands own stores in China, of which 63% only run 5. It implies that most luxury brands are still in the nascent phase regarding to operation in China. While, for those brands possessing above 20 stores, they relatively have a high market share in China, with a large scale comparatively.

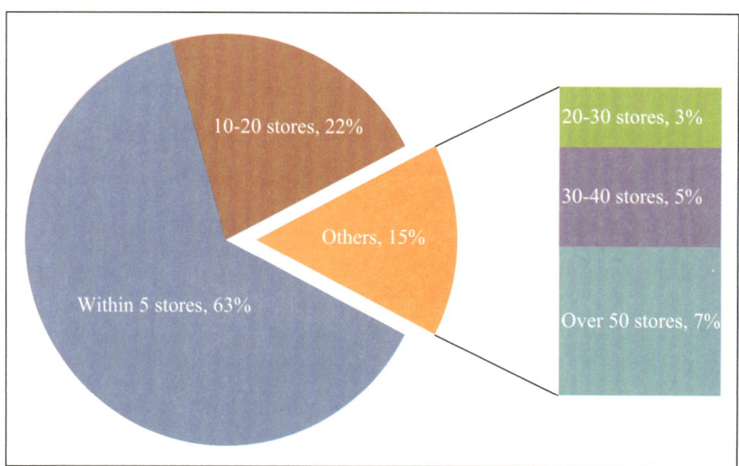

Figure 4 –4 Stores Owned by Luxury Brands in China

■Brands stores are mainly distributed in Tier 1 cities (approximately 50%), and will be extended to Tier 2 and 3 cities, as expansion goes

As usual, luxury brands will make their debut in Tier 1 cities, namely, Beijing, Shanghai and Guangzhou, Shenzhen. Once being matured in operation, they will make inroads into Tier 2 and 3 cities in a wary manner to further increase market share.

The Best Selling Cities are Beijing and Shanghai; of all Tier 2 cities, Hangzhou and Shenyang Boast Great Edge

■ Of all Tier 1 cities, Beijing performs best, followed by Shanghai, while Guangzhou falls far behind

Shanghai serves as a center for many luxury brands, featuring strong competition and sound development. With the saturation for luxury market in Shanghai, Beijing becomes a new battleground. Being the political and economic center of China, Beijing is a potential market with multitude of wealthy individuals, exerting a profound influence on north markets.

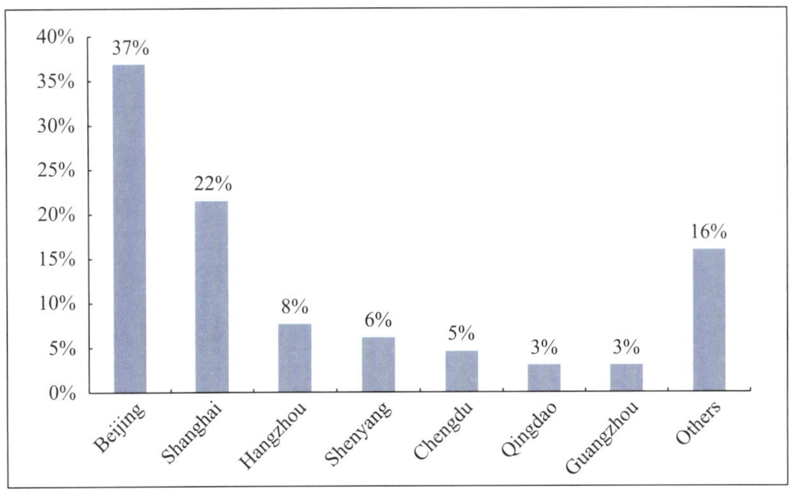

Figure 4 – 5 Best Selling Cities in China for Luxury

It is noted, according to the research, that Guangzhou performs relatively bad in terms of luxury selling, mainly due to its location being close to Hong Kong, which is renowned as "purchasing paradise" and has much appeal for luxury consumers.

■ Hangzhou, Shenyang and Chengdu, as well as Qingdao deliver outstanding performance with luxury selling

Considering bloody competition and limited room for growth in Tier 1 cities, many brands lay their footprints in Tier 2 cities. Hangzhou (8%), Shenyang (6%), Chengdu (5%), along with Qingdao (3%) have been attached great importance.

Direct Selling as the Major Channel for Luxury Brands

Over half of luxury brands sell goods directly to consumers in China. On one hand, direct selling is good at maintaining brands image, delivering standard services and conveying brands quintessence to Chinese consumers. On the other hand, it is easy to get access to Chinese luxury consumers, facilitate decision making for brands. However, concerning potential risks and initial trial, many luxury brands prefer agency, franchising and chain stores. These channels are easy to damage brand image and cause interests conflicts with agents.

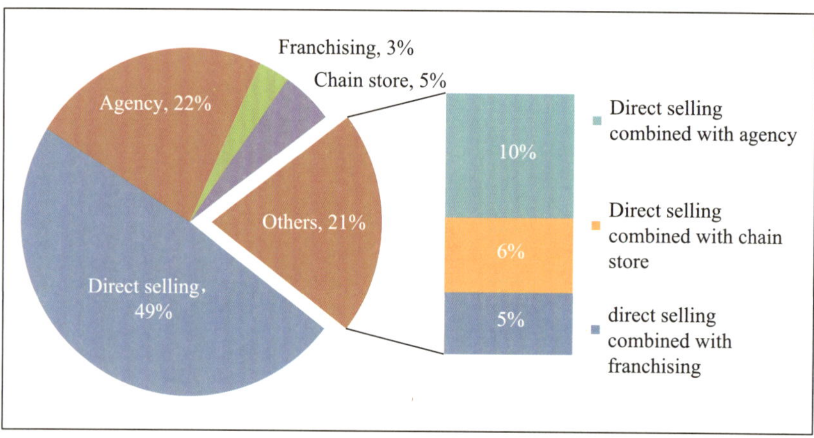

Figure 4 -6 Main Formats Adopted by Luxury Brands in China

It is found that most brands (around 80%) merely adopt one operating format in China, and only 22% of them take two or more channels—highlighting direct selling, combined with other formats. Of particular note, franchising and chain stores are rarely employed, accounting for less than 10%. As for agency, it is another scenario. It enjoys popularity in initial phase for many luxury brands, just behind direct selling.

Strengths for Luxury Brand Success in China

Research data shows that four strengths have made luxury brands stand out in the crowd—excellent customer relationship management (19%), efficient marketing channel (17%), sophisticated understanding of Chinese consumers (15%), and domestic media promotion (13%). However, luxury brands pay little regards to environment protection, and only 2% of them notice this facet.

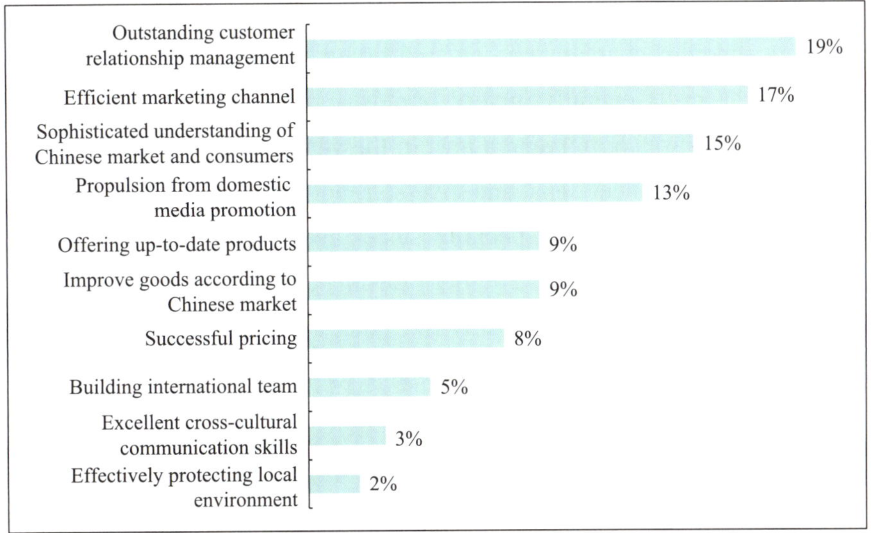

Figure 4 -7 Key Abilities for Luxury Brands Successful Operation in China

First and Foremost Element—Outstanding Consumer Relationship Management

When it comes to key elements of running a successful business in China for luxury brands, customer relationship management (CRM) has been given priority, accounting for 19% of all factors. Only a valuable, loyal, stable, and competitive CRM is built, could it be possible for luxury brands to keep their profits all the time. This is because that excellent CRM will bring about new market share and improve profitability of brands. .

In addition, outstanding CRM can maintain a stable long-term relationship between consumers and luxury brands, further enhance consumer satisfaction and loyalty, offset disturbance in the market, and lower the operating risks. It is found that luxury brands have rich experience in this field, with pronounced advantage.

Second Core Ability for Success—Efficient Distribution Channel

Efficient distribution channel ensures timely and exact delivery of goods, reducing the costs of logistics and transportation and saving time to some extent. 17% of luxury brands being surveyed perceive it as a key strength to make a hit in Chinese marketplace.

The specific channel chosen by brand basically depends on its developing stages. Generally, luxury brands across sectors like cosmetics, fashion and wristwatch, to name a few, in the very beginning, will present in department store concessions and five-star hotels. As development goes, brands marketers will open specialty stores and flagship stores in Tier 1 cities and fast growing Tier 2 cities. Besides, in cosmetics and apparel segments, discount stores and duty-free shops are always considered by brands. Wise decision in distribution channel gains a strong foothold for luxury brands, and multiform channels not only cut costs for brands in China, but also increase the market share and enhance core competency.

Third Key Strength—Sophisticated Understanding of Chinese Market and Consumers

With imbalanced development and varied economic conditions among areas within China, consumers show a differentiated penchant for luxuries. Moreover, taking cultural difference into account, Chinese luxury market exhibits its own features. Besides, as Chinese luxury consumers behave differently compared to their counterparts in western countries, brands are supposed to get a good command of knowledge concerning Chinese marketplace, develop a sophisticated understanding of propensity displayed by Chinese consumers, and further make responsive and accurate decisions.

Propulsion for Brand's Development in China—Domestic Media Promotion

Combination of public relations activity and advertising has been the key efficient manner for luxury brands promotion in China. One of crucial factors for successful operating in China for luxury brands is if brands can take advantage of local media effectively. Research data suggests that 13% of brands believe that they have an edge in this regard. Notably, the targeting market is the same for luxury brands and high-end media, connoting that brands can build a good rapport with those media, develop and maximize the established customer base for mutual benefits, and enjoy a win-win situation.

Keeping Pace with World Latest Market—Product Supply and Improvement

For better catering to Chinese luxury consumers, luxury brands, in recent years, have designed new items specifically for Chinese market. In the meantime, brands provide state-of-the-art luxury items every season for Chinese consumers. According to the survey, 9% of them are willing to design brand new items in particular for Chinese consumers. Compared to luxury specialty stores and top department stores in France, Italy, Switzerland, and Britain that we have visited, the outlets in China shows a wide array of items and, of note, some even more various than that of in Europe.

Enhancing Cross-cultural Communication—Building an International Team

It is doubtless that building an international team and cross-cultural communication is crucial to brands operation in China. Staff directly communicates with customers face-to-face in daily operation, and naturally, they will have an impact on consumers' views and impression towards brands. Therefore, luxury brands need to build a sound human resource system to manage and train staff. Moreover, communication skills and professional quality of staff exert a great influence on conveying brand value. The survey suggests that, from perspective of brands, sales team in China is expected to improve further.

Heavy Task—Environmental Protection

With shifts in production mode and increasing importance attached to environment, one of the big issues facing all the luxury brands is how to protect local environment effectively. However, little regards has been paid from brands sides.

Customer Relationship Management of Luxury Brands in China

Consumer satisfaction is perceived as a significant part in customer relationship management (CRM) for luxury brands, derived not only from luxury products and services, but also from after-sales services and feedbacks, of which the satisfaction of after-sales services, in particular, epitomizes brands CRM.

Chinese Luxury Consumers are Basically Satisfied with After-Sales Services

■ More than 90% of luxury consumers feel satisfied with after-sales services

The research data reflects that only a small portion of Chinese luxury consumers are highly satisfied with after-sales services offered by luxury brands in China, while most feel relatively satisfied and basically satisfied, which reflects the fact that luxury brands have gained currency regarding to after-sales services to certain degree, yet there is still room for growth. Besides, some consumers feel unsatisfied, making up 6%.

■ Outstanding after-sales services bring about repeat consumers

Good after-sales services will cultivate the consumer loyalty. What's more, many consumers always pay a return visit for this account, consequently generating extra sales. Those who show relative and basic

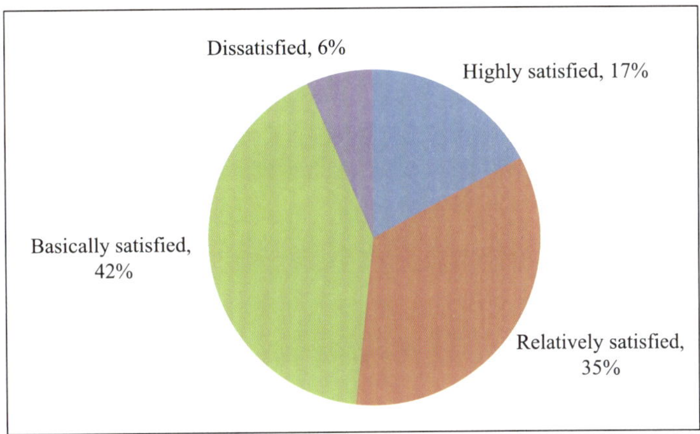

Figure 4 – 8 Chinese Consumers' Satisfaction with Luxury Brands After-sales Services

satisfaction are likely to purchase other brands items with better after-sales services. So brands should place strong emphases on the details and quality of after-sales services.

■Contrary to female, male luxury consumers feel more satisfied with after-sales services

As many as 94% of male consumers feel satisfied with after-sales services, higher than female's (87%). Furthermore, only 6% of male feel dissatisfied, far less than female (13%), which may attribute to the reality that female is more sensitive and focused on emotional experience, with more demanding for details during the whole process.

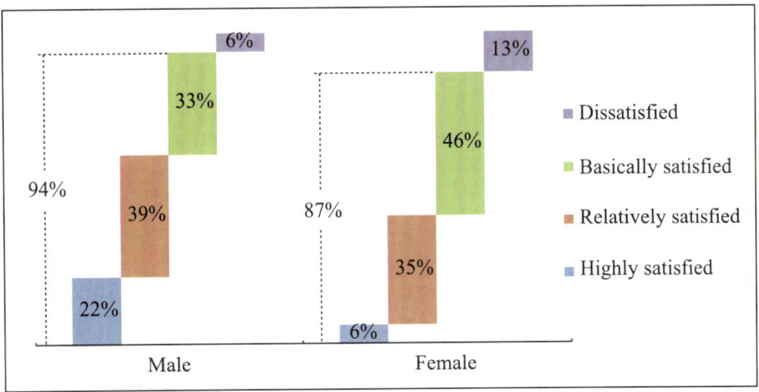

Figure 4 – 9 Consumers' Satisfaction with Luxury Brands After-sales Services Across Genders

■Wealthier consumers show a higher degree of satisfaction with after-sales services

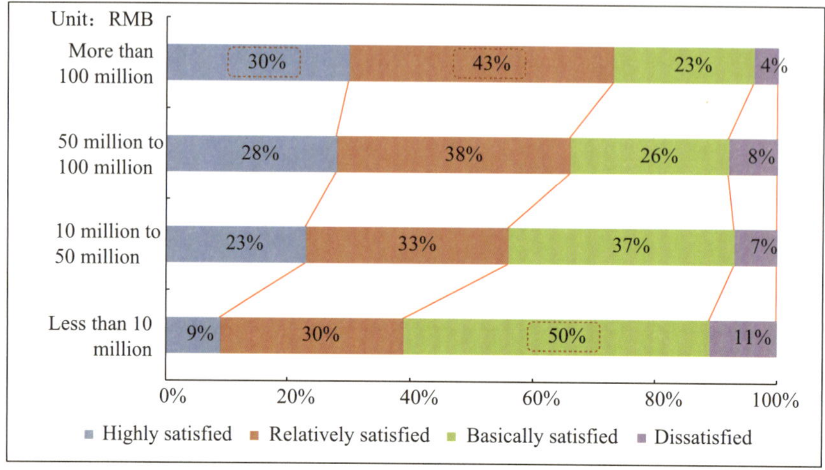

Figure 4 – 10 Satisfaction to After-sales Services for Consumers with Different Assets Conditions

Ordinary consumers with assets of below 10 million RMB display the lowest degree of satisfaction, featuring basically satisfied with the after-sales services (50%) and dissatisfied (up to 11%). Research data reflects a positive relationship between the assets and satisfaction. Most of ultra-wealthy consumers with assets of more than 100 million RMB are highly satisfied(30%) and relatively satisfied(43%) with after-sales services.

Through on-site interviews with luxury consumers, it is revealed that decoration of stores and attitudes of shopping guides directly affect consumers. And notably, Chinese consumers reserve enormous complaints for the attitudes and manners of sales persons in luxury stores, angry with their prejudices and discrimination against consumers in plain dressing and less wealthy who, as a matter of fact, may be the driving force for luxury consumption in the foreseeable future. It reminds luxury brands that services come from the details and enough attention should be paid to these potential customers.

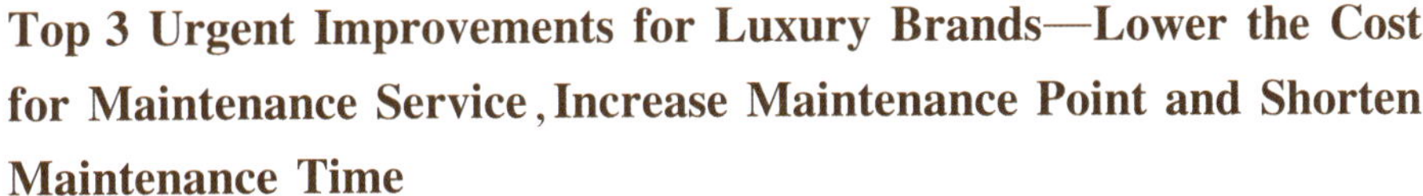

Top 3 Urgent Improvements for Luxury Brands—Lower the Cost for Maintenance Service, Increase Maintenance Point and Shorten Maintenance Time

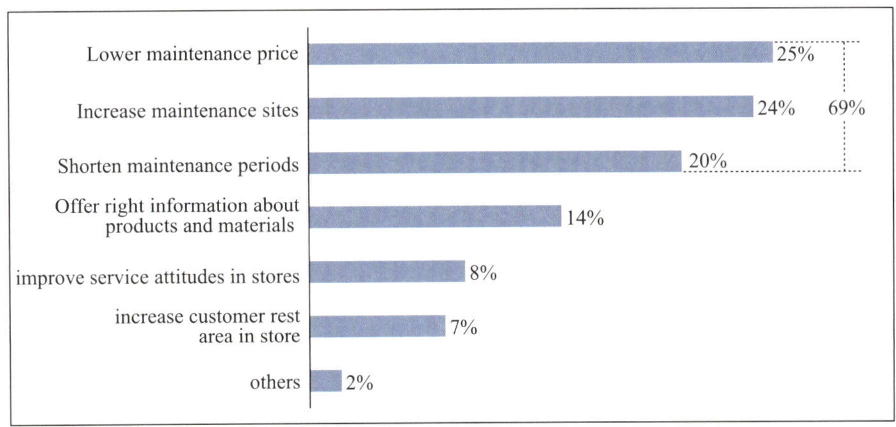

Figure 4 – 11 The Most Urgent Improvements on Service for Luxury Brands

69% of Chinese luxury consumers in our survey feel that the most urgent task is to lower the cost for maintenance service, to increase the maintenance point and to shorten the maintenance time, all of which imply the specific direction for improving customer relationship management (CRM). The aim of CRM is to optimize consumer's satisfaction and luxury brands also need to make every effort to improve their performance in the following three facets.

■ Lowering cost for maintenance service

Noticeably, 25% of Chinese consumers feel it is quite expensive for luxury maintenance service. Although luxury consumers are relatively insensitive to price, overcharging do affect consumers emotion and give rise to negative feelings. Therefore, it is recommended that luxury brands should adjust the price for maintenance services, in a more reasonable way, to increase consumers satisfaction.

■ Increasing maintenance points

Shortage of maintenance points leads to extra costs in transport and time for consumers, causes their doubts towards products quality, and reduces customer satisfaction. Survey shows that 24% of consumers investigated believe brands need to establish more maintenance points in China. It is the second urgent improvement on services for luxury brands to make.

■Shortening maintenance time

20% consumers feel it takes a long time to repair their luxury goods. Therefore, effective measures should be taken to tackle this problem. The reason underlying is that Chinese consumers detest waiting and a long time waiting may lead them to strike negative impression on brands for being inefficient and irresponsive.

Nine Overwhelming Pressures for Luxury Brands in China

Luxury brands in China face a wide range of pressures from both internal, typical of culture clash and cross-cultural communication, and external side, such as local government restrictions and duty, talents pinch and so on. *China Luxury Report (2011)* conducted a survey over 137 luxury brands managers, using the Likert-type scale measurement ranging from free of pressure to great pressure, particularly on the 9 kinds of pressures. We count the means and rank them in sequence, as following table shows.

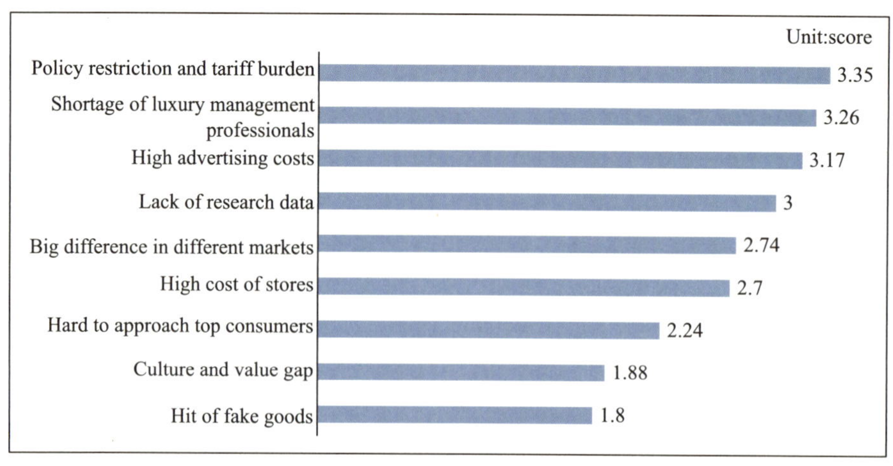

Figure 4 – 12 Major Pressures Confronted by Luxury Brands in China

From the survey, the overwhelming three pressures confronted by brands in China are policy restriction and duty burden, peaking at 3.35, shortage of management professionals, scoring 3.26, and high advertising costs(3.17). Relatively speaking, brands bear little burden with respect to culture and value gap, counting 1.88, as well as hit of counterfeit goods (1.8).

■Top 1: government restriction and duty burden

Compared to other pressures, government policy and duty bring about the utmost burdens for brands in China, resulting in the rising business costs. More than half of the brands acknowledge that they face high pressures in this field. Particularly, 29% of them consider it as the heaviest pressure of all.

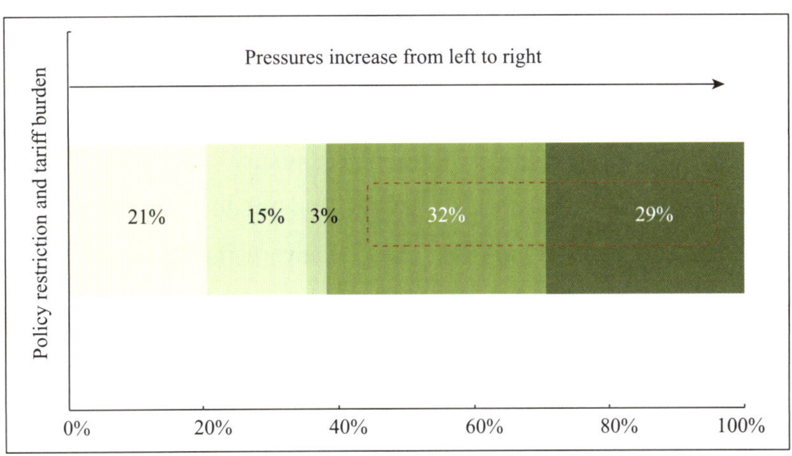

Figure 4 – 13 The First Pressure: Policy Restriction and Tariff Burden

■Top 2: talents pinch in luxury management

Severe shortage of management professionals is the second biggest concern for luxury brands in China. Two reasons mainly account for it. First, luxury sector is still an infant industry in China, lack of related vocational talents and experienced ones. Besides, it is hardly to see relative education concerning luxury brand management within China, and consequently few people can fill the gap. Therefore, brands need to build sound system for staff training in order to improve the qualification and capability of the management.

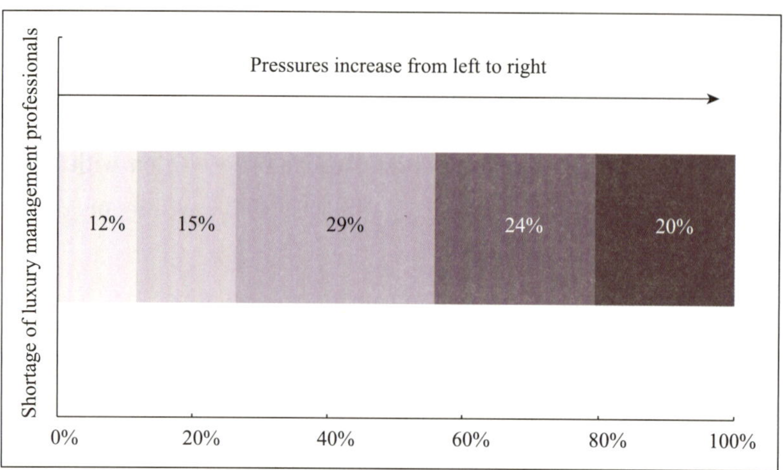

Figure 4 –14 The Second Pressure: Shortage of Management Professionals

■Top 3: prohibitive price for advertising

Conspicuously, high advertising cost has frustrated many luxury brands in China, characterized as the third biggest pressure. Approximately 70% brands pay a big price for it. In general, luxury advertisements mainly present in some top magazines, showcases and product placements. Brands need to choose proper time and frequency of advertising concerning the latest dynamics and trend in order to accurately and timely deliver brand messages and value to consumers. Despite of the large investment, there is a time lag for advertisements to be effective. The thorny issue facing luxury brands, however, is how to strike a balance between the two and attain the initial goal.

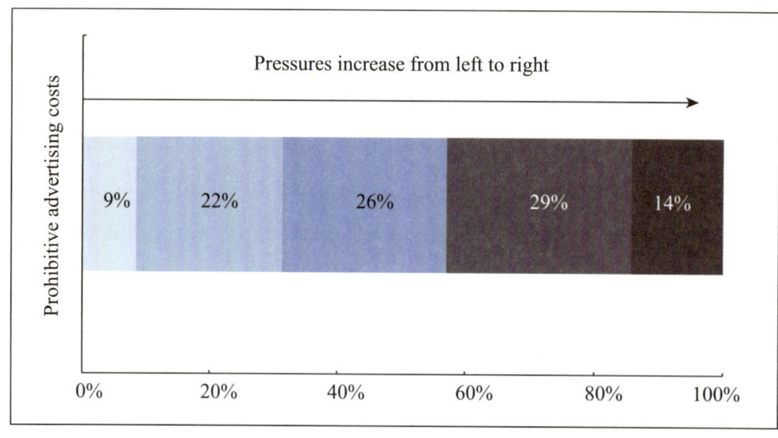

Figure 4 –15 The Third Pressure: Prohibitive Price for Advertising

■Top 4: scanty research data on high-end consumers

Luxury sector is new star and just takes shape in China. The market research on relative fields is far from sufficient and comprehensive to meet the brands' needs, in particular, on high-end consumers that luxury brands usually target at. It is demonstrated in the survey, that more than half of luxury brands find it difficult to make decisions due to lack of specific research data on market.

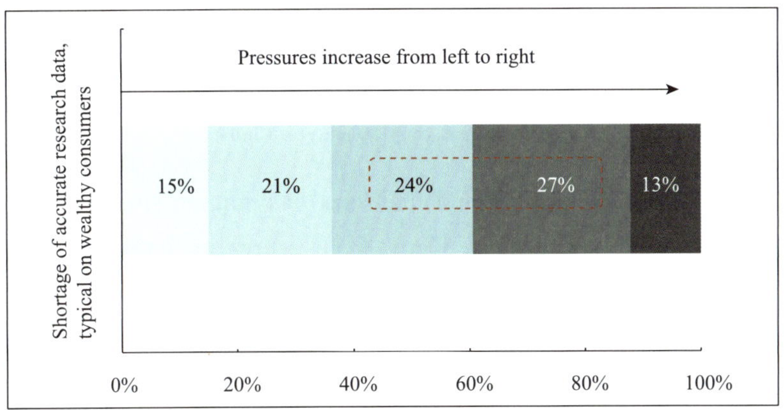

Figure 4 – 16 The Forth Pressure: Lack of Market Researching Data

■Top 5: vast and varied cake accompanied with distinct features

The survey suggests that market difference ranks the fifth among all the pressures confronted by luxury brands. Colossal lands, uneven economic development, as well as diversified consumer propensity in different areas, have applied much pressure on brands operation in China. Comparatively, as luxury brands mainly cluster in Tier 1 cities, luxury consumers in Beijing, Shanghai, Guangzhou and Shenzhen are more mature and rational than those in Tier 2 or 3 cities. With Tier 1 cities getting more and more crowed, increasing number of brands will be bound to flock into Tier 2 and 3 cities. Therefore, it is necessary for brands to have in-depth understanding about the targeting consumers there.

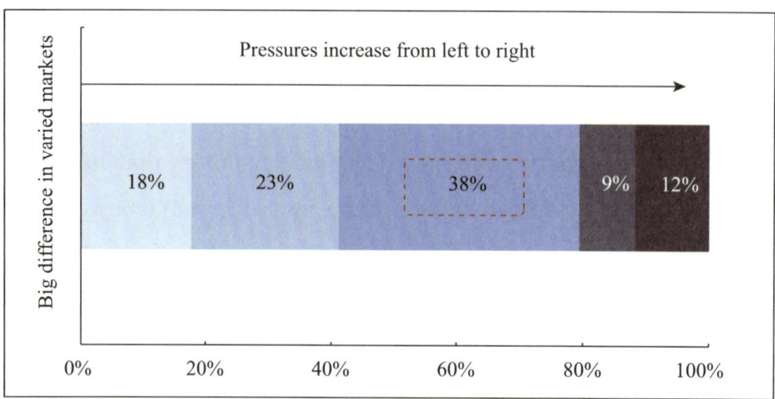

Figure 4 – 17 The Fifth Pressure: Vast and Varied Markets Featuring Diversity in China

■Top 6: low availability and high cost of premium sites

Luxury brands face varied degree of pressures in finding suitable and ideal store sites for themselves. It differs according to their different performance in China. Specifically, luxury brands entering early with good performance in Chinese marketplace perceive a lower degree of pressures in expansion than those with limited experience and flat fame.

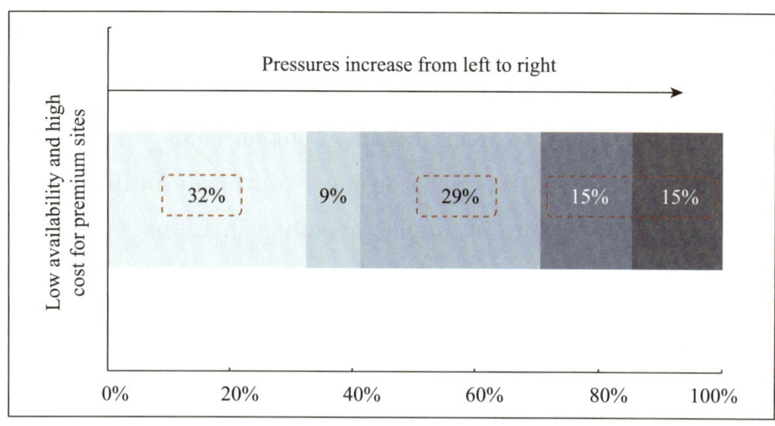

Figure 4 – 18 The Sixth Pressure: Low Availability and High Cost for Premium Sites

■Top 7: mysterious Chinese high-end consumers

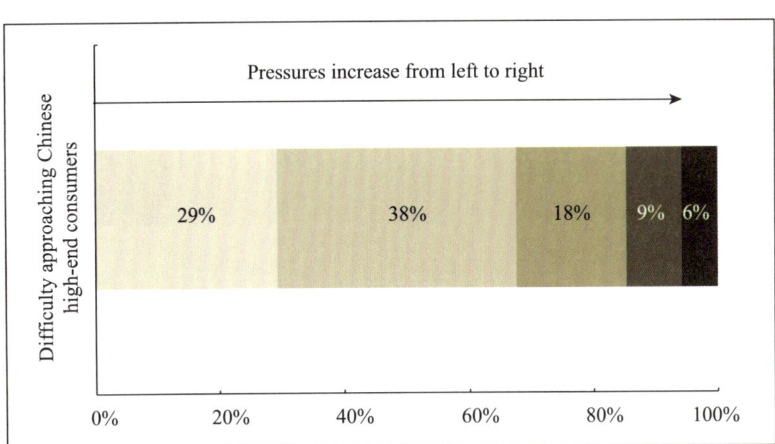

Figure 4 – 19 The Seventh Pressure: Difficulty Approaching Chinese High-end Consumers

The number of Chinese consumers purchasing luxury goods is ramping up, including more and more high-end consumers. Thus, one of the challenging issues for brands is how to approach those consumers and develop their loyalty. In general, brands with richer experience, higher awareness and larger customer base have less pressure on this issue.

■Top 8: culture and value gap

The research data shows that culture clash and value gap is no longer a major concern affecting brands' operation. Over half of luxury brands surveyed agree with it. Two reasons may account for this phenomenon. First, from a macro view, under globalization, Chinese economy tends to be more open and diversified. International communication promotes the mutual understanding of different cultures. From micro perspective, a great number of Chinese luxury consumers have experiences in abroad. They are more familiar with the international philosophy of brands. Moreover, most of staff employed by brands in China is local Chinese, which facilitates the communication further.

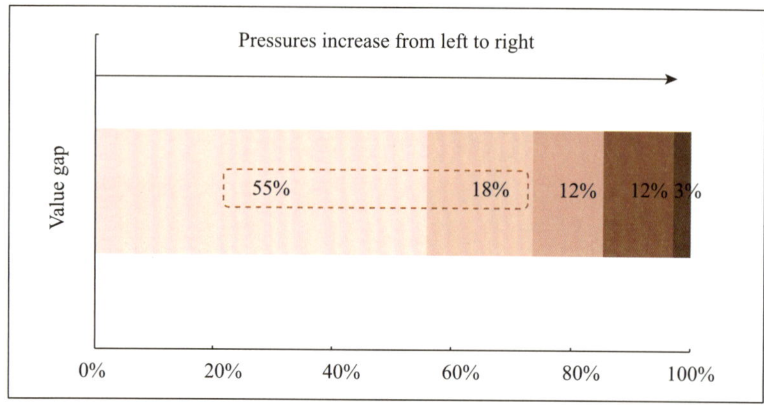

Figure 4 –20 The Eighth Pressure: Culture and Value Gap

■Top 9: counterfeit blow

Loophole in the protection system of property rights gives rise to the ubiquitous counterfeits, and no exception for luxury goods. However, it is revealed that over three quarters of luxury brands actually bear a less severe blow regarding to counterfeits than expected. Some brand managers interviewed even acknowledge that, with humor, it is good for improving brand awareness and slashing their promotion budget in a way. In fact, once the consumers purchasing fake goods become wealthy, they are most inclined to purchase true ones.

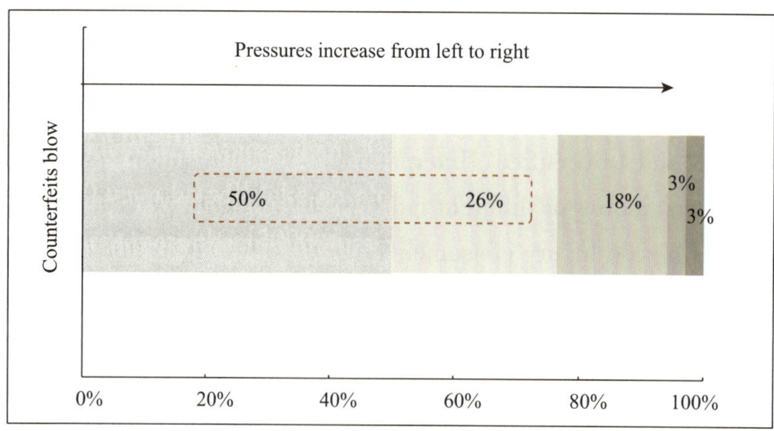

Figure 4 –21 The Ninth Pressure: Counterfeits Blow

Enlightenment

Along with rapid growing of Chinese luxury market, competition among brands would become more and more intense. In the future, ultimate success is not just to attract new customers but also to sustain the regular ones. In this situation, customer relationship management is the core. Brands need to seize opportunity and effectively deal with the pressures ahead of them so as to secure success in Chinese market.

CHAPTER 5

GREEN RESPONSIBILITY SUSTAINABLE DEVELOPMENT

A GREEN REVOLUTION IN THE WORLD LUXURY INDUSTRY AND ITS FOOTMARK IN CHINA

With the rapid development of the society and economy, paralleling with the continuous improvement of industrial civilization in the 21st century, substantial nonrenewable resources were consumed, deteriorating natural environment. "Greenhouse gas emission" and "Global warming" has been a threaten issue for human beings. In this case, the theme of LCE (low-carbon economy) has been a hot common topic, which needs further discussion among governments and corporations.

Under the global trend of LCE, the luxury industry, being a special product of human wealth, has been accused by society all the time, particularly environmentalists. It is commonly recognized that luxury contradicts the thought of green world and sustainable development in its association with extravagance, pursuit of valuable raw materials, excessive consumption on natural resources, cruel manipulation of human labor and higher profit at the expense of huge costs. Yourcenar had once pointed acutely that the pursuit of luxury beyond normal value gave rise to the crime on nature and human as a whole.

Though it is hard to put blame on those eager for pleasure of affluence after hard working, the consumption based on overusing resources and deteriorating natural environment won't be sustainable. During the past hundred years, the very idea of extravagance and negative consequences in production process exemplified by luxury industry made a quite negative impression on both nature and society. However, the contribution of luxury industry to the growth of human society can't be ignored or denied.

What luxury brands need to do is repositioning, willing to take responsibility for sustainable development, and defining a new strategy, which could be implementing in manufacturing, logistics, marketing and service. Actually, the idea has been implemented by quite a number of brands, making their commitment towards a greener mode of development and obviously ahead of many other industries. All these would build a new positive reputation for luxury brands and change people's opinion regarding to the contribution made by luxury industry.

However, what is it like for luxury brands, particularly for luxury brands in China, regarding to the green strategy and sustainable development path? How much would consumers recognize green strategy for luxury brands? What kind of results could green strategy bring about? Who is green luxury brand for China? How do we subjectively scan and define the development path and future trend for luxury industry? All these questions will be answered and presented clearly in the report.

The Driving Forces

To be exact, luxury industry is not a separate group. It stands for a high level of development, design, manufacturing technology and business model. It has been through both praise and judgments since it was born.

Now the idea of "green products" grows as a fashion within the whole luxury industry where any single brand cannot afford to lose in environmental protection. Such initiative extends further into the fields of charity, human rights, sexual equality, medical welfare, culture and sports education. Top luxury brands try to integrate their products with the sense of corporate social responsibility, environmental protection, and sustainable development of corporations and people as a whole. In such endeavor, luxury industry is repositioning itself in terms of product ideas and its role in world economy as well. In the world of ever-growing economy and diversity, it should be a risk in treating luxury as mere pecuniary expensiveness. Luxury products are now built on the idea of affluence and happiness as a result of long-term consonance between each brand and the society, rather than the meaning of abandon, lavishness, social rank and privilege. It is the very initiative taken by luxury industry ahead of other industries that helps redefine the meaning of luxury.

The idea of luxury grows to cover certain aspects with the mode of LCE economy getting widely agreed:

Pleasures from a healthy life in the protected environment;

Serving as guidance for green consumption;

Integrating personal consumption, industry growth and sustainable development of humankind;

Care about human rights equality, dignity of species, showing both understanding and reflection of nature's feedback on humankind and the harmony among human individuals.

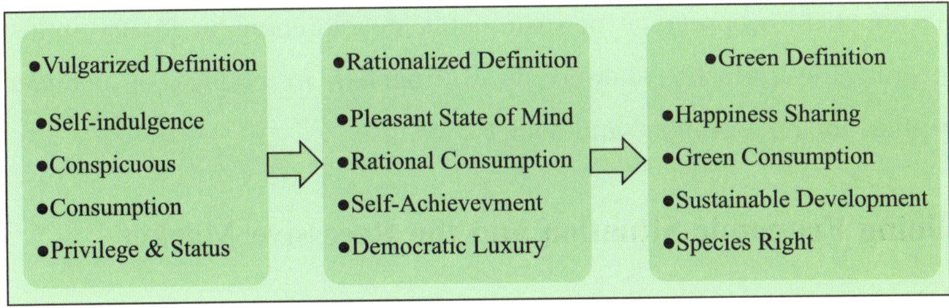

Figure 5-1 Evolution: Definition of Luxury

Six Forces on Luxury Brands for "Green Revolution"

The "green strategy" of luxury brands is the result of both external pressure and internal driving force. There are generally six driving forces under the LCE trend that constitute the main reason for a luxury brand to go "green".

In Line with the Trend of Global Sustainable Development

The core of luxury brands is to create attractive though not necessary product and service. It may sound absurd when trying to associate it with the idea of sustainable development. It has been a constant theme for top brands on how to endow a luxury brand with the very thought of earth protection, living and remaining of species, wise use of nonrenewable resources, and human heritage. It is widely recognized that luxury industry could lead public consumption in terms of standards, style, requirements, and behavior, as a result of which attracts people's attention in the importance of sustainable development attached to luxury industry. As a matter of fact, luxury does not contradict the idea of being sustainable. Likewise efforts in sustainable development are in fact a tradition for some old premier brands (like LV and

Gucci) and the core strategies for new brands (like Stella McCartney). However, environmental crisis has made the whole industry obliged to apply mode of LCE manufacture for such green mission. The luxury conference hosted by International Herald Tribune in New Delhi in March, 2009 and the first sustainable luxury fair held in Paris in May, 2009 have both told the public about the importance of sustainable development in luxury industry. Meanwhile, the industry showed its willingness in change of commercial conception for environment and society.

Declining Economic Situation and the Recessive Market

The global economic recession in 2008 posed a challenge on luxury industry, which had been growing non-stop for fifteen years. Many brands then slowed their store expansion, cut the cost in advertisements and operation, and lowered the prices. According to the figures, the renowned British brand Burberry streamlined the company by removing above 1000 employees in the first half year of 2009, but it still saw a drop of 16% in sales compared to the sales in 2008. Its sales in America, Europe, Japan dropped by 36%, 22% and 7% respectively. The French biggest group LVMH dropped by 23% in the first half year of 2009. Hugo Boss from Germany saw a loss up to 15900000 Euro by the second season of 2009. Even worse, reports showed that one of American premier ornaments brand Lambertson Truex declared insolvency and was later purchased by Tiffany. Christian Lacroix, standing for the topmost fashion design in Paris, became insolvent in June 2009, the same as Escada from Germany in August that year. However, economic depression had speed up the pace of luxury industry in environment protection. Leading by LVMH, luxury brands made actions in public welfare and environment protection, all of which actually helped luxury industry make good the loss and gain more profit and recognition from the consumers.

On Urge from Green Consumption

Luxury brands, once winning clients for their premium design, advanced technology and best service, are now going all lengths in obtaining new clients. Over the past years, the requirements even from those loyal clients are declining. Actually, young customers nowadays care more about environment, its relation with humankind, the green attributes in a particular product, and those social responsibilities that a corporation should take. According to an investigation report from Cone LLC in Boston, each one of two US young people aged from 18 to 24 indicated a strong demand on manufacturers for green products during the economic recession. Besides, the luxury council in New York carried out an investigation on 1087 people about their view of green products in economic recession. The result showed that most consumers had changed their buying standards toward greener products and those young and rich consumers care more about the social responsibilities assumed by brands than those older and poorer people do. As what has been said by the CEO of this institute, "young consumers believe that care for environment protection helps them create a more meaningful life". Therefore, the change in customer conception drives luxury brands to develop green strategy.

Uplifting a Brand's Intrinsic Values

Luxury brands have a long history of maintaining their good reputation. Too much reliance on traditional competitiveness, inefficiency in promoting brand values, and constant negative publicities can all ruin a brand's reputation. No brand is perfect, but its sense of responsibility is what people need. And it is the luxury brands themselves who first redefine luxury and introduce others a new conception of "luxury products are now built on the idea of affluence and happiness as a result of long-term consonance between each brand and the society, rather than the meaning of abandon, lavishness, social rank and privilege". The topmost luxury brands should realize one's own values, enjoy such achievements without losing other comforts and joys, and share with others these achievements. Secondly, by imparting environmentalism into luxury designs helps make a luxury brand unique in both its function and other add-on values attached by scarcity, meaning that luxury brands actually pay attention to the reuse of non-renewable resources.

Initiative in Assuming Corporate Social Responsibility

Corporate responsibility is the idea that business operation must keeps in line with the requirements for sustainable development. A company should weigh up what it may bring to the society and nature and improve its operation model to achieve or even go above the general legal and moral standards required by public. However, many a negative publicity exposed on luxury industry made people think that luxury brands not only evade social responsibilities but also seek only greater profits at expense of environments, human health and dignity. More companies as well as luxury brands have realized that their business strategies are critical to the only earth we live on. In the past four years, corporate CEOs have doubled their concerns about environmental problems. Changes in energy, environmental policies, expectations in projects and practices are growing dramatically. 80% CEOs now think that sustainable development influences brand values. A global investigation report from Mckinsey & Company indicates that 82% senior managers wish their countries issue certain regulations related to climate changes. 60% senior managers consider climate change as critical to their business strategy. It shows that the LCE mode of development does reflect a company's social responsibility. Though green products do not promise future prospects for a company, they constitute the commitment to the society on a solid basis. Now, introduction on social responsibility accounts for a big portion of annual reports from top three brands LVMH, PPR and Richemont, indicating luxury industry are more and more caring about corporate social responsibility.

Imminent Requirements on Corporate Governance

People in the 1980's generally thought that environmental regulations by government would reduce a company's competence and environmental protection posed a dilemma for companies in making their business objectives. Michael Porter from Harvard Business School advanced different views in 1991. He considered proper environmental regulations as a stimulus in encouraging business creativity, improve production efficiency, and lead to a competitive advantage for those companies being regulated. Facts have shown that the most competitive companies in the world today are not those companies with the lowest cost and biggest scale but those who improve and innovate continuously. Porter also thought that a competitive advantage did not rely on static efficiency and optimized business behavior bound with certain regulation. Instead, it relied on improvements and innovations under a changing regulatory condition. It is based on the dynamic understanding of competence that Porter suggested the environmental regulation be the driving force of enhancing business competence rather than an item of cost budget.

Against the backdrop of LCE revolution, the idea of "carbon risk" broke the original structure of competition Companies who accommodated to new environmental changes and successfully handling risks should acquire new competence, and those who have not passed the risk tests by emitting excessive carbon pollution are washed out. If we reconsider the competence and corporate governance alongside the "track of carbon revolution", we would find a high level of corporate competence and market advantage currently achieved through constant innovation for luxury brands. Such innovative capacity embodies a new strategic end and conception:

- Construct a whole line of green production technically, with the objective of energy conservation and lowering carbon emissions, running through production, supply, manufacture and logistics, making all parties responsible for low carbon emission through tracking with the carbon label.
- Construct an efficiency green governance system through inner management, including management regarding to offices and staff, stores, logistics and customer service, to control energy and cost while improving operation efficiency.

The Track of Green Revolution by Luxury Brands and Their Green Expression in China

This report makes a deep analysis on a five-year track by international luxury brands in China. It firstly evaluates the green expression displayed by different luxury brands in China.

Material Sources

From 2006 to 2010, our researchers collected information about international luxury brands including whether and how to expose environmental concerns to the public, whether there was any practical measure for sustainable development and environmental protection, whether there was any initiative in assuming corporate social responsibility and in taking part in public welfare, and whether there was any cooperation with other entities to improve the green expression.

- Annual report, the whole year financial report and other concerned documents.
- CSR report.
- Currently over 400 transnational enterprises adopt the GRI creed in 2002 version to compile reports and stipulate regulations on corporate social responsibility.
- Certificates relating to a company's green expression (like ISO14001), and other information publicized on official websites, leading media and relative issues.

System of Standards

Investigation data involves 12 listed international luxury groups/brands.

This report introduces a system of evaluation standards with regard to environmental protection, achievements in sustainable development, corporate social welfare, and cooperation with non-governmental organization and media, 38 standards in total.

Appraisal Method

In order to ensure the correctness and reliability of appraisal system, this report invites 50 managers of global luxury brands, guru and scholar in environmental protection and low carbon field for credibility evaluation, and further formulates proper weight for every indicator.

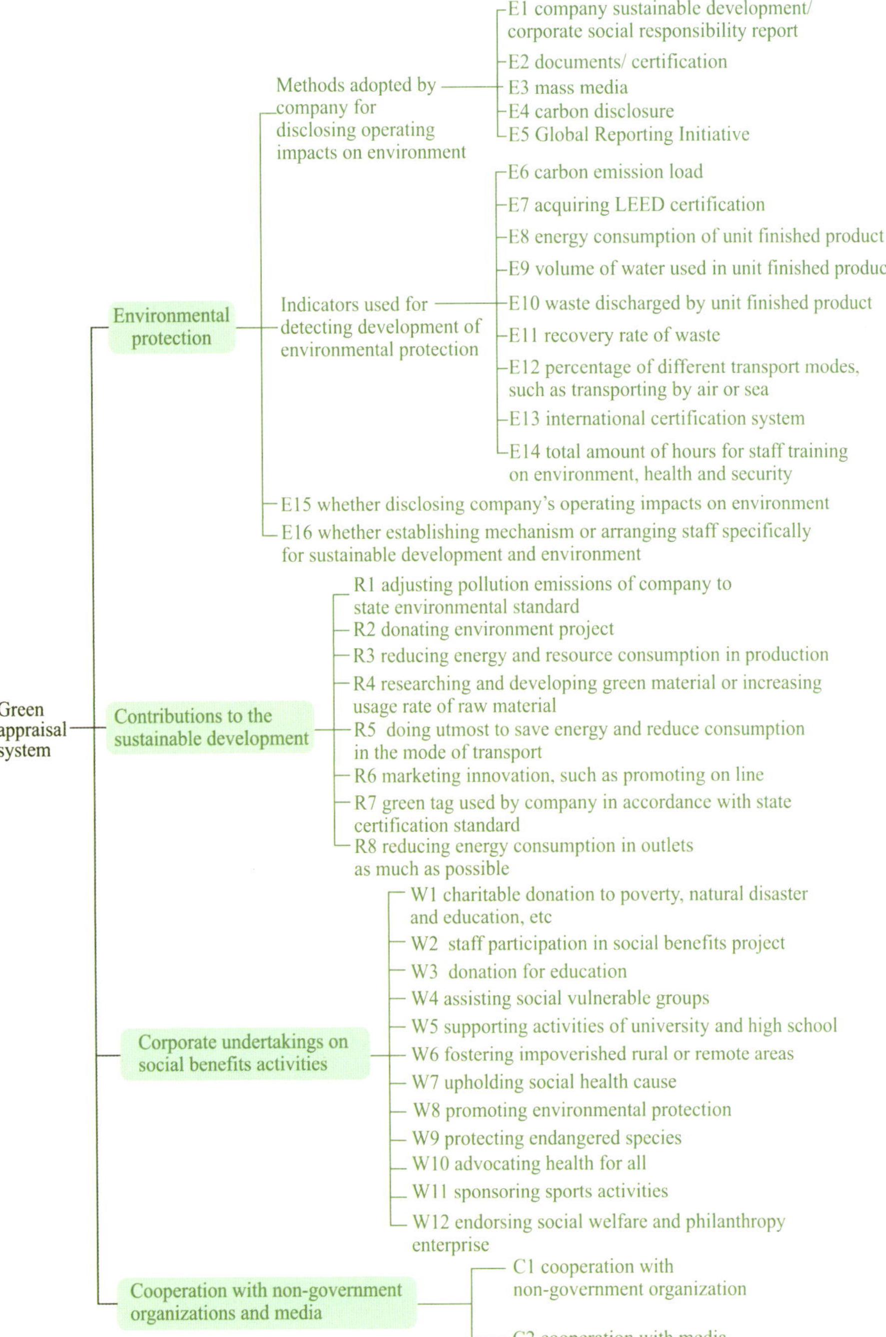

Figure 5-2 Evaluation System of Luxury Brands' Green Expression

This green performance appraisal reflects the green footprints of luxury brands from longitudinal view, and analyzes the latest development in green performance with the usage of updated data.

The report builds green developing file for each luxury group or brand in China, and detailed source of notes are assured of the validity.

Appraisal Results

- As the most renowned and the oldest international cosmetics group, L'OREAL has adopted a green strategy in corporate governance to

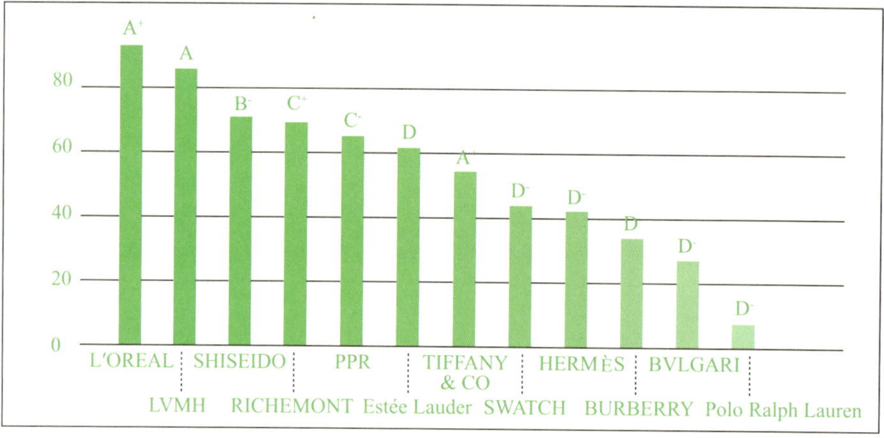

Figure 5-3 Rank for Green Expression of International Luxury Groups or Brands

Grade	Score	Grade	Score
A+	90—100	C+	67—69
A	85—89	C	63—66
A-	80—84	C-	60—62
B+	77—79	D+	55—59
B	73—76	D	50—54
B-	70—72	D-	0—49

Figure 5-4 Scorecards and Hierarchical Subdivision Icon

Table 5 – 1 Evaluation Standards and Results

Title	Options	RICHEMONT					SHISEIDO					BURBERRY					BVLGARI					SWATCH					Estée Lauder				
		2006	2007	2008	2009	2010	2006	2007	2008	2009	2010	2006	2007	2008	2009	2010	2006	2007	2008	2009	2010	2006	2007	2008	2009	2010	2006	2007	2008	2009	2010
Whether disclosing company's operating impacts on environment	A. YES	★	★	★	★	★	★	★	★	★	★	★	★	★	★	★	★	★	★	★	★	★	★	★	★	★	★	★	★	★	★
	B. NO																														
Methods adopted by company for disclosing operating impacts on environment	A. Company sustainable development/ corporate social responsibility report	★	★	★	★	★	★	★	★	★	★	★	★	★	★	★											★	★	★	★	★
	B. Documents/ certification						★	★	★	★	★											★	★	★	★	★					
	C. Mass media						★	★	★	★	★				★												★	★	★	★	★
	D. Carbon disclosure	★	★	★	★	★	★	★	★	★	★											★	★	★	★	★	★	★	★	★	★
	E. Global Reporting Initiative	★	★	★	★	★	★	★	★	★	★																				
	F. Others						★	★	★	★	★						★	★	★	★	★	★	★	★	★	★					
Whether establishing mechanism or arranging staff specifically for sustainable development and environment	A. YES	★	★	★	★	★	★	★	★	★	★	★	★	★	★	★	★	★	★	★	★	★	★	★	★	★	★	★	★	★	★
	B. NO																														

Continuation

Title	Options	RICHEMONT					SHISEIDO					BURBERRY					BVLGARI					SWATCH					Estée Lauder				
		2006	2007	2008	2009	2010	2006	2007	2008	2009	2010	2006	2007	2008	2009	2010	2006	2007	2008	2009	2010	2006	2007	2008	2009	2010	2006	2007	2008	2009	2010
Contributions to the sustainable development	A. Charitable donation to poverty, natural disaster and education, etc						★	★	★	★	★					★		★	★	★	★						★	★	★	★	★
	B. Staff participation in social benefits project							★		★	★							★	★	★	★						★	★	★	★	★
	C. Adjusting pollution emissions of company to state environmental standard	★	★	★	★	★	★	★	★	★	★											★	★	★	★	★	★	★	★	★	★
	D. Donating environment project								★																						
	E. Reducing energy and resource consumption in production	★	★	★	★	★	★	★	★	★	★		★	★	★							★	★	★	★	★	★	★	★	★	★
	F. Researching and developing green material or increasing usage rate of raw material	★	★	★	★	★	★	★	★	★	★				★		★	★	★	★	★	★	★	★	★	★					
	G. Doing utmost to save energy and reduce consumption in the mode of transport	★	★	★	★	★	★	★	★	★	★	★	★	★	★																
	H. Marketing innovation, such as promoting on line	★	★	★	★	★	★	★	★	★	★																★	★	★	★	★
	I. Green tag used by company in accordance with state certification standard	★	★	★	★	★	★	★	★	★	★																★	★	★	★	★
	J. Reducing energy consumption in outlets as much as possible											★																			
	K. Others											★	★	★																	

Continuation

Title	Options	RICHEMONT					SHISEIDO					BURBERRY					BVLGARI					SWATCH					Estée Lauder				
		2006	2007	2008	2009	2010	2006	2007	2008	2009	2010	2006	2007	2008	2009	2010	2006	2007	2008	2009	2010	2006	2007	2008	2009	2010	2006	2007	2008	2009	2010
Indicators used for detecting development of environmental protection	A. Carbon emission load	★	★	★	★	★	★	★	★	★	★	★	★	★	★	★						★	★	★	★	★	★	★	★	★	★
	B. Acquiring LEED certification																														
	C. Energy consumption of unit finished product		★	★	★	★						★	★	★								★	★	★	★	★					
	D. Volume of water used in unit finished product		★	★	★	★				★	★											★	★	★	★	★	★	★	★	★	★
	E. Waste discharged by unit finished product									★	★	★	★	★								★	★	★	★	★					
	F. Recovery rate of waste									★	★			★	★							★	★	★	★	★					
	G. Percentage of different transport modes, such as transporting by air or sea																														
	H. International certification system	★	★	★	★	★	★	★	★	★	★																★	★	★	★	★
	I. Total amount of hours for staff training on environment, health and security	★	★	★	★	★	★	★	★	★	★		★																		
	J. Donation for commonweal activities and its growth rate																										★	★	★	★	★
	K. Others													★	★								★	★	★	★					

Continuation

Title	Options	RICHEMONT					SHISEIDO					BURBERRY					BVLGARI					SWATCH					Estée Lauder				
		2006	2007	2008	2009	2010	2006	2007	2008	2009	2010	2006	2007	2008	2009	2010	2006	2007	2008	2009	2010	2006	2007	2008	2009	2010	2006	2007	2008	2009	2010
Corporate undertakings on social benefits activities	A. Donation for education	★	★	★	★	★	★	★		★											★										
	B. Assisting social vulnerable groups	★	★	★	★	★																						★			
	C. Supporting activities of university and high school										★																				
	D. Fostering impoverished rural or remote areas																														
	E. Upholding social health cause	★	★	★	★	★		★						★													★	★	★	★	★
	F. Promoting environmental protection								★	★	★																★	★	★	★	★
	G. Protecting endangered species	★	★	★	★	★			★		★																				
	H. Advocating health for all																														
	I. Sponsoring sports activities	★	★	★	★	★																									
	J. Endorsing social welfare and philanthropy enterprise	★	★	★	★	★				★	★																		★		
	K. Others						★	★	★	★	★		★	★	★																★
Cooperation with non – government organizations and media	A. YES, please name out the agency in your cooperation	★	★	★	★	★	★	★	★	★	★																★	★	★	★	★
	B. NO																														
Score		69.2					70					35.6					27.6					43.6					61.2				

Continuation

Title	Options	TIFFANY & CO					Polo Ralph Lauren					L'OREAL					PPR					LVMH					HERMÈS				
		2006	2007	2008	2009	2010	2006	2007	2008	2009	2010	2006	2007	2008	2009	2010	2006	2007	2008	2009	2010	2006	2007	2008	2009	2010	2006	2007	2008	2009	2010
Whether disclosing company's operating impacts on environment	A. YES	★	★	★	★	★						★	★	★	★	★		★	★	★	★	★	★	★	★	★	★		★	★	★
	B. NO																														
Methods adopted by company for disclosing operating impacts on environment	A. Company sustainable development/ corporate social responsibility report	★	★	★	★	★						★	★	★	★	★		★	★	★	★	★	★	★	★	★	★		★	★	★
	B. Documents/ certification	★	★	★	★	★						★	★	★	★	★		★	★	★	★	★	★	★	★	★	★		★	★	★
	C. Mass media	★	★	★	★	★						★	★	★	★	★		★	★	★	★	★	★	★	★	★	★		★	★	★
	D. Carbon disclosure	★	★	★	★	★						★	★	★	★	★		★	★	★	★	★	★	★	★	★	★		★	★	★
	E. Global Reporting Initiative	★	★	★	★	★						★	★	★	★	★		★	★	★	★	★	★	★	★	★	★		★	★	★
	F. Others	★	★	★	★	★																									
Whether establishing mechanism or arranging staff specifically for sustainable development and environment	A. YES	★	★	★	★	★	★	★	★	★	★	★	★	★	★	★		★	★	★	★	★	★	★	★	★	★		★	★	★
	B. NO																														

Continuation

Title	Options	TIFFANY & CO					Polo Ralph Lauren					L'OREAL					PPR					LVMH					HERMÈS				
		2006	2007	2008	2009	2010	2006	2007	2008	2009	2010	2006	2007	2008	2009	2010	2006	2007	2008	2009	2010	2006	2007	2008	2009	2010	2006	2007	2008	2009	2010
Contributions to the sustainable development	A. Charitable donation to poverty, natural disaster and education, etc											★	★	★	★	★			★	★	★			★					★	★	
	B. Staff participation in social benefits project		★	★	★	★						★	★	★	★	★			★	★	★			★		★			★		
	C. Adjusting pollution emissions of company to state environmental standard											★	★	★	★	★		★	★	★	★	★	★	★	★	★	★		★	★	★
	D. Donating environment project	★	★	★	★	★								★																	
	E. Reducing energy and resource consumption in production											★	★	★	★	★		★	★	★	★	★	★	★	★	★	★		★	★	★
	F. Researching and developing green material or increasing usage rate of raw material											★	★	★	★	★		★	★	★	★	★	★	★	★	★	★		★	★	★
	G. Doing utmost to save energy and reduce consumption in the mode of transport											★	★	★	★	★		★	★	★	★	★		★	★	★			★	★	
	H. Marketing innovation, such as promoting on line	★	★	★	★	★						★	★	★	★	★		★	★	★	★	★	★	★	★	★	★		★	★	★
	I. Green tag used by company in accordance with state certification standard											★	★	★	★	★		★	★	★	★	★	★	★	★	★	★		★	★	
	J. Reducing energy consumption in outlets as much as possible											★	★	★	★	★		★	★	★	★	★	★	★	★	★	★			★	
	K. Others	★	★	★	★	★									★																

Continuation

Title	Options	TIFFANY & CO					Polo Ralph Lauren					L'OREAL					PPR					LVMH					HERMÈS				
		2006	2007	2008	2009	2010	2006	2007	2008	2009	2010	2006	2007	2008	2009	2010	2006	2007	2008	2009	2010	2006	2007	2008	2009	2010	2006	2007	2008	2009	2010
Indicators used for detecting development of environmental protection	A. Carbon emission load											★	★	★	★	★		★	★	★	★	★	★	★	★	★	★		★	★	★
	B. Acquiring LEED certification															★			★	★	★			★	★	★					
	C. Energy consumption of unit finished product											★	★	★	★	★						★	★	★	★	★					
	D. Volume of water used in unit finished product											★	★	★	★	★						★	★	★	★	★					
	E. Waste discharged by unit finished product											★	★	★	★	★						★	★	★	★	★					
	F. Recovery rate of waste											★	★	★	★	★		★	★	★	★		★	★	★	★	★		★	★	★
	G. Percentage of different transport modes, such as transporting by air or sea											★	★	★	★	★		★	★	★	★	★	★		★	★					
	H. International certification system	★	★	★	★	★						★	★	★	★	★		★	★	★	★	★	★	★	★	★	★		★	★	
	I. Total amount of hours for staff training on environment, health and security											★	★	★	★	★		★	★	★	★	★	★	★	★	★			★	★	
	J. Donation for commonweal activities and its growth rate											★	★	★	★	★															
	K. Others	★	★	★	★	★																									

Continuation

Title	Options	TIFFANY & CO					Polo Ralph Lauren					L'OREAL					PPR					LVMH					HERMÈS				
		2006	2007	2008	2009	2010	2006	2007	2008	2009	2010	2006	2007	2008	2009	2010	2006	2007	2008	2009	2010	2006	2007	2008	2009	2010	2006	2007	2008	2009	2010
Corporate undertakings on social benefits activities	A. Donation for education											★	★	★	★	★		★	★	★	★	★	★	★	★	★			★		
	B. Assisting social vulnerable groups											★	★	★	★	★		★	★	★	★	★	★	★	★	★			★	★	
	C. Supporting activities of university and high school											★	★	★	★	★		★		★	★	★	★	★	★	★					
	D. Fostering impoverished rural or remote areas											★	★	★	★	★			★	★	★			★		★			★	★	
	E. Upholding social health cause											★	★	★	★	★			★	★	★	★	★	★	★	★					
	F. Promoting environmental protection											★	★	★	★	★				★	★	★	★	★	★	★			★		
	G. Protecting endangered species	★	★	★	★	★						★											★								
	H. Advocating health for all															★															
	I. Sponsoring sports activities												★								★	★		★		★					
	J. Endorsing social welfare and philanthropy enterprise											★	★	★	★	★		★	★	★	★	★	★	★	★	★			★	★	
	K. Others					★																									
Cooperation with non – government organizations and media	A. YES, please name out the agency in your cooperation	★	★	★	★	★						★	★	★	★	★		★	★	★	★	★	★	★	★	★					
	B. NO																														
Score		54					10					92.4					64.4					85.6					42.8				

Group	Total	Rank	Grade
L'OREAL	92.4	1	A^+
LVMH	85.6	2	A
SHISEIDO	70	3	B^-
RICHEMONT	69.2	4	C^+
PPR	64.4	5	C^-
Estée Lauder	61.2	6	D
TIFFANY & CO	54	7	D^-
SWATCH	43.6	8	D^-
HERMÈS	42.8	9	D^-
BURBERRY	35.6	10	D^-
BVLGARI	27.6	11	D^-
Polo Ralph Lauren	10	12	D^-

Figure 5-5 Score Rank for Green Expression of International Luxury Groups or Brands

achieve global operation, localizing the production, sharing development results with local people and strictly obeying the Code of Business Ethics stipulated internally. L'OREAL Group showed their green information more sufficiently than others and won the first place in the evaluation.

- LVMH Group was only next to L'OREAL Group in terms of their green expression in environmental area, public welfare, and cooperation with other organizations. However, being deficient in taking social responsibility, improvements need to be done to standard W1, W2 and R2.

- SHISEIDO was extremely devoted to the sustainable development of Chinese economy and society, and their green expression was the 3rd place in this list. They showed fair performance in environmental protection, cooperation with non-governmental organizations and media. Though they played not bad in public welfare, there was still room for them to improve.

One thing worth mentioning, although RICHEMONT Group performed not well in abovementioned areas, their green expression strongly displayed in public welfare has placed them in the 4th.

Owing to information incompletion of PPR Group, the information is not enough in measuring its cooperation with non-governmental organizations, making them the only one who did have green expression but not well recognized. Their relatively good performance in sustainable development and public welfare won them the 5th place.

In contrast, Polo Ralph Lauren only showed weak sign of green endeavors in environmental protection but no track in other fields at all. Bvlgari, Burberry and Hermès showed no efforts in cooperation with non-governmental organizations and media, and Swatch Group showed no concrete performance in public welfare. The reason for such condition may be that these brands have focused their green track on one specific area and no attention has been extended into other areas. On one hand, though no track can be found in their public reports, there might be companies who did make actions yet not have publicized the information. On the other hand, some group did have no action in this green revolution at all.

The green track of luxury brands reflects their attention to social values, standing for their care for clients' mental and physical health and their efforts in environmental protection and sustainable development. If profits are made when these concepts are taken as prerequisite, luxury brands are going one step further along this green track.

Luxury brands should focus more on the green track, integrating product values, customer benefits and environment efficiency together well. Only in doing so can the company better promote business operation and the sustainable development of social economy.

Enlightenment

The development of low carbon economy brings about many challenges to luxury sectors, as well as opportunities. Facing the pressures from sustainable development, economy downturn and pursuit of green consumption, together with the internal drive from brand upgrading, undertaking of corporate social responsibility and company governance, luxury brands launch a new campaign, featured green performance, in a bid to adapt to the format of low carbon economy, rebuilding green strategy via the green product chain. As the epitome of high-end market, luxury brands demonstrate that they are capable of regaining the trust of society, repositioning and shoulder the social responsibility. Green is an act rather than a concept for many luxury brands, representing the vitality and developing strategy of corporate.

CHAPTER 6

OPPORTUNITY
HERITAGE
INNOVATION

CHINESE LUXURY BRAND：A LONG WAY TO GO FORWARD

The steady growth of macro-economy and consumers' enthusiasm for luxury consumption in China has attracted many luxury brands into Chinese market, making the land for a new era of intense competition. When will Chinese domestic brands grow into global famous luxury brands toward in the true sense? Which domestic brands actually possess such potential? These questions are worth noticing. The report herewith applies an open form of questions and answers in displaying the views from Chinese luxury consumers and the media.

The Local Consumers are Generally Pessimistic about the Prospects of Domestic Brands and do not Think any Domestic Brand Could Grow into an International One

Through the interviews, it's surprising to find that over 2/3 Chinese luxury consumers do not think China could have a real luxury brand and only nearly 1/3 consumer believe in such possibility.

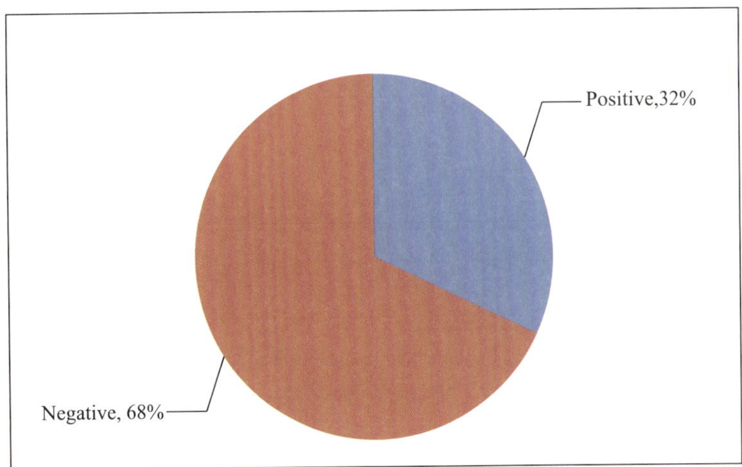

Figure 6 – 1 Attitudes among Chinese Luxury Consumers: If China Would Nurture Its Own Luxury Brands

There is Still Hope in the Eyes of Media: A Large-scale Domestic Consumer Group is an Ideal Condition for Building an International Luxury Brand

Over half of the luxury consumers think that there is no way that local luxury brands could go international. However, the truth is that China hold great potentials in creating international luxury brands. Most importantly among all:

—China has a large-scale consumer basis (31%);

—Long history and culture of certain brands (19%);

—Great impact to the world made by Chinese culture (14%).

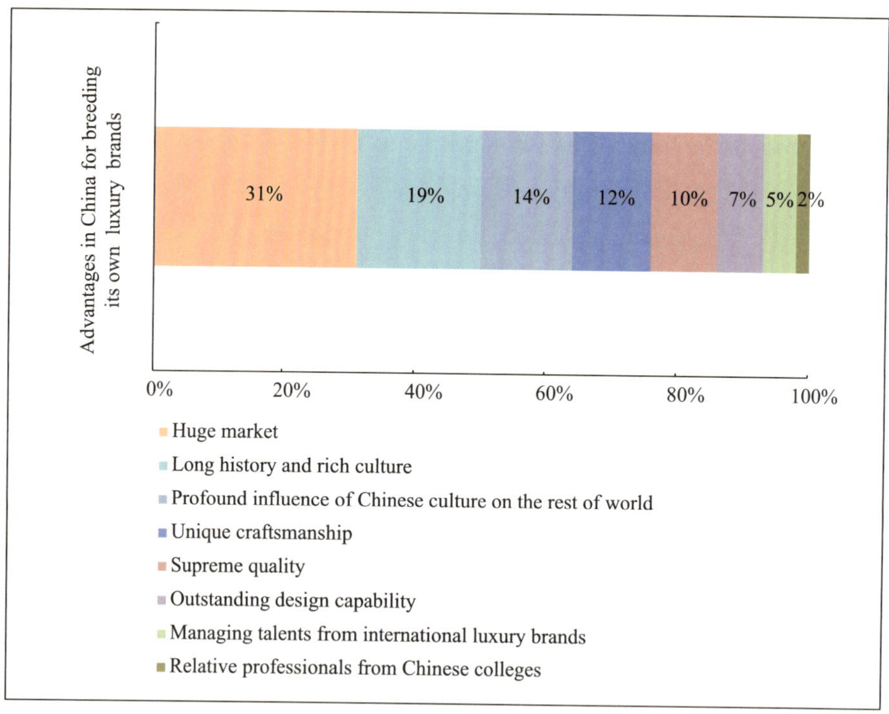

Figure 6 -2 Advantages Lie in China for Nurturing Its Own Luxury Brands

However, China does lack of soft ability, particularly in short of those excellent designers and talents in luxury brand management. The problem wouldn't be fixed in short term, which affects the internationalization process to some point.

A Large-scale Consumer Basis is a Great Advantage for Luxury Brands to Grow

According to the research, 31% of the media regard this element as the greatest advantage for domestic brand to grow into an international one. China's fast-growing economy keeps the luxury consumer group expanding, which will on the one hand attract more international brands to enter the Chinese market and on the other hand bring opportunities as well as challenges for domestic brands to grow. Intense competition would urge domestic ones to draw advanced market experience and better operation strategy in a lower cost, thus making best use of the advantages and bypassing the disadvantages to go international.

China Holds Great Advantage in Brand History, Unique Techniques, Workmanship and Culture

Long history and culture of certain brands was ranked by media as the second important reason that China could cultivate its own luxury brand (19%). What prosperous Chinese culture would offer is a fertile soil for growing luxury brands. The history and story of Maotai is familiar to many Chinese people and it is in these stories themselves where the values of luxury brands lie.

14% of the media think the influence Chinese culture has on the world is favorable for China in creating luxury brands. The Chinese root spreads itself all over the world and elements from Chinese culture and history like Kong fu, china, calligraphy could be integrated into brand culture. What belongs to a nation belongs to the world. A brand can only live in its own soil.

12% of the media think Chinese unique technique and workmanship is another advantage for cultivating Chinese luxury brands. China abounds in unique traditional techniques and workmanships, like embroidery, porcelain making, and wine making. It is one crucial point for building a luxury brand in China by incorporating these unique and innovative techniques in products, making it an advantage in market operation, and letting consumers recognize the unique value.

Insufficient Professional Talents in Luxury Brands are What Hamper the Development

The research indicates that human concept should be the fundamental problem in development of domestic luxury brands, no matter it is concerned with brand building, quality control or product design, etc.

Premier quality is a critical identity of a luxury product, especially in mastering details. For Chinese brands who want to be top international luxury brands, quality is the first test. The high price of luxury would be unreasonable if there is no quality. Quality issue is exactly the weakness for Chinese brands, which is caused mainly by two types of people: those enterprisers who seek for only quick success and instant profit and those who are not qualified in quality control. What the Chinese enterprisers need is patience and persistence. Quality control staff should take responsibility; learn those advanced standards and experiences. Only in doing so can we create top Chinese luxuries brands and go international.

Design is always the soul of a luxury brand. An excellent designer can not only leads the trend of fashion but also reverse the fate of a brand. The commercial environment in China is hard to cultivate excellent designers with unique thoughts and characters, in the mean time with strong persistence. Normally, people are talented before they become famous. Once he/she gets famous, he/she will soon be neutralized for commercial purposes.

With the expansion of Chinese luxury market, more international luxury brands are coming. Although the short supply in professionals poses great pressure, those who have learned and worked in the international circle constitute a group of elites for the Chinese market. Likewise professionals must increase extensively to meet up with market requirements. Actually relevant education should be started in university. It is still a long way to go.

Chinese luxury brands are marching for opportunities against pressure.

High-End White Wine, Garments, Cigarettes, Tea, China and Jewelry are the Potential Fields in Cultivating Chinese Domestic Luxury Brands

Despite the fact that most consumers disbelieve in the emergence of successful domestic luxury brands, Chinese luxury industry still keeps its way toward international level. According to the findings in research, nearly 300 brands are known to the media and part of the consumers, which cover over 20 fields like white wine, garments, watch, jewelry, cigarettes, tea, china, cosmetics, furniture, artwork, etc.

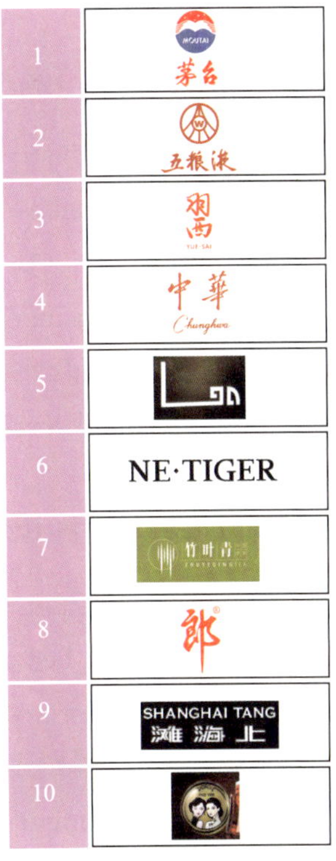

Figure 6 – 3 The Top 10 Potential Chinese brands to be Luxury—from Perspective of Chinese Consumers

White Wine Brands are Most Potential, Particularly the National Wine "Maotai"

The research finds out that both media and consumers think Chinese high-end white wines have the most potential to be luxury, among which Maotai wins the highest expectation. Next to it are Wu Liang Ye and Lang.

These brands have an age-old tradition in making wines. Rich culture, benign geography shared by these wines, premier quality, high prices, and supreme market position all push them most ahead in being Chinese domestic luxury brands.

Cosmetics Baring the Rich Oriental Style

All Chinese domestic cosmetics bare the Oriental style, among which the most typical ones should be Yue-Sai and Shanghai Vive. These brands are based on Chinese traditional beauty care methodologies and designed specifically for Chinese women. However, domestic cosmetics are easily misunderstood to be only suitable for Chinese rather than Western consumers, hampering these brands to be internationally accepted. And it is worthy study on Yue-Sai who promotes the brand through personal influence and Shanghai Vive who instills innovation into old concepts.

There is Hope in Cigarette Brands to be International

As a special industry, cigarette is kept under strict regulations by the government, which makes cigarette hold local features or only be produced and circulated locally. As a high-end cigarette brand, Chunghwa hold the most potential in consumers' conception to be international famous brand. The research also finds that it is believed among both media and consumers that Chunghwa would reap breakthrough in its growth to international level.

Significant Change is Required for the Marketing of Jewelry Brands

China is in no short of old brands of jewelries, while in this research the LAN jewelry has become the most favorite and most potential brand in this field. On the contrary, those century-old brands like Lao Feng Xiang and Lao Miao Gold are rarely talked about. It is clear that market promotion is important for a brand's growth, and the effect of celebrity on brand recognition is important as well. Though there is great potential for jewelry in China, those who want to be luxury must first make correct market positioning and market segmentations, and then actively promote the brand. Only this way could make chance.

The Field of Clothing and High-end Garments is Another Field with Potential

The two most favorite domestic garment brands are NE · TIGER and Shanghai Tang. These brands, from the very beginning of their establishment, have been devoted to a route to world luxury. Their exposure as a world-level design with Chinese esthetic elements has already started off.

There are Numerous Tea Brands, Yet no One Stands Out

As tea is typically Chinese, with its history over a thousand years in both tea making and tea culture, it should be one of the most potential items for domestic brands to go international. However, drastic differences lying in styles of tea making, tea cultures and tea categories make consumers hold different preference. In particular, customers focus on place of origin rather than quality. The research finds out that the green tea Zhuyeqing is generally regarded as the representative and the most potential.

Enlightenment

With the sustainable development and strong economic trend, China lays a good foundation for the nurturing of its own luxury brands. Moreover, rich culture and various specialty products is a great advantage. However, in reality, Chinese brands deliver plain performance for lack of experience in brand packaging and promotion, which stymies the further development of Chinese brands and confines them to domestic market, let alone to be global luxury brands. Currently, Chinese consumers, generally, hold a negative attitude towards Chinese own brands to be luxury, therefore, Chinese brands are supposed to make great efforts and undertake a heavy task ahead of them.